古代歷史文化研究輯刊

三一編

王明蓀 主編

第 17 冊

新馬潮人之民俗傳承與在地化研究：
以潮汕僑批為中心

陳佳杰 著

國家圖書館出版品預行編目資料

新馬潮人之民俗傳承與在地化研究：以潮汕僑批為中心／陳佳杰
著 -- 初版 -- 新北市：花木蘭文化事業有限公司，2024〔民
113〕
目 2+248 面；19×26 公分
（古代歷史文化研究輯刊 三一編；第 17 冊）
ISBN 978-626-344-669-4（精裝）
1.CST：華僑 2.CST：華僑史 3.CST：民族文化
4.CST：馬來西亞
618   112022532

ISBN-978-626-344-669-4

9 786263 446694

古代歷史文化研究輯刊
三一編　第十七冊　　　　　　　ISBN：978-626-344-669-4

新馬潮人之民俗傳承與在地化研究：
以潮汕僑批為中心

作　　者　陳佳杰
主　　編　王明蓀
總 編 輯　杜潔祥
副總編輯　楊嘉樂
編輯主任　許郁翎
編　　輯　潘玟靜、蔡正宣　美術編輯　陳逸婷
出　　版　花木蘭文化事業有限公司
發 行 人　高小娟
聯絡地址　235 新北市中和區中安街七二號十三樓
　　　　　電話：02-2923-1455／傳真：02-2923-1452
網　　址　http://www.huamulan.tw 信箱 service@huamulans.com
印　　刷　普羅文化出版廣告事業
初　　版　2024 年 3 月
定　　價　三一編 37 冊（精裝）新台幣 110,000 元　　　版權所有·請勿翻印

新馬潮人之民俗傳承與在地化研究：
以潮汕僑批為中心

陳佳杰　著

作者簡介

陳佳杰（Tan Jia Keat），馬來西亞檳城人，本科畢業於馬來西亞拉曼大學（UTAR），後於國立成功大學中國文學系獲得碩士學位，現為國立成功大學中國文學系博士生。主要研究領域為海外華僑華人研究、僑批研究、民俗及民間文學研究，其中也包括馬來西亞、新加坡華文文學、臺灣文學、世界華文文學等。僑批研究論著有：〈析論《潮汕僑批集成》有關新馬潮州人之民俗記敘與集體記憶〉、〈僑批之外：二戰前後馬來（西）亞、新加坡潮幫批局再探〉、〈潮汕僑批與口述歷史的文化記憶：以馬來西亞檳城張氏家族為考察對象〉、〈跨地域的傳承與流變：從閩、潮僑批看南洋華僑華人之生命禮俗故事〉等。

提　　要

　　華僑下南洋的歷史已悠悠百年，而僑批在東南亞華人社會與僑鄉之間的聯繫起著至關重要的作用。它承載著東南亞與僑鄉金融流動的功能，也記載著跨域的社會資訊，如文化思想、俗語歌謠、飲食風尚、禮儀習俗等。至此，以「僑批」為名出版的《潮汕僑批集成》共計 4 輯 139 冊，收入近 12 萬件僑批原件。本文以成功入選 2013 年聯合國教科文組織《世界記憶名錄》的「僑批」為研究對象，探討僑批中有關新、馬潮州人民俗的傳承與記敘。首先，本文以潮汕僑批、潮幫批局之沿革為始，為讀者們說明僑批與批局的相關概念與認識，再進一步論述潮人生命禮俗當中誕生、婚嫁、喪葬所表徵「生」至「死」的內容。其次，從潮人的生活、歲時作為切入點，論述人們在生活習俗上的傳承與演變。再者，本文以信仰為題，探究潮人神明信仰和祖先崇拜之行為。至此，我們可以藉著潮汕僑批的探索，瞭解新、馬潮人在華僑大遷徙的時代下如何傳承其民俗文化，寄寓懷鄉情感與文化認同。簡言之，僑批的出版不僅讓人可以窺見潮人生活文化的經歷，亦是潮人下南洋的歷史見證與集體記憶，成為研究華僑華人的重要歷史文獻。

誌　謝

　　我很開心有這個機會在此向各位介紹這百年間影響了無數華僑華人移民生活的「僑批」。這一本論著得以產出，首先還得感謝我最敬愛的指導老師——成大中文系的陳益源特聘教授，以及花木蘭文化事業有限公司的編輯和出版。回憶起 2018 年還在吉隆坡駐馬來西亞臺北經濟文化辦事處任職時，決然報考了成大中文系碩士班的心情。於此，還得感謝臺辦卓慧玲秘書和馬來西亞拉曼大學（UTAR）杜忠全老師的協助與推薦，有您們的「加持」，讓我順利考上成大中文所。從一位剛步入職場的大學生，過著朝九晚五的生活步調，突然就打開了通往臺灣的任意門，出現在了文化古都的府城。當時的我可謂是「初生之犢不懼虎」，覺得碩班看似簡單輕鬆，二年就可以搞定，殊不知一唸就是好幾年。雖然如此，經過這三年半的求學與沉澱，讓我對學術界有了不一樣的體悟和嚮往。

　　第一次與「僑批」結緣，是在益源老師民俗學課堂上，依然記得當時老師提及圖書館收藏了一批僑批，是值得研究的好材料，但很少人知道，使我產生了興趣。透過探索與詢問，偶然發現已經過世的外祖父也曾參與過寫僑批和寄僑批的經歷。在得知此消息後，便「快馬加鞭」地利用寒假回國進行查證。值得慶幸的是還能找到一些僑批，不至於被家中長輩丟棄或焚毀，若真被「燒紙滅跡」，那可真的是罪莫大焉！或許，這也是命中註定讓我為僑批做點什麼？回想起來，還真的要好好感謝益源老師，因為老師的一席話才有了後續的寫作。感謝老師不辭勞苦地為我想盡辦法，找尋泰國許茂春先生幾乎絕版的《東南亞華人與僑批》，這小小的舉動給予了我極大的鼓勵。此外，還得感謝文車

老師和淑如老師從宏觀和微觀的視角對我的論文提出了寶貴的建議。期許未來可以在僑批研究上專研出更多成果，才不辜負諸位老師的教導與指點。

在成大求學初期，內心不斷出現自我懷疑的念頭，甚至一度認為是否當初決定出國留學是錯誤的決定。人生這條路難免會有「磕磕碰碰」的時候，所幸的是我認識了一群優秀傑出的同學以及學長姊，你們的鼓勵與支持使我能夠堅持完成論文的撰寫。當然，論文得以順利產出以及安排口試，還要特別感謝秋君學姊與凱蘋學姊的再三叮嚀與提醒。特別還要感謝系辦文彬助教與欣儀姐姐的照顧，時刻提供我必要的協助，尤其是對於課業上或是論文口試上的事宜都給予我很多的提醒和援手。

談及朋友，我應該是來臺灣進行「外交」活動的吧？來自泰國修讀成大國際企業管理研究所的 Ployboo 笑笑和 Kewalee 三不五時的聚餐閒聊；來自印尼的 Matheas Ivander 詹术攀；來自越南的垂莊學姊、清風學長、福安學長、長生學長、欣欣、小菊，你們讓我對越南有了更深入的認識；「成大馬來西亞幫」的康樂、曉華、佳雯、志明、安萱，陽明交通大學客家文化學院的交換生欣瑜（馬來西亞），清華大學中文所的宜萱（馬來西亞），臺大中文所的菁菁（馬來西亞），臺師大歷史所的志傑（澳門），臺師大華語文教學碩士班的瀞文（馬來西亞），研討會結識的光澤兄（北京清華大學博士），還有來自香港的婉君等諸位。

當然還有在臺灣的各位學長姊，凱蘋學姊、秋君學姊、進康學長、庭毅學長、哲豪學長對於如何成為「成大人」以及在成大中文系「謀生」與研究室值班的「鋩角」。碩班的家盈（小家老師）、書宇、心來、阡嬿、祥琳、穎粲、彥夆、健瑀、任博，博班的乃嘉、昕嬡、雅婷，成大歷史系工讀時認識的阿雪（黃雪）、阿鳳姊、若珈所給予的照顧與幫忙。「翻轉讀書繪文學工作坊」的 Kitty 阿姨、星星老師、小朋友們，甚至是曾有過對話的師長、同學、朋友，雖然很想一一道出所有想要感謝的姓名，但或許怎麼寫也寫不完。承蒙各位的照拂，讓我在臺灣、在臺南、在成大的這三年半過得非常充實，期待我們未來再見。

在論文撰寫接近尾聲時，還得謝謝石光澤博士協助收集廣東省檔案館資料的辛勞。因為當時疫情蔓延全世界，導致想要到中國做田野調查的計劃落空，光澤兄的協助彌補了我在撰寫論文中無法完成的檔案館資料收集的遺憾。另外，還要感謝在馬來西亞的敏儀、凱馨、美君、阿古，進行訪談的叔伯嬸姨讓我深深體會潮州人的濃濃的人情味。感謝惠我至深，一直支持、鼓勵我的父

母、阿嬤、姑姑以及家人們。感謝一路走來有您們的陪伴，感謝各位成就了我生命中的養分。在此很想與諸位分享一首我喜歡的詩句，即清代袁枚（1716～1797）的〈苔〉：

白日不到處，青春恰自來。

苔花如米小，也學牡丹開。

在這大千世界，或許我們如同苔蘚那般渺小，面對將來的路途，或許坎坷，或許順遂，但是別忘了也可以學學苔花如牡丹般綻放。雖生命微小，我們依然可以集結每個能量，而這股能量就足以使我們改變一方世界。期待未來的我們可以發光發熱，照耀他人，與之共勉。Sekian terima kasih dan jumpa lagi.

第壹章 緒 論

第一節 歷史背景與問題意識

　　華僑移殖東南亞由來已久，早在明清之際已有華僑「過番」，乃至民國時期「住番」者更甚。儘管明、清兩代之朝廷均已頒布海禁限制，但該禁令從未完全封鎖中國海域，對於海洋貿易以及遠洋航線所帶來的豐厚利益始終牽動著中國沿海地區的居民。彼時之中國，除了人口過剩的因素外，戰亂頻繁導致各地損毀嚴重，百業待興之況以華南地區最為嚴峻。自道光二十二年（1842）至咸豐十年（1860）清廷被迫簽訂五口通商條約與有關華工出國合法化的條件後，迎來了華僑出國謀生的高峰期。當中大部分華僑均出自海洋貿易興盛之地，如福建（漳泉沿海地域）、潮州、廣東、海南等地。在地狹人稠與物力維艱的情況下，沿著貿易航線流動或遷徙他鄉的中國商人與勞工形成了中國近現代移民的先驅。

　　潮汕舊時稱為「潮州府」，位處韓江中下游流域與粵東地帶，由澄海、潮安、饒平、普寧等縣組成潮州八邑。粵東瀕臨中國東南沿海，境內山巒綿延，農田開發不易，故而潮人多擅於捕魚、造船、航海等海事工作。雖隸屬廣東省地界之內，但潮人方言更為接近閩南話，生活習慣、風俗飲食皆與閩粵有所異同。早在乾隆十二年（1747）清廷特准沿海商人至暹羅（泰國古稱）進行大米貿易，潮人也開始從樟林港乘船至泰國經商，亦是「紅頭船」貿易的全盛時期。樟林港形成於明末清初，而汕頭港於咸豐十一年（1861）開埠後，成為閩粵與東南亞聯繫的港口之一。西方列強先後至此開設洋行、領事館與招工公所，藉

此大批招攬華工送往殖民地。十九世紀中葉潮汕地區的天災人禍以及西方帝國的入侵可謂是潮僑直接或間接移民的誘因，迫使潮人以各種身份紛紛南渡。

潮僑下南洋主要可分為「親屬移民」（Kinship Migration）與「契約勞工移民」（Credit-ticket Migration）兩大類，﹝註1﹞後者即苦力（俗稱「估俚」或「賣豬仔」，Coolie）。廖文輝認為：「『苦力』意即廉價勞動力之謂，在十九世紀五〇年代以後，常常見諸英殖民政府的檔中。『豬仔』則是中國對十九至二十世紀初被擄掠販賣出國的勞工的通稱。」﹝註2﹞在潮州早已存在豬仔拐賣事件，據估計自1852年至1858年以汕頭拐賣出海的華工至少4萬名，﹝註3﹞而造成苦力死亡棄尸海灘，跳海自殺者不計其數。此後潮州地區的華工多被英國和荷蘭招工公所壟斷，並將之運載至英屬馬來亞與荷印地區。

清人李鍾珏（1853～1927）於光緒四年至十三年（1878～1887）曾多次下南洋所著《新嘉坡風土記》如此描述華工境況：

> 閩、廣沿海人民，至南洋各島謀生，雖已日久，然皆貿易之商賈，
> 或以負販營生，一廛受處，即傭工之輩，往時航海而來，亦多有依
> 托。二十年來，西人開墾招工，傭值頓貴，於是販賣人口。出洋者，
> 名曰賣豬仔。設館於澳門，公然買賣。沿海人民，或被騙或被劫，
> 一入番舶，如載豚豕。西人以賣者賤視之，即亦虐役之，其慘有不
> 可言狀者。迭經查禁，一時稍戢，日久網疏，此風漸長。﹝註4﹞

這些飽受欺凌的「出洋者」經由當地客館負責辦理出國手續後，再以賒欠旅費的方式運送出國。他們多被販賣至馬來亞新加坡，再轉乘至其他地區。潮人過番民謠對華工有著極為深刻的描述：「斷柴米，等餓死，無奈何，賣咕哩」﹝註5﹞，這些下南洋的華工為求溫飽即使被僱主賤視，也不願再過著「等餓死」的生活。

﹝註1﹞顏清湟：〈新加坡早期的潮州人與福建人：海外華人權力結構和權力關係的比較研究〉，《華人研究國際學報》第1期（2010年6月），頁23～24。

﹝註2﹞廖文輝編著：《馬來西亞：多元共生的赤道國度》（新北：聯經，2019年），頁330～331。

﹝註3﹞陳翰笙主編，盧文迪、陳澤憲、彭家禮編：《華工出國史料彙編：關於華工出國的中外綜合性著作》第4輯，（北京：中華書局，1981年），頁184。

﹝註4﹞〔清〕李鍾珏著、許雲樵校註：《新嘉坡風土記》（新加坡：南洋書局，1947年），頁16b～17a。

﹝註5﹞林朝虹、林倫倫編著：《全本潮汕方言歌謠評注》（廣州：花城出版社，2014年），頁215。

　　雖潮僑初期抵達馬來亞之詳細已無從獲悉，但以汕頭出洋數目觀之可謂
眾多。「據不完全統計，1876 年至 1898 年從汕頭經香港或直達東南亞的中國
人為 151.2 萬人。」〔註6〕《馬來亞潮僑通鑑》也曾載：「潮僑出洋，初至暹羅，
於暹羅創有豐功偉績，擁有極大勢力，人數最眾，故暹羅遂成潮州人之第二故
鄉。由此分散南下，有至蘇島之舊港（後移占碑）及廖內各小島，有至馬來亞
之新加坡及柔佛。」〔註7〕，這些番客在訂立契約後，僱主會為他們提供一張
下南洋的青色船票，因此多被稱為「青單客」〔註8〕。迨抵馬來亞後有轉賣他
人者，有直接被驅入工作場地者，一切生活悉聽招工指揮，更無自由可言。當
中被虐待、迫害和過勞而亡者不計其數，如若發現企圖逃走或不願工作者得以
全力對付，輕則予以警誡；重則毆打重傷乃至死亡者亦不在少數，可見當時苦
力之命矣。

　　十九世紀的馬來亞正值英國殖民政府在當地建設開發，當中包括海峽殖
民地（Straits Settlements）、馬來聯邦（Federated Malay States）與馬來屬邦（Un-
federated Malay States）。〔註9〕馬來亞各地均需勞工墾荒拓植，猶如檳榔嶼植
蔗、霹靂採礦、新柔甘蜜胡椒種植等，故英政府有招攬華工之舉。當時客頭以
南洋多金、發財容易為餌，向閩粵各地宣傳，加之清政府迫於戰敗後的開海政
策，於是多有窮苦者甘願冒險過番。推原其故，除了政治壓迫與生活環境的「推
力」，當地殖民政府積極推動各項發展計劃所帶來的經濟發展，急需勞動力亦
是促成華僑下南洋的「拉力」。〔註10〕

　　隨著移民人口的劇增，華工受虐、私會黨肆虐等問題導致殖民地社會失

〔註6〕 陳翰笙主編，盧文迪、陳澤憲、彭家禮編：《華工出國史料彙編》第 4 輯，頁
　　　　185。

〔註7〕 潘醒農編著：《馬來亞潮僑通鑑》（新加坡：南島出版社，1950 年），頁 1。

〔註8〕 有關「青單客」之論述可見潘醒農〈青單客之南來〉一文，見氏著：《馬來亞
　　　　潮僑通鑑》，頁 30～31。

〔註9〕 海峽殖民地為英殖民政府於 1826 年 11 月 27 日對馬來亞殖民地的管理建制，
　　　　最初由新加坡（石叻）、檳城（檳榔嶼）和馬六甲（麻六呷）組成，當地華人
　　　　稱為「三州府」；馬來聯邦為英殖民政府在 1896 年對馬來半島 4 個接受英國
　　　　保護的馬來王朝組成，包括霹靂、森美蘭、雪蘭莪和彭亨，並以吉隆坡為首府，
　　　　俗稱「四州府」；馬來屬邦為英殖民政府於十九世紀在馬來半島的 5 個馬來土
　　　　邦的總稱，包括玻璃市、吉打、吉蘭丹、登嘉樓和柔佛，並受英國保護但並未
　　　　加入馬來聯邦，俗稱「五州府」。詳見廖文輝編著：《馬來西亞：多元共生的赤
　　　　道國度》，頁 228～262。

〔註10〕 柯木林主編：《新加坡華人通史》（福州：福建人民出版社，2017 年），頁 48。

序，英政府為了更有效地管制南來的中國移民與勞工，將原先沿用的「甲必丹制度」廢除。在《華人移民法》規定下，英政府在新加坡設立首個「華民護衛司」（Protector of Chinese），並委任畢麒麟（W.A. Pickering，1840～1907）為首任華民護衛司。〔註 11〕此部門由熟悉華人風俗與精通華語之英籍官員主理當地華人事務，專門調解華人糾紛與研究華人風俗習慣。1880 年海峽殖民地通過華人移民法令後，方才制止苦力貿易以及華工移民所受的虐待與不平等。華民護衛司之業務除了解決華工問題，也包含私會黨糾紛，華僑吸食鴉片、賭博和嫖妓等問題。〔註 12〕後來馬來亞各地均設此部門，並將之擴大為「華民政務司」署（Chinese Secretariat）。

根據 1881 年至 1891 年英殖民政府對海峽殖民地（新加坡、檳城、馬六甲）人口普查的統計結果：

表 1-1：海峽殖民地各方言群華僑人口普查〔註 13〕

區 域	新加坡		檳 城		馬六甲	
籍貫／年份	1881	1891	1881	1891	1881	1891
廣東	14,853	23,397	12,102	17,409	1,276	1,202
福建	24,981	45,856	16,568	24,246	4,927	4,657
海南	8,319	8,711	2,511	2,850	4,761	4,377
客家	6,170	7,402	6,903	7,216	2,818	2,118
海峽僑生	9,527	12,805	10,477	16,981	5,264	4,971
潮州	22,644	23,737	18,793	19,218	695	836
總計（人）	86,494	121,908	67,354	87,920	19,741	18,161

資料來源：E.M. Merewether, *Report on the Census of the Straits Settlements 1891* （Singapore: Government Printing Office, 1892），p.46～135.

由表 1-1 可見：1881 年以福建人最眾，潮人居次；1891 年大致與 1881 年並無太大差異，潮人仍位居第二。「海峽僑生」（Straits Chinese）乃指「土生華人」（馬來文：Peranakan Cina）或稱「峇峇娘惹」（Baba Nyonya）亦可納為閩籍人

〔註11〕 蕭明：〈「華人通」——畢麒麟〉，《南洋商報》1958 年 12 月 31 日，第 16 版。
〔註12〕 廖文輝編著：《馬來西亞：多元共生的赤道國度》，頁 331。
〔註13〕 此表依據 *Report on the Census of the Straits Settlements 1891* 整理所得，報告書藏於新加坡國家圖書館，詳細資料亦可參閱附錄「表 1-2：1881～1891 年海峽殖民地各方言群男女人口普查統計」。

口。整體而言，當時以福建人居首，其次為潮州、廣東，還有海南與客家族群。此後，馬來亞各方言群人口增幅雖稍顯不同，但依然以福建人居首，廣東人、客家人居次，再者為潮州人（詳見附錄表 1-3）。

　　從少量到大批的遷移趨勢，自鴉片戰爭至中華民國成立（1840～1911），移居東南亞的潮籍人士多達 300 萬，1912 至 1949 年粗略估計約 100 萬，共計 400 萬人。〔註 14〕有關馬來亞潮人人口，據前人統計 1921 年為 130,026 人；1931 年為 208,681 人；1947 年為 364,232 人。〔註 15〕縱觀文獻所載，1940 年代潮人分佈區域以泰國、新加坡和馬來西亞為眾，茲作參考。〔註 16〕潮人散居之地以馬來西亞半島（西馬）居多，如下表所示：

表 1-4：1911～1947 年馬來亞潮籍華僑分佈區域

馬來亞各區		年份／人數		
		1911 年	1931 年	1947 年
新加坡	Singapore	37,567	82,405	157,188
檳城	Penang	16,428	27,813	48,901
馬六甲	Malacca	1,961	3,687	7,208
霹靂	Perak	14,488	20,167	33,091
雪蘭莪	Selangor	5,206	10,464	21,198
森美蘭	Negeri Sembilan	1,247	1,762	2,518
彭亨	Pahang	949	1,754	2,770

〔註 14〕李宏新：《潮汕華僑史》（廣州：暨南大學出版社，2020 年重印版），頁 155～156。

〔註 15〕華僑志編纂委員會編：《馬來亞華僑志》（臺北：華僑志編纂委員會，1959 年），頁 110；〔英〕巴素（Victor Purcell）著、郭湘章譯：《東南亞之華僑》（臺北：國立編譯館，1966 年），頁 394。

〔註 16〕「據 1947 年英殖民政府進行戰後全國人口調查顯示，全馬來亞潮人共 364,230 人，新加坡為 157,188 人」，潘醒農著：《馬來亞潮僑通鑑》，頁 37；「據 1947 年《馬來西亞人口統計報告》，潮州人有 364,232 人」，見廣東省汕頭市地方志編纂委員會編：《汕頭市志》第 4 冊（北京：新華出版社，1999 年），頁 548；「根據 1947 年人口普查，馬來亞聯邦約有 207,000 名潮州人；新加坡約有 157,000 名；泰國潮州籍貫的華僑有 60%」，陳碧笙著：《世界華僑華人簡史》，（福建：廈門大學出版社，1991 年），頁 173、233；新加坡潮人人口為 157,188 人，佔華僑總人口的 21.6%，1947 年《馬來西亞人口統計報告》顯示，潮州人有 364,232 人，見李宏新：《潮汕華僑史》，頁 171、230。

柔佛	Johor	19,355	35,935	54,539
吉打	Kedah	不詳	23,045	33,319
吉蘭丹	Kelantan	不詳	不詳	660
登嘉樓	Terengganu	不詳	不詳	800
玻璃市	Perlis	不詳	不詳	1996
總計（人）		97,201	207,032	364,188

資料來源：1. 何海鳴纂輯：《華僑彙編・馬來半島之勞動者》第 1 集（北京：僑務旬刊社，1922 年），頁 4～6。

2. 潘醒農：《馬來亞潮僑通鑑》（新加坡：南島出版社，1950 年），頁 37～38。

3. 華僑志編纂委員會編：《馬來亞華僑志》（臺北：華僑志編纂委員會，1959 年），頁 111～113。

4. S.C. CHUA, *Report on the Census of Population 1957*（State of Singapore: Government Printer, 1964），p.68.

由表 1-4 可見潮人分佈區域主要以新加坡為主，其次為柔佛、檳城、霹靂和吉打。因早期吉蘭丹、登嘉樓、玻璃市人口相對稀少，亦無確切文獻記載，故 1911 年與 1931 年列為「不詳」。統而言之，潮人初期移殖馬來亞，以西馬南部之新柔獨多；而北部之吉打、檳榔嶼及威省次之，其他州屬較少。

隨著潮人在馬來亞社會日漸壯大，殖民政府對華僑政策的改善使得更多潮僑拖親帶故相繼赴往。他們以方言和地域形成的社群組織商幫進行貿易，以血緣、地緣的紐帶構成的「連鎖遷移」（chain migration），建立宗祠、廟宇、會館等。「潮僑百數十年來，富有家鄉觀念，常將血汗所得，按月寄回贍養家人，因此潮汕之入超賴以挹注。如盈利豐富者，更樂於在桑梓興辦教育，創建工業，舉辦慈善，建築屋宇，對於國家之經濟及文化，均有極大之裨助。」〔註17〕除了移殖原鄉文化，他們與家鄉的互動關係也愈益廣泛，其中最引人注目的便是「僑匯」與「僑批」。

心慌慌、意茫茫，來到汕頭客頭行；客頭看見叫請坐，問聲人客愛順風。一直去到實叨坡，乜事無。上山來做工，伯公「朵隆」保平安。雨來乞雨沃，日出乞日曝；所擎大杉桁，所作日共夜；雞啼五更去沖浴，沖到浴來是怎生？海水相阻隔，香得唐山我嬤來打抃。信一封，銀二元，叫嬤刻苦勿愁煩。囝兒著扶持，教伊勿博錢，田園

〔註17〕潘醒農編著：《馬來亞潮僑通鑑》，頁 2。

　　著力作，豬囝著力飼，等到我賺有，緊緊回家來團圓。〔註18〕

這首〈緊緊回家來團圓〉的潮汕民謠在民間流傳，歌謠裡唱著無數先民的過番經驗。他們時刻牢記著賺錢養家的使命，更深怕耽誤了寄送贍養家眷的僑批。「在海外，潮州人最初主要在種植園（新加坡和馬來亞的胡椒園和茶園，暹羅的甘蔗園）工作，後來逐漸進入到各行各業。」〔註19〕這些僑批道盡了潮人謀生的艱辛和牽掛，亦是潮人為贍養親人以及溝通需求所衍生的另類家書與匯款憑證（銀信合一）。

　　僑批網絡對於中國潮汕與新馬華人（潮人）社會的互動，乃至是東南亞華人社會起著舉足輕重的影響。作為故土與他鄉的通訊標誌，潮汕僑批留存了百年有餘，它究竟包含了什麼價值與意義？這些僑批的發行網絡係遷移馬來亞乃至東南亞各地的潮僑及其眷屬為範圍，充分反映了潮人下南洋的經驗、思想和情感。於此，本文有以下兩大面向問題的提出：

一、在民俗學視角而言，僑批除了承載新馬與潮汕的金融流動，還承載著兩地的社會信息與文化思想。透過僑批中的信息，如何重構華人社會與傳統民俗文化的流傳與演化？民俗文化的傳承與在地化的實例，又與華人移民的文化背景有怎麼樣的關係？新馬潮人人口並非大宗，其分佈區域也不是十分集中，然則華人民俗對於其他種族是否存在著相互的影響？透過移民文化的傳播，在僑批中所呈現的離散經驗（Diaspora）對潮人民俗的「本相」產生怎麼樣的「變相」〔註20〕？

二、在歷史層面而言，僑批在不同時間脈絡的新馬華人社會與原鄉之間呈現了怎麼樣的面貌？自 1970 年代新中國改革開放到現今，這些僑批又具有什麼樣的意義？從南來的第一代至第二代潮人在面對不同語言、文化的非華族，他們對原鄉與異地而居的移民經驗以及「落葉歸根」的觀念從僑批中是否有跡可循？然而，不同於華僑先輩的第三、第四代潮人對於記憶中的歷史，「落地生根」的觀念以及傳承先輩們的民俗經驗如何僑批中有所體現？

〔註18〕林朝虹、林倫倫編著：《全本潮汕方言歌謠評注》，頁 220。

〔註19〕〔美〕孔復禮（Philip Kuhn）著、李明歡譯：《華人在他鄉：中華近現代海外移民史》（新北：臺灣商務，2019 年），頁 66～67。

〔註20〕「本相」、「變相」之概念出自李豐楙：「『本相』即原本之相或接近神話原相，『變相』則歷經時空而產生變化，唯不管所變的大小，變相與本相間仍存在連續性，會出現『萬變不離其本』現象。」見氏著：《從聖教到道教：馬華社會的節俗、信仰與文化》（臺北：臺大出版中心，2018 年），頁 5～6。

作為新馬華人社會族群之一的潮州人，這些問題都值得探究。

從新馬歷史觀之，1957 年 8 月 31 日馬來亞聯合邦（Federation of Malaya）脫離英殖民政府管轄正式宣佈獨立，並於 1963 年 9 月新加坡、沙巴（Sabah）與砂勞越（Sarawak）合邦合併，組成馬來西亞聯邦政府（Malaysia）。1965 年 8 月新加坡因政治經濟因素，宣佈脫離馬來西亞聯邦，建立新加坡共和國（Republic of Singapore）。〔註21〕如此，在觀察潮人民俗方面，自然不可忽略新加坡與馬來西亞之間的連結關係。新加坡與馬來西亞由移民社會發展而來，亦是東南亞民族複雜之地，夙有「人種展覽會」〔註22〕之稱。除華族之外，尚有馬來、印度、原住民，以及歐亞等他國人民。在新馬華人社會所面對的境況即多元種族、宗教、文化的衝擊，在此處境下所產生的文化碰撞為何？華人居於此地常與其他文化接觸並逐漸滲入他種文化之成分，因此華人之生活方式、習俗飲食皆形成種種特色。近現代新馬華人民俗文化內涵早已融入到人們的日常生活，經由民俗禮儀的操作深化與豐富生活生命的體驗。雖然一些僑批殘破不堪，或受水浸濕等問題，批信文字模糊不清、書寫潦草凌亂，或不完善的保存方式導致種種的問題與不易閱讀，但卻恰恰反映了潮汕先民歷經「人間煙火」的生活氣息。

第二節　研究動機與研究目的

在近現代中國歷史中擁有大量華僑人口外移的紀錄，為了謀生而下南洋尋找生存之地的他們即使遠離家鄉也不得不為之。早期南來的華僑在面對競爭惡劣的環境下，與家鄉親人聯繫成為了他們在異地謀生的精神依靠，此種親情紐帶即是僑批產生的來源。因此，潮汕僑批不僅是新馬潮人與家鄉維繫情感的載體，更是「家書抵萬金」時期的歷史見證。提起僑批或許許多人會聯想到僑匯，進而忽略隨匯款流入千家萬戶潮僑手中的家書。這些家書句句真實，亦是各個潮籍家庭尤足珍貴的家族史料。舉凡衣、食、住、行之記載，各個民俗節慶亦是常見之題材，甚至私人隱晦的生活細節，無一不是近現代潮人生活的投影。它們無疑是華人社會集體的歷史文化記憶，同時也是先輩們精神寄託的象徵。如此，僑批應當視為新馬官方史傳之外，研究華人社會歷史、民俗文化

〔註21〕林水檺、何啟良、何國忠、賴觀福編：《馬來西亞華人史料新編》第 1 冊（吉隆坡：馬來西亞中華大會堂總會，1998 年），頁 174～178。

〔註22〕華僑志編纂委員會編：《馬來亞華僑志》，頁 229。

的絕佳材料之一。

俗語言「千里不同風，百里不同俗」，不同於華南地區的生活環境，使得新馬潮人展現獨具一格的民俗風貌，在 1957 年的《南洋商報》中曾刊登一篇有關民俗研究的文章如此陳述：

> 無論那一個角落的任何一個種族，由于地理氣候以及思想氣質的不同影響，勢必各有其特殊的風俗習慣。所謂風俗習慣，在各該種族的歷史文化上顯然佔着重要的一部份。因而舉凡某一種族之人士欲投身於他族之間生活，於情於理皆必須先行熟悉他族之風土習俗，以便適應環境與維繫人情，這也就是俗語所說：「入國問禁，入鄉問俗。」的古今大道理。無疑地，在同一個國度里，種族與種族之間倘能互相瞭解彼此的風土人情，彼此的接觸機會一定頻繁不拒，彼此的情誼亦必因此與日密切。緣因風俗上的瞭解大可促使彼此成見的崩潰，增長彼此忍讓的涵養風度，於是，研究民俗係建立並增進種種感情的先決條件之一說是不容否認的。〔註23〕

民俗文化的流傳仰賴人們的行為，民俗固然因地制宜，如新馬與僑鄉狀況不同而有所變化，但整體精神依然持續相傳，從而形成一股文化力量。倘若對華僑先輩的風俗文化都不甚明瞭，這一切都只能是建立在沙丘上的房子，不推也必將自倒。故而有必要瞭解與研究華人民俗文化之源流與在地化的傳承，方能進一步談論與他族維繫種種之情感。生於斯、長於斯，對於新馬這塊土地的情感，以及想要進一步認識家鄉民俗文化的初心成為了本文研究動機之一。

海外華人社會的研究歷來存在兩種研究理念，其一是將華人社會視為中國本土社會的延伸，其二是將海外華人社會的建立與發展視為華人離開祖籍地後，在僑居地/居留地本土化之歷程。一般在新馬學界的研究脈絡下多以後者為主，而研究議題以社會歷史、政治經濟、語言教育等領域為範疇。不論是在新加坡、馬來西亞、中國或臺灣，亦有不少研究者以新馬華人研究為專攻領域，但未有專論新馬華人與潮汕僑批之研究，而將研究領域關注於民俗的部分亦不多見，同時也為筆者提供了值得深入探究的研究空間。

著名國學大師饒宗頤教授（尊稱「饒公」，1917～2018）對僑批的關注以及重視，是將僑批譽為「僑史敦煌」，足見僑批研究之重要性。在《僑批文化》

〔註23〕梅井：〈研究民俗與種族情誼〉，《南洋商報・副刊》1957 年 7 月 17 日，第 14 版。

創刊號之中，由李福光先生撰寫的〈僑批文化工程啟動紀實〉一文，記錄了 2000
年 11 月 22 日饒宗頤教授出席中國潮汕歷史文化研究中心舉辦「潮學講座」時
之談話，其中談及有關僑批研究之議題：

> 徽州特殊的是有契據、契約等經濟文件，而且保存很多，歷史一過
> 就很不容易找到了。現在徽州商人也已確定，研究這些契約就是研
> 究徽州商人及其活動，大家都承認它在經濟史上是很大的課題。我
> 們潮州可以和它媲美的是僑批，僑批等於徽州的契約，價值相等。
> 價值不是用錢來衡量的，而是從經濟史來看的。我們的僑批非常值
> 得研究。到底有沒有明代的？至少有清代的。這些資料如果把它公
> 佈出來是很新的。可以看出那時候潮人在哪些國家及其活動，還可
> 以從潮人的活動看到那個國家的經濟和政治。但世界上僑批的資料
> 還沒有人知道，沒有人注意。〔註24〕

從此段說明可知，饒教授認為僑批應當納入潮學當中，並且它與徽州契約可謂
是價值相當。在廣東省政協主席吳南生、中國僑聯副主席莊世平、香港僑屬社
團學生會創會主席陳偉南和饒教授的大力支持下可謂是「一石激起千層浪，兩
指彈出萬般音」。研究中心加強了對僑批徵集與整理工作，爾後更是擴大其範
圍，將之發展為一系列的「僑批文化工程」。竊以為僑批的發現與出版，不僅
可以補充前人研究之不足，也為後人留下了更多研究的空間。

在研究方面，從 1960 年至 1979 年時值中國文化大革命，近二十年間的
僑批研究幾乎停頓。自 2000 年後僑批研究呈上升趨勢，特別是 2004 年發表的
論著最多。（詳見附錄表 1-5：潮汕僑批研究論文彙整表）根據現有成果的歸
納，筆者發現目前學者對於僑批研究主題的取向多以金融經濟、社會制度為
主。值得一提的是，學者們都提出了僑批、僑批業與僑匯的歷史價值，可惜的
是他們卻未多加利用書信內容進行研究。從「沒有人知道，沒有人注意」到近
年來的研究熱潮，相關專著的出版也成為潮學與華人研究的熱門話題。早期就
僑批論僑批的局限到多學科視角的研究，許多議題的提出使得僑批研究愈加
多元。然而，此種境況讓人不經思索如何在前人研究的框架下得以另闢蹊徑。
若得以在前人研究基礎上闡發他人未能言明之處，或能以創新視角詮釋僑批
的價值。鑑於此，筆者在耙梳前人論著之際，更多加留意前人研究中是否尚有

〔註24〕李福光：〈僑批文化工程啟動紀實〉，《僑批文化》第 1 期（2003 年 10 月），頁
21。

可發展之空間，期能對僑批當中有關民俗研究的基礎進行延伸。

其次，李豐楙教授的《從聖教到道教：馬華社會的節俗、信仰與文化》為筆者提供了啟發和省思，其提出的觀點：

> 在馬國華族既需因應國家權力，也要適應多元宗教、多元社會的文化環境，只要比較其他華人世界，即可發現其節俗信仰或節俗、信仰，既有文化載體的功能及意義，也以此彰顯其民族氣派。故「華人宗教」可以和「華教」（華語教育）等量齊觀，既關係華族的文化歸屬，也與友族友教友節成文文化識別。在東南亞諸國的變化各異，相較於泰國、新加坡等國華人，馬國華族既兼顧了華教與華人宗教，其節俗、信仰乃得以保存下來，並未被馬來文化、伊斯蘭教所同化，此一現象值得關懷。〔註25〕

於此可見，李豐楙教授透過臺灣與港澳經驗的比照，以「教節一體」省思馬華社會與節俗信仰的關係，進而詮釋華人「聖教到道教」文化價值與意義。無可否認，該調查研究確實具有獨到之處，但就整體而言尚存若干問題有待釐清，且論著中對於新加坡華人民俗的探究尚未有深入的探討。筆者認為應當思考「華人民俗」是否可以和「華人宗教」或「華教」等量齊觀，從而釐清民俗在華人文化歸屬上的識別問題。節俗信仰作為研究新馬華人文化不可忽略的部分，憑藉著臺灣的研究經驗，加之地理優勢上「得天獨厚」的條件，方便觀察取材使得筆者對新馬華人民俗文化產生興趣與關注。

其次，在《台灣民俗學的建構》中林承緯教授對於民俗學的關注與省思，其曰：

> 民俗學可以理解為一種以研究風俗習慣、傳說民謠、生活器物等自古以來流傳於民間的民俗事物為核心，藉由理解人類生活傳承現象的歷史變遷，進而與現今社會的生活文化對話所成立的學科。當然，對於民俗學這門學科的定義，常伴隨各國的知識背景及文化屬性而有所不同，像是戰前由金關丈夫、池田敏雄主宰的雜誌《民俗台灣》，除了記載眾多漢人民俗片段，實際上在民俗台灣篇章中，更期待藉此催生台灣民俗學，培養台灣人的民俗學者。……藉此，台灣有必要建構屬於自己的民俗學傳統，它不會是中國民俗學、日本民俗學或歐美民俗學研究的追隨附庸，也不會是社會學的俗民研究或人類

〔註25〕李豐楙：〈序〉，《從聖教到道教：馬華社會的節俗、信仰與文化》，頁 xxvii。

學漢人研究的翻版。〔註26〕

此段話語讓我們了解民俗學在臺灣的建構，而此論著可謂是建構「臺灣民俗學」階段性的重要工作。從柳田國男（Yanagita Kunio，1875～1962）建構民俗學不可或缺的「民間傳承論」到林教授對民俗學學科未來發展的問題與反思，亦是新馬華人民俗學所面對的窠臼。在新馬華人研究確實仍缺乏體系化的民俗學知識與理論，雖然各國國情不同，時空背景也不一樣，但日本和臺灣建構「民俗學」的多樣化理論與研究方法亦不失為一個好的借鑒與學習對象。

作為往來潮汕與南洋的兩地書，其價值乃由一般庶民撰寫家鄉與居住地之生活紀錄。這些庶民生活的記敘共同創造了無數新馬潮人的經驗與記憶，提供我們進一步了解新馬潮人對於故土他鄉生活與民俗知識，以及藉由僑批所保留的特定時期（如中日抗戰、馬來亞日據時期）的生活圖像。從教育的角度來看，筆者認為現今年輕的華人沒能認識自身成長環境的民俗文化是非常可惜的，其中所蘊含的珍貴經驗與知識，不只是價值觀的建立，尚有社會歷史背景的認識以及文化的傳承。同時，僑批展現出華僑對家鄉的愛國意識與華人對祖籍地的懷鄉情感，如華僑大量捐款建設僑鄉和鄉土教育之貢獻。作為潮人對自身文化意識的建構，除了有利於加強新馬潮人對自身文化的向心力和認同感，亦可教導年輕一代認識原鄉民俗文化的用意。

近年來有關馬來西亞華人民俗研究的崛起，〔註27〕使得筆者省思如何建構和研究新馬潮人民俗的議題。本文研究目的在以「民俗」領域的學術基礎上，以新馬華人研究中較少接觸的民間文獻——僑批作為關注新馬潮人的研究視角。誠如陳春聲教授於書中所言「接觸社會，認識社會」、「以民俗鄉例證史，以實物碑刻證史，以民間文獻證史」〔註28〕，藉此還原新馬潮人民俗之面貌亦是本文研究之目的。經由以潮汕僑批為中心的解讀，為新馬潮州人社會與民俗

〔註26〕林承緯：《台灣民俗學的建構》（臺北：玉山社，2018 年），頁 19～20。

〔註27〕新紀元大學學院自 2015 年至 2021 年相繼舉辦「馬來西亞華人民俗研究學術研討會」，並集結出版學術論文集，如《2021 年馬來西亞華人民俗研究論文集》等。見廖文輝編：《2021 年馬來西亞華人民俗研究論文集》（吉隆坡：新紀元大學學院，2021 年）；詩巫砂華文協會所聯合舉辦的《東、西馬華人民俗與文化研究》學術交流會，見〈談東西馬華人民俗與文化 26 日學術交流會〉，《詩華日報》：2016 年 3 月 7 日，網址：https://news.seehua.com/?p=148098（2020年 5 月 30 日查詢）。

〔註28〕陳春聲：《地方故事與國家歷史：韓江中下游地域的社會變遷》（北京：三聯書店，2021 年），頁 1。

研究提供另一種視角，並藉此呼籲對新加坡與馬來西亞潮汕僑批之保存、整理和研究的工作。近年來僑批研究愈加發達，而區域性田野調查更受到肯定，展現出本土文化特色的僑批數量亦不少。在各界人士投入大量的心力下，將散落於世界各地的僑批集結，並藉由潮汕歷史文化研究中心與廣西師範大學出版社共同合作出版的《潮汕僑批集成》，為保存僑批文獻做出了極大的貢獻。這套叢書最引人注目的特點是大量僑批實物的收集與整理。這樣的工作，不僅具有在現代化的歷史背景下「搶救」物質或非物質文化遺產的價值，更深具學術研究的意義。筆者相信在此基礎上，建立並發展起屬於在地化特色的解讀方法和分析，是將新馬華人研究建立於更加堅實的學術基礎之上的重要環節之一。

　　簡言之，本文研究目的如下：

一、探討有關新加坡與馬來西亞潮汕僑批與民俗之關係：以界定民俗的概念、定義、內涵，從而彙整與歸納潮汕僑批中有關民俗內容之部分，探討其中所呈現的民俗特色與當地之關係。

二、深入探析有關新加坡與馬來西亞潮汕僑批的民俗文化內涵：將搜集整理之僑批內文加以整理、分類，作為內容分析，依據生命禮俗、生活民俗、信仰習俗三大範疇分析僑批之內容。

三、藉由潮汕僑批認識潮人之故土與他鄉：探討新馬潮人的特殊風貌，認識家鄉的風俗民情，透過書信內容認識成長於新馬這塊土地的潮人，熟悉前人的生活經驗與民俗的傳承，進而產生文化的認同感，從而重視這片土地的聯結與情懷。

正如幾代學者對新馬華人研究的不懈努力，包括碑文、族譜、賬本、報刊等資料的研究，但有關僑批研究尚待挖掘。這種被稱之為「民間文獻」的書信材料獨具其特色，是傳統歷史學家、人類學家都還沒完全掌握和專研的新材料。基於諸上理由，要能引起學界對僑批的興趣，又應具有地方性特色，故而選擇以潮汕僑批作為研究題材，期望在此議題的研究上得以拋磚引玉，把這重要的文化資產傳遞給有志於研究新馬華人文化的研究者。

第三節　研究範疇與研究義界

　　僑批涵蓋數量之多，時間跨度之長，涉及地域之廣是難以估量的。19 世紀末至 20 世紀 70 年代是僑批網絡從形成、發展、鼎盛至衰落的時期，以中國

歷史發展脈絡觀之，僑批歷經清代至民國、中日戰爭至中華人民共和國成立；而以新馬華人史的脈絡觀之，則從英屬馬來亞時期至馬來西亞獨立建國，縱貫近現代華人社會史近一個半世紀。在百年間這些個人與家庭生活相關的僑批，頻繁往來於潮汕與新馬之間，在華人社會與其生活中有著直接或間接的影響。據現有資料統計，自 1930 年至 1949 年由潮汕僑批局經營傳遞的僑批平均多達 154 萬封，如下表所示：

表 1-6：1930 年至 1949 年汕頭與馬來亞僑批數量統計

年度	汕頭僑批（封）	馬來亞僑批（封）	備　註
1930	1,290,000	108,392	據饒宗頤資料所得。
1932	831,709	—	據饒宗頤資料所得；南洋樹膠業慘敗導致華僑多數返國，使得批信減少。
1934	2,205,528	—	據謝雪影資料所得。
1937	2,200,000	—	據姚曾蔭資料所得。
1938	2,335,805	919,144	據陳麗園資料所得；中日戰爭逼近華南地區，海外華人對家鄉親人多有擔憂，故而使得批信數量比往年略為增加。
1939	1,584,691	641,241	據陳麗園資料所得；汕頭淪陷，僑批匯路受到阻隔，加之東南亞各地政府對僑批的控制，使得批信數量大減。
1940	1,777,266	774,577	
1941	1,276,832	555,630	
1947	1,637,607	—	據陳麗園資料所得；中日戰爭結束後，僑批數量稍顯回升。
1948	1,988,763	601,355	
1949	1,415,364		據陳麗園資料所得；此時僑批數量下降與國共戰爭以及中華人民共和國成立有關。

資料來源：1. 饒宗頤：《潮州志‧交通志》，見《潮州志彙編》第 4 部（香港：龍門書店，1965 年），頁 798。
2. 謝雪影：《潮梅現象》（汕頭：汕頭時事通訊社，1935 年），頁 41～42。
3. 姚曾蔭：《廣東省的華僑匯款》（上海：商務印書館，1943 年），頁 38。
4. 陳麗園：《華南與東南亞華人社會的互動關係——以潮人僑批網絡為中心（1911～1949）》，國立新加坡大學博士論文，2007 年 9 月，頁 88、92。

由表 1-6 可見，從汕頭郵政管理局統計 1934 年、1937 年、1938 年寄往南洋回批平均數量為 220 萬封，而 1939 年後僑批數量開始下降，此後三年僅有約 155 萬封，1947 年至 1948 年稍見回升，但 1949 年後批信數量又下滑至 141 萬封。

以馬來亞方面觀察，從 1930 年約 10 萬封至 1938 年的 90 萬，1939 年至 1941 年平均為 55 萬至 77 萬封。1941 年至 1945 年為馬來亞日據時期，華僑因受日本管制故而難以將僑批轉寄出國，同時此段時期亦缺乏僑批數量的記載。於此，1948～1949 年合併的原因在於統計時間以 1948 年 7 月至 1949 年 6 月止。戰後僑批數量逐漸回升至平均 60 萬封。透過表 1-6 的整理，我們可以發現華僑人口規模與僑批的數量之間的關聯，加上當時中國與馬來亞政局的情況對僑批數量有著至關重要的影響。

鑑於僑批數量與時間脈絡之複雜，首先要釐清僑批在中國和新馬兩地不同的時代背景才能清楚闡述其發展之過程。故此，本文以 1920 年代至 1990 年代作為時間的界定。具體而言，以 1920 年代世界第二大戰前至 1940 年代汕頭與馬來亞受日本侵佔時期為第一階段；以 1940 年代戰後初期、1950 年代馬來亞獨立建國、1960 年代新加坡宣佈脫離馬來西亞為第二階段；以及 1960 年代新馬兩國獨立後至 1990 年代政治穩定、經濟增長時期為第三階段。本文將此分為三階段，目的在於說明不同時期考察潮籍華僑乃至其後代子孫的發展軌跡，方能清晰呈現民俗與在地化的演變過程。

其次，潮汕僑批的訊息網絡可謂縱橫交錯，包括潮州八邑，即現今廣東省潮州、澄海、饒平、揭陽等；在東南亞方面主要涉及的地域更廣泛，包含泰國、新加坡、馬來西亞、越南、印尼等國。為免過於龐雜，涵蓋範圍過於廣泛，本文所討論的區域以新加坡、馬來西亞和潮汕僑鄉為中心，集中觀察僑批中有關潮汕與新馬兩地潮人的民俗活動。此外，筆者選擇新加坡和馬來西亞的緣由有二：其一、新馬兩地作為早期英政府發展的國家，海峽殖民地的地理優勢使得其成為東南亞地區華僑居留、出入頻繁之地，因潮籍人數不少而留存的僑批自然也不少，故足夠深入研究；其二、在因緣際會之下筆者有幸接觸了珍藏在馬來西亞的僑批，且擁有地理上的優勢可深入探訪進行調查，將所搜集的僑批與其他史料文獻相互佐證，從而達到雙重驗證之效。

至此，本文以「潮汕僑批」為題，尚有若干界定需予以說明：

一、「僑批」之義界

僑批俗稱「番批」，是東南亞華僑匯寄的信物，也是早期華僑與家鄉親屬溝通的橋樑。僑批多源自於中國華南地區與南洋各國，一般以地域方式稱呼，如「閩南僑批」、「泉州僑批」、「潮汕僑批」、「金門僑批」等，目前留存最多的

是潮汕僑批以及閩南僑批。關於「僑」之定義在學界並無太多爭議，即「僑」者為寄居外地或外國者或直接指華僑。關於「批」的解釋，1990 年代多以「批」為閩南語、潮汕地區方言之「信」叫「批」，指附寄款項的信件。〔註29〕2000年後，僑批研究的興起使得一群專研僑批的學者專家針對「僑批」之定義進行思考。為便於後文之分析，筆者將幾個較具有代表性的說法引述如下。

有關「批」的定義有細微的差異，以下列明各學者對此概念的理解。對於「潮汕僑批」一詞的解說，有學者認為「批」在潮語中有成批之意，如杜桂芳於 1999 年出版的《潮汕僑批》一書中詳盡說明：

> 「僑批」一詞，雖未見於國內任何辭典，卻流傳、沿用於潮汕至閩
> 南一帶至少百年以上。它是潮汕華僑史上具有獨特文化色彩的事物。
> 有學者論證，「批」即唐朝書信的稱呼；福建一帶也有稱信為批的。
> 但在潮汕，批的含義絕不僅於此。查《辭源》、《辭海》，「批」字有
> 「手擊、排除、削、觸、批判、批示」等釋義，這些都與僑批無關。
> 唯《辭海》另有一釋「作量詞用」，《辭源》也另有更詳細的解釋：
> 「事物分批相次」。新方言釋言：『或言事有先後第次則曰一批一
> 批』。」這就比較貼近僑批的現實含義。……久而久之，批，就成了
> 海外來款來書的代名詞。僑批一詞的意義，也因此約定俗成。〔註30〕

由此可見，杜桂芳採《辭源》「事物分批」的含義一說較為貼近潮汕方言中「批」的理解。焦建華對僑批的定義亦如此：「閩南話稱書信為『批』，潮州話的『批』專指寄款信件，兼含多件匯集成批之意。」〔註31〕從「批」延伸為分批、成批、批量的字義，是以成批、編好代碼按批次寄「批」的概念產生，如鄒金盛《潮幫批信局》對早期批局編列代碼按批次寄款所言：「泰國各批局是用《千字文》的文字順序作列字的；新加坡、馬來西亞、印尼等地方則多用批局名稱作列字」〔註32〕。

然而，有學者認為「批」與「信」同義，如饒宗頤《潮州志》曰：「華僑

〔註29〕常增書：〈廣東潮汕地區僑批信局的形成和作用〉，楊起亮、周林：〈潮汕「僑批郵戳」之沿革〉；蔡木雄、蔡紹彬：〈僑批館的創辦年代和僑批名稱的由來〉；均見於廣東省集郵協會、汕頭市集郵協會編：《潮汕僑批論文集》（北京：人民郵電出版社，1993 年），頁 2、22、70～71。

〔註30〕杜桂芳：《潮汕僑批》（廣州：花城出版社，1999 年），頁 7～8。

〔註31〕焦建華著：《福建僑批業研究（1896～1949）》（廈門：廈門大學出版社，2017年），頁 44。

〔註32〕鄒金盛：《潮幫批信局》（香港：藝苑出版社，2001 年），頁 41。

信款率託寄於常川來往水客，其信函俗名曰批（潮閩語言同源，閩南至今仍以批稱書函）。今雖改稱曰信，但民信款常相聯寄，合信款而言仍稱為批」〔註33〕。王煒中亦認為：「僑批就是海外僑胞通過民間渠道及後來的金融、郵政機構寄回國內，連帶家書或簡單附言的匯款憑證。有學者進一步把它概括為『銀信合封』，即『匯款與家書連襟』的民間寄匯。」〔註34〕基本以上學者皆以「批」乃方言中「信」的說法。何啟拔對「僑批」亦有所言：「從字義方面言，批是一批一批的意思，指受托寄的匯欵，不是按日付發，而是蒐集在一起，使有船隻由南洋至中國華僑社區時，即分批寄滙。……『批』這個字，依管見看，有二個意義。其中一個意義，所謂批實際上即是信。蓋閩南、潮汕與海南或福佬語系，所謂信，土話即呼之為批。這是本字在華僑心目中原來的意義。另一個意義即上面所說一批一批的意思。」〔註35〕

　　此外，陳春聲則認為沒有匯款功能的家書，嚴格來說只是「信」而非「批」，但其認為民間也常將「信」與「批」混稱或「批信」並稱，日常生活中對此字義上的區分並不嚴格。陳春聲再進一步舉例說：「一般來說，每筆僑批均包括信件和款項。早期的批信，多由往來南洋與汕頭之間的外國輪船中轉。光緒二十二年（1896）大清郵政成立以後，規定批信需經其收轉，批局開始把收寄的『信』通過郵政用總包寄遞，『銀』則另外通過銀莊和銀行轉匯。從此，『銀』和『信』開始分道轉遞。」〔註36〕如上所述，僑批中所稱「批」和「信」是兩個不同的字義。張美生與陳春聲觀點有著雷同之處，其認為：「僑批通常被認為是『銀信合一』或『銀信合封』，但筆者通過對比研究大量僑批實物和走訪僑屬，認為僑批不一定為銀信合一或銀信合封，故提出僑批為『銀或銀信』的觀點。『銀』指有銀無信，『銀信』指銀和信。」〔註37〕柯木林則以簡單的公式，言簡意賅的道出僑批之定義：「僑批（載體）＝信（僑信）＋銀（僑匯）」〔註38〕，更說明僑批是海外華僑通過海內外民間機構匯寄至國內的匯款及家書，是一種信、銀合一的特殊郵傳載體。

〔註33〕饒宗頤：《潮州志・交通志》，見《潮州志彙編》第4部，頁871。
〔註34〕王煒中：〈潮汕僑批〉（廣州：廣東人民出版社，2007年），頁3。
〔註35〕何啟拔：〈批信局的組織及其業務〉，收入廣東省銀行經濟研究室編輯：《廣東省銀行月刊》第3卷第7～8期，（廣州：廣東省銀行經濟研究室，1947年），頁15。
〔註36〕陳春聲：《地方故事與國家歷史：韓江中下游地域的社會變遷》，頁349。
〔註37〕張美生：《僑批檔案圖鑒》（廣州：中山大學出版社，2020年），頁1。
〔註38〕柯木林主編：《新加坡華人通史》，頁635～636。

近年來僑批研究的發達使得年輕一輩的學者得以深入考察此概念與理解：

> 僑批的「批」字在閩南方言裡不與「信」同音，也不是「信」的俗稱，其功能不僅僅是匯款單，是一種「銀信合封」的特殊信件。出洋謀生的僑子把寄給家中長輩的信件和銀款託付同鄉人或後來的僑批局寄給家人，往往都需要家人回信答復，以作憑證，所以會在家信留空或直接寫上「但批紙尾」；在信中也會「批明」銀款的分配情況；「回批」是僑眷給僑子的回信答復，這種特殊的書信格式正式「批」批示義的體現。……由於使用頻繁，「批」在閩方言中由「批示」「回批」的義漸漸引申為「銀信合封」的特定詞語，代指這種由在特定時期，華僑寄送銀信，僑眷復以回批的特殊形式。〔註39〕

筆者認同林丹、陳凡凡之說，林氏透過文字中的音、義比對「批」和「信」的差別，以「批」字的功能考察閩南語和潮州方言中對於「批」的定義與來源。

其次，曾旭波透過各學者之定義，進一步思考「批」的定義。其認為：「『批』字明顯是跟『銀』有關係。銀單子、支銀的條子、寫賭資、匯票等，均可稱為『批』，而且這種叫法是具有全國性且古往今來均有的。故閩南方言中將信稱為『批』，只能視為個例，不具普遍性，至少在目前未有更好的例證能證明國內其他地區也有此種說法。而潮汕人將華僑寄批的『批』亦稱為『批』，似乎更像巧合。」〔註40〕他認為「批」應有「成批到達收埠」的意義有些牽強，且在潮語方言中，作量詞解釋的「批」稱為「幫」而非稱為「批」，如「第二批」稱為「第二幫」〔註41〕，說明華僑下南洋主要為了賺錢，所以首要目的就是寄款，因此僑批以寄銀為主，有時亦附帶家書。目前學界雖然對「批」字的定義仍未有統一的說法，但林氏考據歷史文獻對「批」字的使用，確實更具說服力。

二、「華僑華人」之義界

早期南洋地區多稱華人為「唐人」或「唐山人」，而東南亞各國多處均有「唐人街」，尚有「華工」、「華商」、「華民」之分。在中國自古就有以「華夏」自稱，從專研南洋華僑歷史的學者李長傅（1899～966）一書可見：「《詩經》

〔註39〕林丹、陳凡凡：〈僑批命名來源考〉，《汕頭大學學報（人文社會科學版）》第 11 期（2018 年 11 月），頁 31。
〔註40〕曾旭波：《潮汕僑批業研究》（廣州：暨南大學出版社，2020 年），頁 14。
〔註41〕曾旭波：《潮汕僑批業研究》，頁 14。

說：『悅我華夏』。《書經》說：『華夏蠻貊』。我國人自稱叫做華人，現在的國名叫做中華民國，華字就是中國的簡稱。僑史旅寓之意，華僑，就是旅外的中國人之意，凡是不居住在中國的中國人全叫做華僑。」〔註42〕這種說法似乎有些偏頗，恐難以使人信服。

有關「華僑」（Oversea Chinese）一詞，較早對其界定的是1935年出版的《華僑概觀》：「『華僑』云者，係由移植當時為中國之領土地域而移植於外國領土之中國人或其子孫之居留於外國領土者也，但其國籍之如何，則在所不問也。」〔註43〕此處對於華僑國籍問題避而不談。《辭海》則將之釋為：「僑居國外的中國公民。中國政府派往外國的公務人員、留學生、勞務人員和出國訪問、考察、講學、遊歷的人員以及經常出入境的中國邊境地區的居民，不是華僑。已經加入外國國籍的中國血統的人是外國公民（亦稱外籍華人），也不是華僑。」〔註44〕說明華僑之界定固然與國籍有著一定的關係。

關於華僑身份與國籍的問題，在《僑務彙編》中曾提出：

> 華僑之去國，由來久矣。在當時清政府之關閉時代，既不知有國籍
> 法，更不知海外之有華僑。故亦從無保護華僑國籍取締華僑國籍之
> 問題發生，而華僑之在外也，慘淡經營，圖一己之安全與利便。間
> 有入外國籍者，然衣食住三事，悉本祖國之風。固歷代相傳而自承
> 為中國人也。及至滿清末年，國內與僑界聲息漸通，無論朝野上下，
> 亦從未有一人以外國人視華僑。〔註45〕

對於《僑務彙編》之記載，敘述了中華民國初立時所修訂的華僑國籍法案，但似乎未對「華僑」一詞加以定義。其中言及「生時父為中國人者」〔註46〕，卻未言明出生地，可見民國時期華僑的國籍法範圍實際上還是以血統論為原則。再加上民國國籍法採雙重國籍認證，因而引發諸多有關華僑界定的問題。此後，中華人民共和國在1980年通過國籍法，將海外華僑的雙重國籍問題予以解決，即中國不承認雙重國籍。

〔註42〕李長傅等著：〈世界的華僑〉，《南洋史地與華僑華人研究》（廣州：暨南大學出版社，2001年），頁23～24。
〔註43〕劉土木、徐之主編：《華僑概觀》（北京：中華書局，1935年），頁2。
〔註44〕辭海編輯委員會編：《辭海》第6版（上海：上海辭書出版社，2010年），頁770。
〔註45〕何海鳴纂輯：《華僑彙編‧華僑的國籍問題》第1集，頁15。
〔註46〕何海鳴纂輯：《華僑彙編‧華僑的國籍問題》第1集，頁16。

　　陳烈甫針對「華僑」與「華人」的定義加以論述：「華僑的範圍有廣義
與狹義兩種涵義。廣義的華僑，包括華人與華裔在內，臺北僑務委員會每年
發表的華僑統計，就是採取廣義的涵義。狹義的涵義，華僑只限於由國內出
國至海外謀生居留，並保持中國國籍的人。依據這狹義的涵義，華僑實數無
多。」〔註47〕有關「華人」的定義，陳氏主張「依法律的觀點，居處各國的
華僑，當他們歸化，取得當地國籍的時候，即不再是華僑，而是華人。亦即
有華族血統的當地人。」〔註48〕其中，陳氏還援引新加坡前總理李光耀（1923
～2015）對鄧小平（1904～1997）參訪新加坡時所說一段話加以引證：

> 新加坡於一九六五年獨立建國，當地的華僑，一律成為新加坡的國
> 民，並以人數很多，構成佔人口比例百分之七十六的主要民族。北
> 平實力派鄧小平第一次訪問新加坡（一九七八）的時候，李光耀於
> 致詞歡迎嘉賓的時候，曾有「報告鄧副總理，新加坡沒有華僑」之
> 句。這就是說，原來居住在新加坡的華僑，已因新加坡獨立建國，
> 一律成為新加坡的國民。〔註49〕

簡言之，陳烈甫對「華僑」之界定當指僑居國外具有中國國籍之人，不論其居
留時日長短，且具有定居謀生之意者皆稱為僑民；而「華人」一詞當指華僑在
歸化後取得當地國籍即可視為華人。

　　有關馬來西亞「華人」之定義為何？從1954年8月11日《星洲日報》中
〈陳禎祿對美記者談話謂華人係馬來亞建國第一等材料〉一文可見時任馬華
公會會長的陳禎祿（1883～1960）對於「華人」的說法：

> 馬來亞之華人被稱為「外國人」及「候鳥」已經太久。彼謂：「當汝等
> 不斷賜彼等以『外國人』之名號時，汝如何能期望忠於馬來亞？」陳
> 禎祿以「馬華公會」首領身分（份），努力使馬來亞之三百萬華人「馬
> 來亞化」。彼謂華人乃建立馬來亞國之第一等材料，如果予以適當處
> 理，彼等對於馬來亞之推進獨立及未來繁榮，可以甚有用處。〔註50〕

可見陳禎祿對華人的定義與擁有中國國籍之「華僑」意義不同。當中，陳氏言明
「馬來人，印度人，及中國人早在歐洲殖民到來之前，已經和平而極友善地主在

〔註47〕陳烈甫著：《華僑學與華人學總論》（臺北：臺灣商務印書館，1987年），頁11。
〔註48〕陳烈甫著：《華僑學與華人學總論》，頁13。
〔註49〕陳烈甫著：《華僑學與華人學總論》，頁13～14。
〔註50〕〈陳禎祿對美記者談話謂華人係馬來亞建國第一等材料〉，《星洲日報》1954
　　　年8月11日，第7版。

此地區。」更是特別以早期之「中國人」與當時馬來亞「華人」以國別進行區分。目前，馬來西亞華人方言中多以「唐人」自稱，主要原因當源自於中國唐朝所遺留下的影響。大量華人移居馬來亞並多以「唐人」自居，隨著華僑後代定居當地並取得國籍後則以「華人」稱之，如新加坡華人（Chinese Singaporeans）、馬來西亞華人（Malaysian Chinese）。為此，本文中所指「華僑」為早期擁有中國國籍且僑居於馬來亞之人；而「華人」即指具有當地國籍之華裔族群，以此區分本文所述及之對象，即新馬潮籍華僑（簡稱「潮僑」）與潮籍華人（簡稱「潮人」）。

三、「民俗與民俗學」之義界

首先，在中國各朝代古籍中曾提及「民俗」一詞，如《史記·孫叔敖傳》「楚民俗，好庳車」〔註51〕、《漢書·董仲舒傳》「所以變民風，化民俗也」〔註52〕等，當時雖未言明有關民俗之說法，但可以確定「民俗」的概念早已存在。在 19世紀英國民俗學會創始人之一的威廉·湯姆斯（William Thomas，1803～1885）於 1846 年所提出的「民俗」（Folk）與「知識」（Lore）合成的英文 Folklore 的意譯，含義為「民眾的知識」或是「民間的智慧」（The Lore of the Folk）。

後來，民俗一詞逐漸被世界各國民俗學者接受，但他們對此概念的看法與分類也略微不同。譬有「中國民俗學之父」的鍾敬文（1903～2002）曾談及「民俗」之定義：

> 民俗是民間文化的重要組成部分，要把握它的範圍，應該對「民間」（folk）和「風俗」（lore）二詞的含義加以認真的考察。民間，顧名思義，是指民眾中間。它對應官方而言。概而言之，除統治集團機構以外，都可稱作民間。它的主要組成部分，是直接創造物質財富和精神財富的廣大中、下層民眾。
>
> 「風俗」（Lore）一詞指人民群眾在社會生活中世代傳承、相沿成習的生活模式，它是一個社會群體在語言、行為和心理上的集體習慣。〔註53〕

〔註51〕〔漢〕司馬遷撰、裴駰等三家注：《史記·孫叔敖傳》（臺北：宏業書局有限公司，1987 年），卷 119，頁 845。

〔註52〕〔漢〕班固撰、〔唐〕顏師古注：《漢書·董仲舒傳》（北京：中華書局，1997年），卷 56，頁 2499。

〔註53〕鍾敬文主編：《民俗學概論》（上海：上海文藝出版社，2003 年重印版），頁 2～3。

鍾敬文對民俗的概念與解說包含民俗研究的範圍、分類、性質、特徵、類型均有詳盡的說明。總體來說，其將民俗分為物質民俗（衣食住行的民俗）、社會民俗（人生禮俗、歲時節日）、精神民俗（民間信仰、民間巫術）和語言民俗（民俗語言、民間文學）四大部分。他認為「民俗文化在時間上傳衍的連續性，即歷時的縱向延續性；同時也是指民俗文化的一種傳遞方式。」〔註54〕因此進一步說明研究民俗的傳承性和擴佈性，對於釐清民俗文化的產生、發展、演變、流傳都具有重要的價值。

烏丙安（1929～2018）在《中國民俗學》亦曾談論民俗學的定義與分類問題：

> 民俗學是研究整個民間生活與文化的科學；它既研究民間的精神生活，也研究民間的物質生活；它既研究文明民族的人民生活與文化，也研究後進民族甚至野蠻民族的大眾生活與文化。這樣，民俗學的概念越來越擺脫了民俗學形成前身或早期那種各執一端的偏狹傾向，成為與其他社會學科可以並駕齊驅的有獨立概念的學科。〔註55〕

其認為民俗研究範圍廣泛，凡是人類社會中從生產到生活，物質到精神，心理到口頭的行為，所形成的習俗慣制世代傳承的事象，都是民俗研究之列。有關民俗研究範圍大致包括四方面：經濟、社會、信仰、遊藝，從而強調在進行民俗研究過程中要有多面向、多角度的認識，才能比較科學地形成考察民俗的點、面、線。

在日本民俗學みんぞくがく（Min zo ku gaku / Japanese Folklore）研究中，以柳田國男《鄉土生活研究法》和《民間傳承論》二書為日本民俗學的奠基者。在其《民間傳承論》中對於「民間傳承」的界定為：

> 民間傳承這個名詞僅僅是我個人的提議，所幸它流行範圍有限，尚沒有產生什麼歧異，所以我想可以無顧忌地來公開並限定它的含意。我的構想是希望把這個用詞對應於歐陸一些文明古國所使用的 Les Traditions Populaires，意指一個社會集團的生活知識，也和英國的 Folk-Lore 的範圍完全吻合。Tradition 這個用詞在其本國往往引起某些政治上的聯想而產生麻煩，這可從日文翻譯成「傳統」的情形推測出來。Populaires 這個形容詞在這裡份量很重，但我們只能譯成「民間」。不過可以用帶有新鮮感的「傳承」一詞來取代「傳統」這個詞意豐富，且意蘊複雜的用詞。我的這部《民間傳承論》之中，就是

〔註54〕鍾敬文主編：《民俗學概論》，頁13。
〔註55〕烏丙安：《中國民俗學》（瀋陽：遼寧大學出版社，1992年），頁5。

要論述已與 folklore 這句一樣廣為人們熟知的「民間傳承」這個概念
的重要性。〔註56〕

從此段話語可見柳田國男對各個詞義的推敲與選用，因而將「傳承」作為「傳
統」的代名詞，自此成為日本民俗學的核心議題。「傳承」作為柳田國男建構
日本民俗學中不可或缺的概念之一，而「民間傳承」開啟了柳田國男民俗學建
構中最重要的關鍵詞。

臺灣方面關於「民俗」一詞的定義，可從《台灣民俗學的建構》觀之：

民俗一詞看似通俗易懂，舉凡迎神賽會、祭典儀式，都是世人再也熟
悉不過的民俗，它存在於你我的日常生活之中，像是喜慶喪葬、信仰
禁忌，甚至各種傳承於民間社會的習俗文化也是民俗。民俗是具有傳
承性的生活文化，也就是非個人、單一區域、短暫時間創造出來的文
化傳統，具體而言，包含了風俗習慣、傳說民謠、生活器物等自古以
來流傳於民間社會的民俗世相，這是筆者定義下的民俗。〔註57〕

至此，林承緯承繼了日本「傳承」的概念作為探究臺灣民俗學的研究取徑，從
臺灣漢人社會最具代表性的行為傳承至信仰傳承以及臺灣文化資產的民俗學
議題加以討論，反映出臺灣民俗文化在諸多因素的影響及社會變遷中，呈現出
民俗學的發展面向，從而回顧臺灣民俗學如何立足於當今作為一門學科的反
思。從以上對中國、日本、臺灣民俗學研究對「民俗」至「民俗學」的討論，
由此審視民俗的定義問題。筆者認為以「民俗傳承」的概念作為考察新馬華人
民俗的研究，主要在於凸顯民俗研究中傳承的特徵。

「民俗」或稱「風俗」、「禮俗」，是指民族社會世代相傳的生活狀態，包
含人的物資生活與精神生活所產生的諸多文化現象。民俗最能體現出人文社
會學科中的庶民文化在生活中的經驗傳承。透過探討新馬潮人物質民俗，社會
民俗，精神民俗和相關記載，以期能夠釐清當中的風貌，從而擴展新馬華人民
俗研究領域的視野。綜合以上所述，本文對於僑批、華僑華人、民俗與民俗學
概念的梳理與討論，以期能夠在深入探討僑批前加以界定，藉此進一步理解新
馬潮人在大移民時代以及獨立後如何傳承華人民俗，並以「僑批」視為民俗知
識的載體進行研究。

〔註56〕此段引文為筆者自譯，原文可詳參〔日〕柳田國男著：《柳田國男全集‧民間
傳承論》第 8 集（東京：筑摩書房，1998 年），頁 17。
〔註57〕林承緯：《台灣民俗學的建構》，頁 17。

第四節　文獻回顧與研究現況

　　僑批研究的興起到迄今可謂是碩果纍纍，民間僑批收藏家對僑批的捐贈與公開，引起學界對僑批研究的興趣。僑批研究所涉及的領域也非常廣，有歷史學、社會學、經濟學等面向。除了前文提及的僑批研究論著外，1939年陳達的《南洋華僑與閩粵社會》當屬早期研究閩粵華僑較為全面的論著，[註58]作者從宏觀的角度解析華僑家庭的衣食住行、宗教信仰，更專章談論僑批與僑批業產生之緣由。由於陳達使用社會學科的研究方法，未能從一個有機的視角展現潮人民俗的詳細討論，此乃陳達未曾涉及的問題。值得一提的是潮汕歷史文化研究中心對僑批的徵集與出版，以及僑批「申遺」和僑批研究學術研討會的舉辦等皆作出了巨大的貢獻。該研究中心所發行的《僑批文化》專刊收集了諸多學者對僑批的研究，並且先後協助出版了《潮幫批信局》、《潮汕僑批業檔案資料選編》、《潮汕僑批萃編》（3輯）和《潮汕僑批集成》（4輯）。其餘的文獻尚有饒宗頤教授編修的《潮州志》，中國地方志《廣東省志・華僑志》（1996）、《汕頭市志》（1999）等，為僑批研究者提供了眾多寶貴的研究材料。

　　本文以潮汕僑批作為研究對象，但有關新馬華人社會研究之領域，以及中國潮汕民俗研究的整理亦不可免俗。茲將相關研究成果統整如下：

一、僑批與潮汕僑批研究

　　在中國民信業發展史專書方面，臺灣學者彭瀛添於1992年出版的《民信局發展史──中國的民間通訊事業》[註59]首次以郵政史角度探討批信局的業務，對批信局的產生、發展、變化及批信局與中國郵政局之間的鬥爭皆有所探討。以中國華南地區為區域，研究閩南僑批業發展脈絡之專著有王朱唇與張美寅的《閩南僑批史話》，[註60]此書通過僑批封來探討僑批網絡、僑批業經營策略和僑批業與中國郵政之關係，是一部值得參閱的論著。焦建華的《福建僑批業研究（1896～1949）》[註61]運用了多方面的資料、統計圖表，詳實梳

〔註58〕陳達：《南洋華僑與閩粵社會》（北京：商務印書館，2011年再版）。

〔註59〕彭瀛添：《民信局發展史──中國的民間通訊事業》（臺北：中國文化大學出版部，1992年）。

〔註60〕王朱唇、張美寅：《閩南僑批史話》（北京：中國廣播出版社，2006年）。

〔註61〕焦建華：《福建僑批業研究（1896～1949）》（廈門：廈門大學出版社，2017年）。

理福建僑批業的種種論述，給予本文很多借鑒之處。此書運用跨國理論對「僑批網絡」以及國家構建作了深入的探討，顯示作者獨到的研究心得。雖然此書以福建僑批業為主，但此書證明了僑批網絡的存在與發展，也使得東南亞各國的僑批網絡、僑批貿易和中國政府的關係得以呈現出許多獨特的歷史樣貌，同時也發揮了不可替代的作用。

　　其次，研究潮汕僑批業發展脈絡之專著尚有有杜桂芳《潮汕僑批》〔註62〕、鄒金盛《潮幫批信局》〔註63〕、王煒中《潮汕僑批》〔註64〕，三者皆利用批信原件探討潮汕僑批與僑批業的起源及其發展，雖對僑批內容著墨不多，但對於認識潮汕僑批有著積極的作用。相較於三人之作，許茂春先生個人出版的《東南亞華人與僑批》〔註65〕搜集了大量中國移民至東南亞的歷史文獻、僑批實物與檔案加以論述，為此書增添了許多寶貴的史料與價值。此書內容以東南亞潮僑與僑鄉往來之家書與照片為題材，展示了近百年來華僑華人在東南亞的境況，包括泰國、越南、柬埔寨、菲律賓、新加坡、馬來西亞、緬甸、印度尼西亞各國華人社會與僑批業的概況。此書亦提供了許茂春先生個人收藏的許多來自泰國的潮汕僑批，頗為珍貴。

　　英國學者班國瑞（Gregor Benton）與劉宏合撰的 *Dear China：Emigrant Letters and Remittances，1820～1980*〔註66〕可謂是近年來歐美國家僑批研究的力作之一。此書對僑批貿易進行了宏觀的描述與分析，超越了地域與國別的局限，從多方面討論了僑批相關的一系列問題。其中，此書最後一章所討論的議題為僑批與歐洲國家移民書信的比較是前人研究所未見的。作者對僑批研究的未來發展方向也提出了建設性的意見，將「邊緣僑鄉」納入僑批研究中。另外，作者認為僑批不僅僅是服務歷史的資料，也應該是文化分析的文獻，有必要借鑒語言學、文化學、民俗學等方法，加強對書信內容的研究，開拓僑批研究的新領域。當然，較為可惜的是礙於篇幅和研究角度的考量，作者對民俗文

〔註62〕杜桂芳：《潮汕僑批》（廣州：花城出版社，1999年）。

〔註63〕鄒金盛：《潮幫批信局》（香港：藝苑出版社，2001年）。

〔註64〕王煒中：《潮汕僑批》（廣州：廣東人民出版社，2007年）。

〔註65〕〔泰〕許茂春（Choon Koshpasharin）：《東南亞華人與僑批》（泰國曼谷：許茂春出版，2008年）。

〔註66〕Gregor Benton，Hong Liu, *Dear China：Emigrant Letters and Remittances，1820-1980*（California：University of California Press, 2018）. 此書後來由上海東方出版中心翻譯出版，參見〔英〕班國瑞、劉宏著，賈俊英譯：《親愛的中國：移民書信與僑滙：1820～1980》2022年。

化的部分著墨不多，如作者在附錄所提供的大篇幅英譯的僑批內文，若能更好地、妥善地去處理，或可更有助於讀者理解僑批。

　　具有集郵家、潮汕僑批的收藏家等多重身份的蔡少明從集郵到僑批，進而對僑批史的推廣與研究也不遺餘力。他所撰寫的《中國抗戰期間的僑批郵史》〔註67〕，結合了檔案館資料的佐證，特別是對抗戰時期的僑批進行解說。此書的內容可分為抗戰時期的廣東和福建僑批郵史，細分為潮汕各縣、廣東、香港、澳門、廣西、福建鼓浪嶼、廈門、泉州各地的郵路與僑批研究。當中，作者以大量的僑批封、回批封、僑匯單據，配合郵政文件、檔案資料，從郵政體系深入地對中國抗戰時期的僑批郵路、郵資，以及抗戰時期的僑匯政策進行剖析，展現了中國抗戰時期的郵政史之面貌。從集郵的角度對僑批封進行考察，對僑批局的營業情況有較準確的考察，從而對僑批業研究提供了參考價值。此書的研究補足了本文對中國抗戰時期僑批業務的瞭解，特別是潮汕地區與馬來亞僑批業之間的關係。

　　曾旭波《潮汕僑批業研究》〔註68〕以潮汕僑批的形成及演變為開端，進而探討東南亞潮汕僑批的寄批地，包含泰國、馬來西亞、新加坡等地。其次，他還針對僑批封的特色如中式、西式信封，吉祥圖案、山水人物、新年僑批等進行討論。透過僑批特色的解說，再進一步說明潮汕僑批上的貨幣名稱流變。此書最後一章以僑批業務的運作方式進行論述，如批信、回批、票根、補批、暗批、僑批上的廣告、航空批信、特殊存款等。值得說明的是作者運用僑批圖檔作為論述對象，從側面反映了近代潮人社會的生活方式，對於了解近代潮僑的社會變遷有一定價值，值得參閱。

　　再者，關心潮學與僑批研究的陳春聲教授亦對近代潮汕地區的僑批與僑匯做過專門的論述，〔註69〕而其專書《地方故事與國家歷史：韓江中下游地域

〔註67〕蔡少明：《中國抗戰期間的僑批郵史》（廣州：中山大學出版社，2018年）。

〔註68〕曾旭波：《潮汕僑批業研究》（廣州：暨南大學出版社，2020年）。

〔註69〕陳春聲：〈近代華僑匯款與僑批業的經營——以潮汕地區的研究為中心〉，《中國社會經濟史研究》2000年第4期，頁7～66；〈從家書到公共文獻——從陳子昭書札看海外潮人與家鄉的聯繫〉，收入於李志賢主編：《海外潮人的移民經驗》（新加坡：新加坡潮州八邑會館、八方文化企業公司，2003年）；〈僑批分析：近代韓江流域「僑鄉」的形成〉，收入於卞利、胡中生主編：《民間文獻與地域中國研究》（合肥：黃山書社，2010年），頁95～146；〈僑批檔案對中國區域社會史研究的挑戰〉，收入於陳荊淮主編：《海邦剩馥：僑批檔案研究》（廣州：暨南大學出版社，2016年），頁1～5。

的社會變遷》〔註70〕，更是特別談及了僑批與僑鄉的形成，利用中國國家政府檔案與地方志的相互對照，從僑批業的經營到僑批的解讀（以陳子昭家書為例），並透過家族史與個人手札的對證，充分展現了僑批研究的多樣性與科學方法。此章節中還針對海外華人的僑批與僑鄉的互動，如吧國公堂（吧城華人公館）檔案與《馬來亞潮僑通鑑》細緻地分析比較僑批中人們的經濟活動與社會生活，具有非常高的學術價值，更藉此提出近年來「僑鄉文化」的研究問題與改變的意義。此書更提供了筆者有關潮汕僑批之發展與僑批業者經營的歷史面貌有很多借鑒、參閱之處。

　　除個人或公開出版的專著外，現有潮汕僑批的研究以中國學界積累較多的成果。筆者查閱 20 世紀初至今與本文研究有關之期刊、會議論文 87 篇，碩博士學位論文 5 篇，共計 92 篇。無論是期刊論文或會議論文，一篇文章所涉及的內容是多方面的，故此筆者以文章主要內容作為分類標準，根據各篇內容進行重點說明，將之分為五項：一、僑批和僑批業的起源、發展歷程之綜合研究；二、潮汕僑批與華僑匯款之研究；三、東南亞潮州幫僑批業組織、制度、功能之綜合研究；四、潮汕僑批之文化與文學研究；五、潮汕僑批與民俗之研究。此五項分類僅以潮汕僑批研究為主，當中所涉及之社會、經濟、文化、教育、歷史等不同層面的研究現況與分析，以茲參閱（詳見附錄表 1-5）。

　　為能充分掌握新馬僑批之研究，筆者也耙梳了相關的文章，當中最早可見的便是 1972 年柯木林的〈新加坡僑匯與民信業研究〉〔註71〕以及收入於《新加坡華人通史》的〈僑匯·僑批·民信業──新加坡僑匯與民信業〉〔註72〕二文，詳細論述新加坡早期華僑匯款與僑批業之興衰。當中保留了諸多新加坡僑批業的歷史記錄，是研究新馬僑批業不可忽略的文章。其次還有新加坡國立大學的李志賢教授向來關注潮學研究，其〈19～20 世紀期間新加坡各幫民信局的營運與同業組織〉〔註73〕與〈華僑特有的專遞服務──各幫信局及其行業組

〔註70〕陳春聲：《地方故事與國家歷史：韓江中下游地域的社會變遷》（北京：三聯書店，2021 年），頁 346～386。

〔註71〕柯木林：〈新加坡僑匯與民信業研究〉，收入柯木林、吳振強編：《新加坡華族史論集》（新加坡：南洋大學畢業生協會，1972 年），頁 188～199。

〔註72〕柯木林：〈僑匯·僑批·民信業──新加坡僑匯與民信業〉，收入柯木林主編：《新加坡華人通史》，頁 635～647。

〔註73〕李志賢：〈19-20 世紀期間新加坡各幫民信局的營運與同業組織〉，收入於陳荊淮主編：《海邦剩馥：僑批檔案研究》，頁 16～27。

織〉〔註74〕二文主要專注於新加坡僑批業之經營與發展，論述了新加坡各幫派的民信局的背景，以及各幫民信局同業公會的成立，其中更以跨國的理論進行初步的探究，是研究新加坡僑批業與僑批跨國經營網絡必不可忽略的文章之一。濱下武志的〈傳統社會與庶民金融——新加坡、馬來西亞華人社會的「會合」與「銀信匯兌」〉〔註75〕、〈南洋僑批史：僑匯的經濟因素、社會因素、文化因素〉〔註76〕從金融經濟的角度解析華僑的生活。此二文針對東南亞華人的僑批與僑匯作為研究對象，如新加坡、馬來西亞、泰國等華僑聚居較多之國家進行研究，後文更特別在南洋華僑匯款手續與流程的部分詳實地論述了當時僑批局運作之面貌，給予本文借鑒之處頗多。

　　另外，陳麗園更是先後發表了一系列的論文，〔註77〕集中論述海外華人社會與廣東僑批業體系和二戰後僑匯的問題，對研究戰後僑批業之發展有重要的借鑒作用。陳麗園的博士論文《華南與東南亞華人社會的互動關係——以潮人僑批網絡為中心（1911～1949）》〔註78〕更是深入探究了馬來亞與僑鄉之僑批業與跨國網絡之制度與運作方式，當中以新的視角與材料探析僑批，如論文中採用的跨國理論與廣東省檔案館的僑批資料是值得借鑒與學習的部分。其博士論文更是在理論框架和論述方面兼具深度與跨度，提升了僑批研究的領域，藉助理論讓我們理解僑批與僑匯跨國的體系與發展概況。

〔註74〕 李志賢：〈華僑特有的專遞服務——各幫信局及其行業組織〉，收入於柯木林主編：《新加坡華人通史》，頁648～676。

〔註75〕 〔日〕濱下武志：〈傳統社會與庶民金融——新加坡、馬來西亞華人社會的「會合」與「銀信匯兌」〉，《華僑華人歷史國際研討會論文集》（廣州：中山大學東南亞歷史研究所出版，1985年）。

〔註76〕 〔日〕濱下武志：〈南洋僑批史：僑匯的經濟因素、社會因素、文化因素〉，收入於李志賢主編：《南洋研究回顧、現狀與展望》（新加坡：南洋學會、八方文化創作室，2012年），頁177～203。

〔註77〕 陳麗園：〈潮汕僑批網絡與國家控制（1927-1949）〉，《汕頭大學學報（人文社會科學版）》第1期（2003年12月），頁2～11；〈近代跨國華人社會建構的事例分析——1929-1930年新加坡保留民信局與減輕民信郵費全僑大會〉，《華僑華人歷史研究》第3期（2010年9月），頁60～67；〈僑批公會的建立與跨國僑批網絡的制度化（1911～1937）——以潮汕為例的研究〉，《華僑華人歷史研究》第2期（2012年6月），頁36～43；〈戰后華南與東南亞僑批網絡的整合與制度化——以南洋中華匯業總會為中心〉，《東南亞研究》第3期（2014年7月），頁68～74；〈抗戰時期的僑匯政策與僑批網絡：以潮汕地區為中心〉，《汕頭大學學報（人文社會科學版）》第6期（2020年6月），頁47～53。

〔註78〕 陳麗園：《華南與東南亞華人社會的互動關係——以潮人僑批網絡為中心（1911～1949）》，國立新加坡大學博士論文，2007年。

潮汕僑批與民俗相關之研究，有鄧達宏、鄧芳雷的〈僑批與僑鄉民俗文化探析〉〔註79〕與吳奎信〈積澱在潮汕僑批中的民俗文化〉〔註80〕與本文議題相似：鄧氏從僑批入手，探究閩粵華僑民俗、民間信仰、傳統建築等，同時援引福建和潮汕僑批內容讓我們進一步認識閩粵習俗之異同。此文不足之處在於作者所用實例年代較早，所舉多源於早期發現的僑批而已，故無法展示僑批中的其他面相；吳氏所談以中國傳統家族文化為中心，所探討的民俗僅有祭祀祖先與喪葬儀式兩個部分，兩者多局限於固有範圍，故而無法全面地探析潮人民俗。竊以為僑批真實記載了潮僑下南洋的生活，這些珍貴的記憶透過僑批的方式得以保存下來，理應好好地整理與善用。

二、新馬華人民俗文化研究

新馬華人民俗研究之專著雖然不多，但文化方面卻佔據了一定的比例，多數學者以「回溯歷史」的角度介紹華人民俗的本源與當地民俗活動的描述。蘇慶華的《節慶、民俗與宗教》〔註81〕，涉及歲時節令與民俗宗教的研究，主要分析華人傳統節令與文化。其次，賴觀福《馬來西亞華人節日風俗》〔註82〕以馬華社會的民俗活動進行書寫，介紹華人社會所流傳的歲時節俗，以新春、元宵、清明等類逐一介紹。王琛發的《馬來西亞華人民間節日研究》〔註83〕論述了馬華社會習俗的源流與禁忌，從華人民俗的傳承與發展提出了個人見解，並對歲時節令的發展原因進行分析，是研究潮人民俗的參看依據。顏清煌《新馬華人社會史》〔註84〕中〈宗教與民俗〉一章採用了各類報章作為論述材料，反映當時馬來亞華人民俗活動的參與與記錄。石滄金的《海外華人民間宗教信仰研究》〔註85〕分別

〔註79〕 鄧達宏、鄧芳雷：〈僑批與僑鄉民俗文化探析〉，《東南學術》第 6 期（2015 年 11 月），頁 251～257。

〔註80〕 吳奎信：〈積澱在潮汕僑批中的民俗文化〉，《僑批文化》：2010 年 10 月 11 日，網址：http://www.chaorenwang.com/qiaopi1/content.asp?id=1854（2020 年 3 月 7 日查詢）。

〔註81〕 蘇慶華：《節令、民俗與宗教》（吉隆坡：華社資料研究中心，1994 年）。

〔註82〕 賴觀福、孟沙、鍾澤才編撰：《馬來西亞華人節日風俗》（吉隆坡：馬來西亞中華大會堂總會，1997 年）。

〔註83〕 王琛發：《馬來西亞華人民間節日研究》（雪蘭莪：藝品多媒體傳播中心，2001 年）。

〔註84〕 顏清煌著，粟明鮮、陸宇生、梁瑞平、蔣剛譯：《新馬華人社會史》（北京：中國華僑出版公司，1991 年），頁 10～20。

〔註85〕 石滄金：《海外華人民間宗教信仰研究》（吉隆坡：學林書局，2014 年）。

探討了海外華人的宗教，如三一教、真空教、德教、一貫道等民間宗教在海外的傳播與影響，其次主要談論閩粵各方言群的地域性民間信仰以及本土化之信仰。學者們的研究除了縱向考察華人移民的歷史外，對於新馬華人的節慶、宗教、習俗、文化等，以及華人社會「同化」的過程均有詳細的考究。

另外，英屬馬來亞時期的官員喬納斯‧丹尼爾（Jonas Daniel Vaughan，1825～1891）於 1879 年編撰的 *The Manners and Customs of the Chinese of the Straits Settlements*，〔註 86〕是目前可見最早一部針對 19 世紀末海峽殖民地華人風俗習慣的紀錄。此書稍顯可惜的部分在於作者在討論華人風俗習慣方面帶有偏頗，認為華人迷信的角度和有限資料的分析，似乎顯得不夠客觀，但此書對於建構新加坡、檳城和馬六甲華人風俗習慣的考察具有一定的貢獻和參考價值。再者，較早研究東南亞華人並在學術界享有權威地位的維特‧巴素（Victor Purcell，1896～1965）對馬來亞及東南亞華人歷史的研究，〔註 87〕縱向考察馬來亞華人移民的歷史外，還對於當時華人社會的經濟、組織結構和文化習俗等方面進行了詳細的研究。

英國人類學家斐利民（Maurice Freedman，1920～1975）對早期新加坡華人家庭與婚姻習俗的研究，〔註 88〕給予本文考察新加坡華人婚俗有諸多的基本參照。在 1950 年代，西方學者 Marjorie Topley 對移居新加坡的廣東移民（包含潮州人在內）之宗教信仰有相當深入的研究。其先後發表了數篇論文，詳細討論噶股東女性建設的齋堂，廣東冥婚習俗和民間信仰等，如 *Chinese Woman's Vegetarians House in Singapore*，〔註 89〕*Ghost Marriages among the Singapore Chinese*，〔註 90〕*Chinese Religious Instituitions in Singapore*，〔註 91〕*A Chinese Semi-Secret Religion in Malaya*。〔註 92〕透過西方學者看待東南亞華僑華人的視

〔註 86〕 Vaughan J. D., *The Manners and Customs of the Straits Settlement* (Singapore: The Mission Press, 1879).

〔註 87〕 Victor Purcell, *The Chinese in Southeast Asia* (Kuala Lumpur: Oxford University Press, 1965)；Victor Purcell, *The Chinese in Malaya* (Kuala Lumpur : Oxford University Press , 1967).

〔註 88〕 Maurice Freedman, *Chinese family and Marriage in Singapore* (London: HMSO, 1957).

〔註 89〕 Marjorie Topley, *Chinese Woman's Vegetarians House in Singapore*(Journal of the Malayan Branch Royal Asiatic Society, Vol.26, 1954).

〔註 90〕 Marjorie Topley, *Ghost Marriages among the Singapore Chinese* (Man, Vol.55, 1955).

〔註 91〕 Marjorie Topley, *Chinese Religious Institutions in Singapore*(Journal of the Malayan Branch Royal Asiatic Society, Vol.29, 1956).

〔註 92〕 Marjorie Topley, *The Great Way of Formal Heaven: A Chinese Semi-Secret Religion in Malaya*(The New Malayan, Singapore, 1957).

角以及研究成果，為筆者提供了可貴的資料補充。

其次，研究馬來西亞華人民間信仰頗有盛名的臺灣學者李豐楙教授《從聖教到道教：馬華社會的節俗、信仰與文化》〔註93〕，從華人傳統節日中的清明與中元節，配合馬來西亞並檳城的義山掃墓與普度，增補九皇信仰、土地公、代天巡狩和仙師爺信仰研究。此書針對臺馬異同追溯其源，關注華人信仰的在地化過程，並以非常性的節慶、廟會活動反觀日常的社會生活。此書整合了眾多經典文本、歷史文獻與田野調查，從而觀察馬來西亞華人宗教信仰的變化，其中也涉略潮州人的宗教信仰。作者治學用心，為本文「歲時節慶」、「祭祀信仰」一章提供了諸多思考的空間。

在臺灣學界對於新馬華人民俗研究有陳晶芬《馬來西亞華人的年節習俗與神話傳說──以檳榔嶼華裔族群為主》〔註94〕探討馬來西亞檳城華人年節習俗與傳統文化。此文專注於華人年節的傳統風俗、文化與祭祀信仰，對當地人日撈生、新春廟會活動的象徵意義以及峇峇娘惹的元宵節活動皆有所論述。值得說明的是此文結合了臺灣與檳榔嶼華人春節慶典與民間傳說，作互文性的比較，從而區別兩國華人傳統春節習俗、傳說的異同。吳詩興《福德正神的傳說與信仰研究──以馬來西亞華人社會為例》〔註95〕一文追溯華人南遷時期的信仰，從而探析馬來西亞華人的宗教功能與社會意義。此文從傳說與信仰的視角出發，針對民間傳說的考察探討馬來西亞社會對福德正神的奉祀狀況，並從土地信仰在地化現象，分析「大伯公」與「拿督公」的來歷及其信仰對應關係與宗教文化差異。韓筱賢的《華人民俗節慶在多元文化社會之轉型及其影響──以馬來西亞柔佛古廟遊神為個案》〔註96〕從華人民俗節慶文化轉型的主要因素為始，進一步觀察馬來西亞華人在多元文化社會的環境下如何透過轉型策略達成民俗傳承目的。此文以柔佛古廟之個案研究，對當地文史工作者的深度訪談，與現場活動過程的參與及記錄是非常珍貴的記錄與研究基礎。

中國學界有關新馬華人民俗文化研究成果資料龐雜，就民俗相關的學位論

〔註93〕李豐楙：《從聖教到道教：馬華社會的節俗、信仰與文化》（臺北：臺大出版中心，2018年）。

〔註94〕陳晶芬：《馬來西亞華人的年節習俗與神話傳說──以檳榔嶼華裔族群為主》，國立政治大學中文系碩士論文，2011年。

〔註95〕吳詩興：《福德正神的傳說與信仰研究──以馬來西亞華人社會為例》，國立政治大學中文系碩士論文，2012年。

〔註96〕韓筱賢：《華人民俗節慶在多元文化社會之轉型及其影響──以馬來西亞柔佛古廟遊神為個案》，國立臺北藝術大學碩士論文，2018年。

文有亓延坤《中華文化在新加坡的傳承與發展——以華族春節為個案》〔註97〕，以英屬馬來亞時期至新加坡獨立建國的華族新春活動，就歷史學和民俗學的角度研究新加坡華人之春節習俗的傳承與發展情況，以至新加坡現今春節情況之探析。莫光木《馬來西亞華人新年習俗研究》〔註98〕通過對馬來西亞華人獨立前後之文化空間探討馬來西亞華人對農曆新年的習俗傳承、發展與文化意義。袁福棠《馬來西亞華人傳統節日的儀式化傳播》〔註99〕則以傳播學的角度，聚焦於七夕、中秋和「雲頂情歌對唱活動」探析傳統節日的傳播與變革，進而說明華人傳統節日通過儀式活動加深馬來西亞華人對傳統習俗的認知與傳承。

在馬來西亞潮人社會研究方面，應當首推陳劍虹的《檳榔嶼潮州人史綱》一書。此書運用了各學科的理論方法，將檳城潮人社會的歷史放置於馬來西亞華人史的脈絡，是宏觀的研究和論述。李志賢在此書序言中亦稱：「涵蓋了19世紀潮人從粵東地區過番至檳榔嶼的歷史背景和移民經驗，早期當地潮人族群在華人幫群社會結構下的政治形態，以及在不同歷史階段裡與當地殖民政府、土族勢力和其他華人幫群在經濟、文化和社會政治等各層面的互動關係；其中還涉及身份認同、宗教信仰和傳統文化等課題」〔註100〕。此書全面地論述檳城潮人社會，為我們提供了諸多檳城潮人社會的原始文獻，並運用人類學的方法，以及族群認同、文化傳承等理論，探討潮汕僑鄉社會、北海威省潮人社會至檳榔嶼潮人社會的各類組織（廟宇、會館、學校、宗教團體）的歷史發展軌跡，提供本文諸多參考價值。

馬來西亞大專院校現有潮人文化研究相關之學位論文，有楊佳佳的《移民與發展：古晉潮州人之研究（1864～1964）》〔註101〕考察了東馬古晉潮州人自移民時期到馬來西亞獨立後潮人社群之研究，以潮人宗教團體在馬來西亞歷史中的互動關係和貢獻。此文主要論述雖為歷史脈絡的研究方法，但對於考察潮人民俗方面有若干延伸。劉詠亭的《馬六甲潮州「出花園」成年禮的習俗演

〔註97〕亓延坤：《中華文化在新加坡的傳承與發展——以華族春節為個案》，暨南大學碩士論文，2010年。

〔註98〕莫光木：《馬來西亞華人新年習俗研究》，暨南大學碩士論文，2010年。

〔註99〕袁福棠：《馬來西亞華人傳統節日的儀式化傳播》，南京大學碩士論文，2014年。

〔註100〕陳劍虹：《檳榔嶼潮州人史綱》（檳城：檳榔嶼潮州會館，2010年），頁vi。

〔註101〕楊佳佳：《移民與發展：古晉潮州人之研究（1864-1964）》，拉曼大學中文系學士論文，2007年。

變——以沈俊城口述訪談對象》，〔註102〕此篇論文以文獻資料進行研究，並以口試歷史加以分析潮人「出花園」、拜公婆神等成年禮相關的儀式。其訪談對象為馬六甲潮州會館服務近四十多年的沈俊城先生，有著豐富的經驗與知識。此論文當中談及潮人年俗、婚俗、喪葬禮俗略顯簡要，但對於「出花園」成年禮的部分則非常詳細，且考察了當地出花園習俗的傳承與在地化過程。

新加坡方面有徐之敏《傳統文化的流失與交融：新加坡潮州人婚嫁禮俗的個案研究》〔註103〕，此文以潮人婚俗作為觀察新加坡現今潮人之婚嫁習俗的個案研究，分析中國傳統婚俗在新加坡的演變與傳承。此文第一部分是按朱熹的家族儀式和潮州婚禮習俗之概述為始，進而對新加坡實地考察所得的資料論述新加坡潮州婚禮的過去與現在。透過以上的考察，分析新加坡潮人婚姻儀式與傳統儀式的差異以及最後對於潮州人婚俗在地化的反思。李秀萍《族群、社會、信仰：三山國王崇拜從粵東到新馬的傳播》，〔註104〕此篇論文則非常詳實地分析了三山國王信仰於中國粵東、閩南，臺灣的分佈與源流，以及馬來亞獨立前至戰後當地粵東移民的三山國王信仰的發展與轉型，當中更善用會館、廟宇等會刊資料進行研究，是一篇較好的當地三山國王信仰研究。以上皆為本文分析新加坡潮州人之婚俗與民間信仰皆有一定的幫助與參考價值。

中國學界有關新馬潮人文化之學位論文有張曉彤《潮州文化在馬來西亞的傳播》〔註105〕一文以傳播學的角度分析馬來西亞潮人文化在西馬與東馬的情況。作者以馬來西亞潮人南來的歷史背景作為論述開端，並透過馬來西亞潮人之方言、信仰、教育、會館方面逐一探析。此文更以潮州文化傳播的認知、態度、方式、渠道、效果與意願的調查分析，針對西馬雪隆地區、沙巴潮籍群體的問卷調查，結合東西馬的現狀，進而討論馬來西亞潮人的身份認同、文化傳播意義以及促進潮州文化在馬來西亞傳播的建議、未來的展望等方面進行思考。

除了以上專書與論文外，王琛發對馬來西亞潮人研究做了進一步的探

〔註102〕劉詠亭：《馬六甲潮州「出花園」成年禮的習俗演變——以沈俊城口述訪談對象》，拉曼大學中文系學士論文，2015 年。

〔註103〕徐之敏：《傳統文化的流失與交融：新加坡潮州人婚嫁禮俗的個案研究》，新加坡國立大學中文系學士論文，2012 年。

〔註104〕李秀萍：《族群、社會、信仰：三山國王崇拜從粵東到新馬的傳播》，新加坡國立大學中文系博士論文，2015 年。

〔註105〕張曉彤：《潮州文化在馬來西亞的傳播》，廣東外語外貿大學碩士論文，2020 年。

析，先後發表了數篇文章，如〈故土情結、異地認同與族群意識：當玄帝信仰應化為馬來西亞潮州人的開拓意象〉〔註106〕、〈從北馬「萬世安」玄帝祖廟籤詩看南洋華人的中華認同〉〔註107〕，二文著重於西馬北部潮人宗教信仰的探究。其次，新加坡潮人文化方面之研究有李志賢主編的《海外潮人的移民經驗》〔註108〕論文集，其中收錄了多篇潮人教育、經濟、文化、僑批、宗教等各方面的論文，值得參閱。此外，李志賢的〈新加坡潮州文化研究概況〉〔註109〕、〈從宗教儀式看新加坡潮人善堂信仰的文化內涵〉〔註110〕等文章亦針對新加坡潮人宗教信仰文化方面有諸多論述。其餘尚有馬來西亞文史工作者李永球的一系列文章如〈大馬潮州人的七夕：七月初七「出花園」〉〔註111〕、〈游神是宗教文化〉〔註112〕、〈營老爺的祈求〉〔註113〕、〈中秋節談月餅〉〔註114〕、〈打城破地獄〉〔註115〕等，論述馬來西亞在地化的民俗傳承與田野調查，值得參閱與借鑒。在新加坡潮人民俗方面之紀錄尚有新加坡潮州總會

〔註106〕 王琛發：〈故土情結、異地認同與族群意識：當玄帝信仰應化為馬來西亞潮州人的開拓意象〉，《孝恩雜誌》，網址：https://www.xiao-en.org/magazine_doc_info.php?lang=tra&category=14&articleid=b1-278（2021年3月18日查詢）。

〔註107〕 王琛發：〈從北馬「萬世安」玄帝祖廟籤詩看南洋華人的中華認同〉，《孝恩雜誌》，網址：https://www.xiao-en.org/magazine_doc_info.php?lang=tra&category=14&articleid=b1-391（2021年3月18日查詢）。

〔註108〕 李志賢主編：《海外潮人的移民經驗》（新加坡：新加坡潮州八邑會館、八方文化企業公司，2003年）。

〔註109〕 李志賢：〈新加坡潮州文化研究概況〉，《汕頭大學學報》增刊（2003年），頁153～158。

〔註110〕 李志賢：〈從宗教儀式看新加坡潮人善堂信仰的文化內涵〉，《馬來西亞柔佛新山潮州八邑會館七十週年紀念特刊》（新山：柔佛潮州八邑會館，2004年），頁128～134。

〔註111〕 李永球：〈大馬潮州人的七夕：七月初七「出花園」〉，《星洲日報》2020年8月27日，網址：https://www.sinchew.com.my/20200827/%E3%80%90%E6%B5%85%E8%B0%88%E4%B8%83%E5%A4%95%E4%B9%A0%E4%BF%97%EF%BC%8F03%E3%80%91%E5%A4%A7%E9%A9%AC%E6%BD%AE%E5%B7%9E%E4%BA%BA%E7%9A%84%E4%B8%83%E5%A4%95%EF%BC%9A%E4%B8%83%E6%9C%88%E5%88%9D%E4%B8%83/（2021年10月28日查詢）。

〔註112〕 李永球：〈游神是宗教文化〉，《星洲日報·星洲廣場·田野行腳》2006年3月19日。

〔註113〕 李永球：〈營老爺的祈求〉，《星洲日報·星洲周報》2009年2月8日。

〔註114〕 李永球：〈中秋節談月餅〉，《星洲日報·文化空間·田野行腳》2009年10月14日。

〔註115〕 李永球：〈打城破地獄〉，《星洲日報·文化空間·田野行腳》2010年5月9日。

出版的 *Teochew Traditions: Tradition Festivals and Customs*《潮州民俗：傳統節慶與習俗》〔註116〕雙語手冊，此手冊論述了新加坡潮州人早期和現今的人生禮俗（婚姻、生育、成年、治喪）以及歲時節慶（除夕、元宵、清明、端午、中元、中秋、冬至）之過程、儀式，當中亦介紹了潮州人獨有的待客禮儀與稱呼，內容豐富。雖然此書皆對潮人民俗有所觸及，但總體屬於概括性闡釋而已，尚需更多的論述提高其學術價值。

三、中國潮汕民俗文化研究

作為潮汕民俗文化研究固然有很多論著，而本文就具有代表性之專書作一回顧。在潮人文化方面有杜松年《潮汕大文化》〔註117〕一書涉及海外潮人社會以及潮汕當地的文化、精神與內涵。民俗專書方面除了胡樸安《中華全國風俗志》（上、下冊）〔註118〕，劉志文主編的《廣東民俗大觀》（上、下冊）〔註119〕有關潮汕的婚喪喜慶、衣食住行、宗教禮儀、社會生活等之敘述外，還有《潮汕民俗漫話》〔註120〕、《潮汕民間禮儀》〔註121〕、《潮汕古俗：四海潮人的精神家園》〔註122〕，分別談論了潮汕各地潮人的人生禮儀、民間信仰、歲時節慶等，當中更配合史料、圖檔資料的收集，從而論證潮人民俗的特點。以上專著皆有助於本文對潮汕傳統民俗文化方面的基礎有一定的幫助與參閱價值。

在海外潮人或東南亞潮人文化習俗方面的研究成果有蔡錫鵬〈潮汕新民俗文化述略〉〔註123〕，此文探究的對象為 20 世紀 80 年代中國潮汕地區受海外潮人文化影響下的變遷。以商業經濟、現代觀念、海外僑胞、國家政策四方面討論潮汕新民俗的家庭、電視、體育、服飾、旅遊、社團、歌舞文化，從功能文化學角度分析潮汕新民俗的產生、特點與發展趨勢。冷東〈論東南亞潮人的

〔註116〕邱文學、葉寶蓮：《潮州民俗：傳統節日和禮俗》，新加坡：新加坡潮州總會，2019 年；Choo Woon Hock，*Teochew Traditions：Tradition Festivals and Customs* (Singapore: Teochew Federation, 2020).

〔註117〕杜松年：《潮汕大文化》（北京：中國科學技術出版社，1994 年）。

〔註118〕胡樸安：《中華全國風俗志》上、下冊（臺中：精華書局，1959 年）。

〔註119〕劉志文主編：《廣東民俗大觀》上、下冊（廣州：廣東旅游出版社，1993 年）。

〔註120〕林倫倫主編：《潮汕民俗漫話》（廣州：廣東高等教育出版社，1997 年）。

〔註121〕陳卓坤、王偉深：《潮汕民間禮儀》（香港：公元出版有限公司，2006 年）。

〔註122〕林凱龍：《潮汕古俗：四海潮人的精神家園》（香港：香港中和出版有限公司，2017 年）。

〔註123〕蔡錫鵬：〈潮汕新民俗文化述略〉，《韓山師專學報》第 1 期（1992 年 3 月），頁 32～37。

文化特點〉〔註124〕將東南亞潮人文化特點歸類為冒險性、凝聚性、鄉土情懷以及多元文化認同四點。此文對於民俗與宗教的論述非常簡略，如潮人的歲時節慶與飲食，祭祀祖先，未能深入探析東南亞潮人民俗之面貌；黃綺文〈近代海外潮人與中西文化交流〉〔註125〕此文主要論述對象為泰國、馬來西亞、越南、新加坡之潮僑文化，從潮僑的歲時節慶、飲食、方言、潮劇、文學等面向展開，進而說明潮僑對僑鄉輸入的外來文化與影響。王煒中〈海外潮人文化初探〉〔註126〕從明清時代潮人文化背景與「母體」至海外潮人文化的衍生進行論述，並以潮人經濟、社會和歷史的面貌展現海外潮人的文化特色，至於民俗方面則有所忽略。

潮汕僑鄉與民俗風情研究方面有：王元林、鄧敏銳的〈近代廣東僑鄉生活方式與社會風俗的變化——以潮汕和五邑為例〉〔註127〕探析了近代廣東僑鄉社會與海外華僑華人的互動，進而影響僑鄉人們的生活方式與風俗的改變。其認為在衣食住行方面均出現了「洋化」現象，而風俗上亦出現「出洋」的怪異習俗，如「嫁公雞」婚俗。此文援引了諸多中國地方志作為依據，考察了近代潮汕與廣東地區僑鄉社會習俗的變化，為本文提供研究的新視角以及互文比對僑批中有關潮汕地區的民俗風貌；陳友義的〈潮汕婚姻禁忌習俗與其流變簡論〉〔註128〕從中國社會變遷以及現代文化對潮汕人的生活方式的影響作為研究契機，考察潮汕人在婚姻習俗上的禁忌及其社會文化意義，從而探析婚姻習俗的流變與影響，從舊時代的觀念到新時代的觀念對於婚俗的傳承。此文展現了現今潮汕地區有關婚姻習俗與禁忌的儀式，深入挖掘了潮汕禁忌習俗的豐富資源，為本文的研究提供了更多的資訊。

再者，陳子〈海外潮人與潮汕僑鄉的跨國互動研究〉〔註129〕一文以汕頭市澄海區之僑鄉個案研究，將跨國主義理論運用於潮汕僑鄉之研究，從而延伸至

〔註124〕冷東：〈論東南亞潮人的文化特點〉，《汕頭大學學報（人文科學版）》第 6 期（1997 年 12 月），頁 82～88。

〔註125〕黃綺文：〈近代海外潮人與中西文化交流〉，《汕頭大學學報（人文社會科學版）》第 4 期（2008 年 1 月），頁 71～74。

〔註126〕王煒中：〈海外潮人文化初探〉，《閩臺文化交流》第 23 期（2010 年 3 月），頁 124～130。

〔註127〕王元林、鄧敏銳：〈近代廣東僑鄉生活方式與社會風俗的變化——以潮汕和五邑為例〉，《華僑華人歷史研究》第 4 期（2005 年 12 月），頁 56～62。

〔註128〕陳友義：〈潮汕婚姻禁忌習俗與其流變簡論〉，《汕頭大學學報（人文社會科學版）》第 1 期（2007 年 2 月），頁 83～88。

〔註129〕陳子：〈海外潮人與潮汕僑鄉的跨國互動研究〉，《蘭臺世界》第 1 期（2014 年 1 月），頁 87～88。

東南亞潮人與潮汕僑鄉之間的互動關係。然而此文過於簡短，僅略微觸及潮汕文化之部分，故而此文所論述的部分都有待更深入地探析。李湘〈潮州「禮佛度靈」習俗的文化功能〉〔註130〕以潮汕民間喪葬禮俗之特徵進行分析，說明潮州獨特的喪葬習俗，如「禮過河」、「禮血盆」、「散花」、「沐浴頂禮」等，進而論述「禮佛度靈」文化功能與潮州喪葬禮俗的思考；陳澤芳、楊映紅〈潮汕「出花園」習俗調查〉〔註131〕針對潮州市、揭陽市、汕頭市和饒平縣等 15 各村鎮的考察與問卷調查，從而以數據分析 2012 年至 2013 年潮汕地區人們對「出花園」習俗的認知、儀式過程與祭拜用品，由此反思日漸式微的傳統習俗如何在新時代面對的調整與挑戰。李玉茹、黃曉堅〈潮汕僑鄉文化概論〉〔註132〕一文則探析潮汕僑鄉文化的母體和源流，從而論述海外潮人的文化，包含潮語方言、宗教信仰、宗親組織、慈善組織、風俗習慣、潮人過番的敘述，值得參閱。

　　整體而言，通過目前的文獻回顧可見新加坡與馬來西亞研究的學術群中對於潮汕僑批的研究趨勢不大，而中國方面雖對僑批研究較為活躍，無論是專書或學位論文均有所涉及，至今積累的研究成果也相當可觀。近年來也有不少研究者以「僑批文化」作為對該領域的理解。雖然如此，從上述的研究現況可見中國學界對僑批或潮汕民俗研究的傾向，或只是強調海外移民對僑鄉帶來的影響。對於原居地傳統社會文化的關係，以及海外移居者的生活空間、民俗文化的保存均未有將之視為專門研究的議題。其次，多數學者的研究範疇並未擴及潮汕民俗的整體面貌，僅專注於某方面的民俗而已。由此可見，縱使中國和新馬學界已經注意到僑批的重要性，但目前尚未有專論僑批和民俗關聯與價值之論著。因此，本文將立足於前人研究的成果，透過潮汕僑批探討新馬潮人民俗特色，從而分析新馬潮人民俗文化。

第五節　研究方法與研究架構

　　本文致力於探析新馬潮人社會與其民俗之研究，這一具有「民俗學」取向

〔註130〕李湘：〈潮州「禮佛度靈」習俗的文化功能〉，《藝術文化交流》月刊（2014 年 3 月），頁 320～321。

〔註131〕陳澤芳、楊映紅：〈潮汕「出花園」習俗調查〉，《清遠職業技術學院學報》第 2 期（2014 年 4 月），頁 47～51。

〔註132〕李玉茹、黃曉堅：〈潮汕僑鄉文化概論〉，《八桂僑刊》第 1 期（2017 年 3 月），頁 56～76。

的研究，主要參閱了鍾敬文、烏丙安民俗學的調查方法即「田野作業」，還有臺灣林承緯對民俗傳承概念，以及柳田國男《民間傳承論》中所提出的「重出立證法」作為基礎，加之中文學界所慣用的文本細讀法與文獻分析法作為僑批研究的方法。以下分別說明鍾敬文、烏丙安、柳田国男的民俗學研究方法以及其中術語與概念：

一、從鍾敬文先生的《民俗學概論》的論述，民俗學的方法包括調查與研究方法，分為資料收集整理和民俗研究的一般方法。資料收集整理包括田野調查和文獻學方法，而研究方法則是分類、分析、綜合、比較和統計方法。〔註133〕烏丙安先生認為：「采集方法在實踐經驗中的綜合性是很重要的。民俗事象在民間生活中總是錯綜交織地複雜地存在著、發展著的，因此，采集工作也只能是綜合采錄，以保證其民俗的相互聯繫性。」〔註134〕作為民間傳承的民俗文化皆蘊藏於民間生活中，故而需要深入田野，采集相關資料方能進一步開展研究的根據。

二、有關柳田国男「重出立證法」之術語，福田亞細男談論柳田国男與民俗學時，對此概念的說明：「我們的重出立證法，極其可靠地取代了過去的對史料嚴格判定的做法⋯⋯我們的所謂重出立證法，類似於重疊照相的手法。」〔註135〕，此處所謂重出立證法是用於替代史料判定的辦法。在此意義上，柳田国男認為史學有局限性，而且歷史只是記錄曾經影響較大的政治事件，加上歷史學重視起源論，忽略社會現象、文化現象等存在，所以無法全面地對普羅大眾的生活有所論述。他對重出立證法的說明是：「即使是同樣的事象，剖開現代生活的一個切面來觀察的話，可知各地是千差萬別的。把這些事例集中起來加以觀察，即使不能了解其起源或原始狀態，至少也可以很容易推測出其變化的過程。」〔註136〕作為民俗學方法的概括，柳田国男明確地論述道：「民俗學是徹頭徹尾的根據民眾的生活進行歸納的學問，而不是依賴預先設置的狼煙盲目前進的英雄事業。采集、分類、索引、比較、綜合的事業，應該在這個基

〔註133〕鍾敬文：《民俗學概論》，頁483～492。

〔註134〕烏丙安：《中國民俗學》，頁21。

〔註135〕〔日〕福田亞細男著，於芳、王京、彭偉文譯：《日本民俗學方法序說——柳田國男與民俗學》（北京：學苑出版社，2010年），頁152。

〔註136〕〔日〕福田亞細男著，於芳、王京、彭偉文譯：《日本民俗學方法序說——柳田國男與民俗學》，頁152。

礎上進行」〔註137〕。

因此，柳氏、烏氏所強調的皆有其共通之處，即采集資料的重要性。透過庶民的日常生活為調查對象，通過對調查獲得的資料進行整理歸納，從而闡釋民間習俗的變遷，藉著中國、日本、臺灣民俗學研究的方法，補充彼此之缺失與不足。

具體研究的方式，筆者將從《潮汕僑批集成》的資料整理出發，主要運用民俗學理論，以及文獻文本分析法進行僑批的解讀與整理，統整僑批中所涉及的民俗內容，包含專書、論文、期刊、報刊等資料。其次是民俗學相關論述的資料整理，如民俗概念、特色、特徵、內涵等，從這些內容著手，藉由學者專家的研究成果與觀點，建構本論文的研究基礎，進而確立研究方向與研究論點。於此，筆者將已出版的專著、方志、官方檔案作為參考，以期對潮僑下南洋的歷史脈絡有清晰的掌握。關於原始文獻方面，本文以粵東地方志，誠如《潮州府志》、《民國潮州志》等有關潮汕民俗風情和僑批之記敘。另者，新加坡潮州鄉訊社於 1947 年 8 月創刊的僑刊《潮州鄉訊》〔註138〕，其中有關〈南洋潮僑動態〉的部分，東南亞各地潮人聚居地近況的紀錄，如馬來亞亞羅士打、居林，印尼占卑，泰國曼谷等地。透過華文報紙，如《南洋商報》、《星洲日報》、《昭南日報》等有關華人民俗之記錄，如宗教信仰、人生禮俗、歲時節慶等方面的資料，對比僑批中的民俗記載，方能補充說明口述資料和僑批不足之處。

此外，新馬華人社會也留下了豐富的民間史料，而研究潮州族群之民俗活動，最好的方法莫過於田野考察與口述歷史的訪談工作。根據相關民俗活動的參與者的敘述與記錄，收集民眾口述資料以及文化記憶作為輔助材料，從而證實現實生活與僑批記錄的民俗面貌。作為來自民間的口述資料，更能從庶民角度補充說明過去官方歷史的論述，這也是新馬華人社會與民俗文化研究中缺少的一環。另一方面，因受訪者絕大部分並非專業的學術研究者，對於口述歷史的內容通常不自覺地滲入個人的生命經驗與主觀的情感，故而尚需憑藉研究整理的工作，與其他民間文獻的比對從而補足口述資料。

本文以民俗傳承的性質來探究新馬潮人之民俗文化的研究取徑，在著重華僑下南洋的歷史背景上，從民俗學的觀點展開研究分析。本文研究的時間脈

〔註137〕　〔日〕福田亞細男著，於芳、王京、彭偉文譯：《日本民俗學方法序說——柳田國男與民俗學》，頁 153。

〔註138〕　《潮州鄉訊》創刊於 1947 年 8 月，於 1962 年停刊，此刊物是一份新加坡當地潮人所辦的雙週刊物，現存《潮州鄉訊》共 26 卷 273 期，主編為吳以湘，並由新加坡潮州鄉訊社出版發行。

絡以華僑移民馬來亞時期為始，作為考察潮人下南洋的歷史背景，從僑批中分類出英屬馬來亞時期潮人民俗文化的發展脈絡進行剖析。以下簡述本文章節安排：

　　第一章、緒論說明本文研究之基本概況與問題意識，通過對英屬馬來亞官方檔案的記載，說明潮僑下南洋的歷史背景以及潮州人在馬來亞的分佈情況等。透過本文的研究動機與目的，思考新馬華人民俗研究的發展與僑批研究的議題作為出發點，從而建立新馬僑批研究的基礎。在說明研究範疇與相關概念的界定後，採用「民俗傳承」之概念作為本文分析的框架。文獻回顧與研究現況的部分，以耙梳前人研究成果與前人研究之不足，指出本文論點和建構之方式。

　　第二章、以潮幫批局之歷史沿革與僑批之特徵作進一步的說明。此章將分為三大部分，從僑批與潮幫批局之產生、發展與演變作為背景基礎，從而瞭解「潮汕僑批」的發展及其社會、經濟的價值。在理解潮汕僑批與僑批局之源流與發展過程後，進而針對潮汕僑批與《潮汕僑批集成》之特色進行論述。

　　第三章、以生命禮俗為題，進而探析潮汕僑批中有關潮人的誕生禮俗、婚嫁禮俗、喪葬禮俗。從生命禮俗中之「生」至「死」，考察新馬潮人與其家庭的生命禮俗。透過僑批中有關的記載，以助於我們理解新馬潮人及華人社會的生命禮俗。

　　第四章、以生活習俗為題，探析潮人的生活習尚、歲時節慶的社會民俗作為討論議題。新馬潮人之飲食、生活習慣乃源自於中國，但因氣候環境與人文社會等因素之影響，加上受西方英殖民政府的管制下，其飲食文化與生活習慣自然有所演化。在歲時節慶部分，因潮人傳統之節慶亦源自於中國原鄉習俗，其中大部分與農業社會生活緊密相連，從僑批中有關的新年、元宵、清明、冬至等，皆是華人民俗傳承的一部分，值得我們一一探尋。

　　第五章、以信仰習俗為題，包含祖先信仰、神明信仰以及風水相關的探討。此章主要針對潮人下南洋所帶來的原鄉之神明信仰以及華人根深蒂固的宗族觀念，對其先祖之崇拜進行考究，期從中發現有關潮人獨特的信仰崇拜以及對於精神層面之追求。

　　透過以上三大主題的探究，結合地方文獻、民間文書（僑批）、口述資料的分析，解讀潮汕僑批的民俗特色，期將新馬潮人社會的民俗研究建立於更堅實的學術基礎上。最終，本文將從潮汕僑批與潮人民俗的記載，以及其在地化之探究進行總結與反思。

第貳章　潮幫批局之沿革與
潮汕僑批之特點

第一節　僑批與批信局之源起及發展

　　郵、驛始於三代，至漢代並稱郵驛，唐代曰館驛，如《新唐書》曾載：「道路列肆，具酒食以待行人，店有驛驢，行千里不持尺兵。」〔註1〕，宋以下至清代稱之為鋪驛。民間通訊事業乃源於古代郵驛業務而有所啟迪。在中國古代的郵驛體系僅為朝廷所用，民間書緘則有其流通之道。自古以來，世有家書傳遞相思音息，而人之生活尚需書信傳遞消息，況且生存於異地他鄉之人，更倍需傳通訊息與金錢的支援。僑批因南洋移民而生，對其產生年代已無據可考，有始於永樂年間之說，亦有始汕頭開埠後之說，〔註2〕目前尚無定論。按杜桂芳推斷應當始於清初「海禁」解除以後。〔註3〕現下可見年代最早的僑批，為潮汕歷史文化研究中心所藏嘉慶十五年（1810）的僑批。〔註4〕華僑向東南亞遷移，即19世紀初至20世紀70年代末，在此期間與中國眷屬的通訊方式便是寄送僑批。僑批具體的詳細數量亦已無從考證，但就現有華僑所投寄的僑批

〔註1〕〔宋〕歐陽修、宋祁等撰：《新唐書・食貨志第四十一》卷51（臺北：臺灣商務，1986年）宋嘉祐刊本，頁366。

〔註2〕陳劍虹：《檳榔嶼潮州人史綱》，頁51。

〔註3〕杜桂芳：《潮汕僑批》，頁17。

〔註4〕陳漢初：〈潮汕僑批的檔案文獻價值〉，《汕頭市社會科學聯合會》，網址：http://stskl.shantou.gov.cn/stskl/20093/201001/be4e466c5d9a48a99d5d9212b8caebb0.shtml（2021年3月15日查詢）。

與僑匯數額的觀察，數量之龐大是我們難以想象的。然而，僑批的問世同時促成了中國和東南亞僑批局的發展，而僑批業的發展過程，與水客遞送、商號經營、批局運營三者有關。

一、水客與商號之合作關係

在批局體系建立以前，華僑如何帶信款回鄉？《星馬通鑑》嘗有論及：「他們克勤克儉，節衣縮食日子久了，自然有了積蓄。然而，這些積蓄要怎樣寄回國內去接濟家眷呢？那時候既沒有郵匯，又沒有銀行，就是有郵政和外國銀行，他們也不懂如何辦理。結果，只好託鄰近的鄉親帶回國去……那些曾和華僑帶過銀信的人，因為次數多了，就有專為人們帶款回家的『水客』。」〔註5〕最初，他們透過返鄉親自攜帶或委託歸鄉親友代為轉送，其後因市場需求與商業契機，進而出現了「水客」此種職業。所謂「水客」，就是經常乘船往來於唐山和東南亞，一方面帶貨貿易，另一方面幫忙帶款以賺取利潤者，這種帶款方式，難免存在著錢款被挪用、拖欠的風險。〔註6〕雖然如此，當時華僑依靠水客送信尤為信賴，加上異地生活回鄉不易，唯有得水客效勞，便感激不盡了。

據日本學者濱下武志的研究：「十九世紀初不少水客來往於福建和廣東沿岸地方與東南亞之間，也有不少水客往返於中國與美國之間，十九世紀末，與美國之間的往返停止了，但與東南亞的來往尚繼續著。」〔註7〕竊以為，十九世紀乃清廷限制華僑出入國禁令鬆弛時期，亦是西方列強於南洋開發時期，因水客有利可圖才出現遞款送信的商機。然而，冒著生命危險往來於中國與南洋的水客也實屬不易，他們必須具備特有的條件方可為華僑寄批帶銀。1933年《南洋商報》便曾刊載一文有關南洋水客之職及其要素：

> 凡做水客者：一（、）必有親戚或同鄉人在南洋開正式商店，為其臨時駐在所（；）二（、）水客須具有商業常識，帶家鄉之土產食物或有效良藥，及遠近馳名之貨物，到南洋亦去販賣（；）三（、）做水客者，必在香港汕頭，有良好信用，由客棧代認貨賬和船票，如帶有婦孺或新客出洋，客棧代其借出之款，回國時必找清（；）四

〔註5〕許雲樵：《星馬通鑑》（新加坡：世界書局，1959年），頁585。

〔註6〕陳春聲：《地方故事與國家歷史：韓江中下游地域的社會變遷》，頁280。

〔註7〕〔日〕濱下武志：〈傳統社會與庶民金融──新加坡、馬來西亞華人社會的「會合」與「銀信匯兌」〉，《華僑華人歷史國際研討會論文集》（廣州：中山大學東南亞歷史研究所出版，1985年），頁72。

（、）水客必須勤勞和藹，以信用情感，收吸華僑現銀，雖帶些小
物件，亦不辭勞苦，且利用現銀作商品之買賣，以投華僑之所好，
而博利錢（。）〔註8〕

在早年國際匯兌業與銀行尚未發展前，水客依靠在南洋經營的雜貨店為同鄉
收取僑批匯款，再以收集的批款購買南洋商品，待抵達家鄉後將貨物變賣換為
現銀，再按華僑匯款的原數額送達收批之人。後來，為保障匯款安全，水客先
將銀錢匯至香港或汕頭華洋銀行，批信則以總包交批局代寄，待回到香港或汕
頭即向銀行兌現，領得信包，回到潮梅各屬照信投送各家，並取得回批再帶回
南洋交各寄批人。

　　此外，彭瀛添引證芳賀雄《東亞共榮圈と南洋華僑》所歸納的資料得出水客
工作與職務的五項內容：「一、國人欲移民於海外者之募集、護送與介紹工作，
二、國貨與南貨之兩地對運販售，三、移民旅費或僑眷短期家用之貸予，四、僑
眷寄送僑民之書信與物品之轉送，五、僑民書信現金之轉送僑眷。」〔註9〕於此
可見，水客並非專門遞送僑批的職業，傳遞僑批亦只能說是其副業。其主業係華
工與僱主介紹工作之媒介，對於華僑移民扮演了極重要的角色。他們透過工作性
質上的便利性，與船行、錢莊、批局合作從中謀取利潤。因赴往南洋的新客多仰
賴水客引導、帶領，以及介紹工作，所以又有「南洋客」之別稱。〔註10〕

　　關楚璞《星洲十年》也敘述了南洋尚未出現批信局、郵政局與華洋銀行前，
水客的從業情況：

僑胞欲寄款回鄉，多委託以來往南洋、汕頭間代客運送銀信物件，
或引導新客南來為專業之水客，此等水客往返，每年計分六期，正
月、五月、九月三期為大幫，二月、七月、十月三期為小幫；每期
返鄉，行前均至同鄉常有往還之商店收取銀信，收齊後即趁乘輪回
汕轉鄉，按址分派，及取回收據或回信，繼即在汕購辦各種同僑應
用貨物，南來推銷。〔註11〕

〔註8〕〈國府對南洋羣島郵資加價與水客及僑民家屬的生活之影響〉，《南洋商報》
　　　　1933年3月1日，第9版；原文標點有誤或缺失之處，筆者以（）方式進行
　　　　補充。
〔註9〕彭瀛添：《民信局發展史——中國的民間通訊事業》，頁72。
〔註10〕陳達：《南洋華僑與閩粵社會》，頁95；柯木林主編：《新加坡華人通史》，頁
　　　　636。
〔註11〕關楚璞：《星洲十年》（新加坡：星洲日報社，1940年），頁585。

從以上引文中可以理解，水客深入礦地、種植園地招收僑批，甚至通過口傳或廣告，說明收集僑批時日和地點，如春節、端午、中秋三大節令時期為「走大幫」，其餘則為「走小幫」。水客與商號是批信局形成的兩大基礎，而水客作為聯繫僑鄉及僑居地之媒介，在傳遞訊息過程中深具重要地位。水客是銜接中國口岸和南洋西方殖民地的中鏈行商，無論是行走於東南亞或是中國內地，他們的口碑和信用是服務的基本。

早期華僑下南洋多以方言群劃分，因語言的便利，以鄉情的凝聚經商貿易，開設商號。他們所開設的雜貨店與商號多深受同鄉信任，也因此成為同鄉交流情感、分享家鄉信息的據點，亦可謂是同鄉的「共享空間」。一般華僑多為苦力，他們將勞動所得的工資，扣除日常花銷，剩餘的金錢則會交給殷實的雜貨店業主代為保存。〔註12〕這些業主與水客商定，定期由水客到商號或雜貨店收取匯款轉寄回鄉。無論是何種形式，水客與商號業主都可從中取得往來費用及若干報酬，有些還可周轉款項，做小量的生意獲取利潤。具體而言，商號業主會運用華僑匯款擴充店面，而水客則將匯款購置南洋貨品，再回到家鄉進行售賣，售後所得按華僑所寄批款數額一一送還。同時，一些店鋪為了招攬生意還代顧客先行墊匯，雖然需付利息，但對於勞動者而言是再樂意不過的事。簡言之，水客與商號的合作關係，是早期僑匯與貿易合作最原始，也是最為簡單的方式。

水客有內外之分，如潮汕稱中國內地水客為「吃淡水」，四邑稱為「巡馬城」；潮汕稱國外水客為「溜粗水」，廈門漳州則稱「客頭」。〔註13〕這種職業曾盛極一時，「19世紀至20世紀初為其最盛之時，於汕頭達800人，香港200人；1930年代，甚至組成『南洋水客聯合會』，據估計，每年經水客僑匯來國之國幣達2,000萬圓，約占全國匯款5.2%，於斯可見其極盛一時及作用。」〔註14〕此後，因大量移民促進了貿易的興盛，同時也使僑批和僑匯數目激增，由水客營運的方式以及局限性，加之人力資源的不足，再也無法滿足市場需求，因而逐漸出現專門經營批信的商號。有部分學者認為水客這種職業的消失，當源自於批局的成立，然筆者認為水客的沒落實際上是苦力貿易與契約勞工的廢止，以及東南亞各國對華僑移民的限制，使得水客此種職業「消聲殆盡」。

〔註12〕柯木林主編：《新加坡華人通史》，頁637。
〔註13〕黃澤純：《潮汕僑批業探析》（廣州：暨南大學碩士學位論文，2004年），頁5。
〔註14〕馬楚堅：〈潮幫批信局之創生及其功能的探索〉，《海外潮人的移民經驗》，頁71。

二、商號與批局之經營關係

　　中國民間通訊事業始於何時，據《民國十年郵政事物總論》所載：「民間郵遞之法，有明永樂以前，似未嘗有也」〔註15〕，以信局創始於明代永樂年間（1403～1424）之說幾成定論，每治郵政史者皆有所引述。〔註16〕民信局可分二種，一、中國民信局；二、僑民批信局，前者專營中國國內普通信件，後者專營南洋僑民銀信及收寄僑民家屬回批，故亦稱批局或銀信局。〔註17〕民信局的起源原為滿足民間通訊需求而生，卻又與商業活動有關：

> 此類信局與匯錢莊或商號有關，蓋此項莊號與各處莊號，均有商業
> 之連係。因其必須辦理自身往信函，且為他人承帶信函起見，遂將
> 其辦理信函之業務，隨其本身所辦之商業，逐漸推廣至他處，而不
> 知其經辦信業事務，已越出本身所辦商業之範圍。根據此項辦法，
> 於是強固之民信局，遂即由是而發展，漸次取得國人信任。〔註18〕

民信局乃錢莊及商號為傳遞匯款或業務文牘發展而來，後來又發展為兼營南洋與閩粵之批信業者。在清初至民國近百年間，閩粵民信局紛紛崛起，他們亦將此觀念帶至南洋各地以商號、批局經營，逐漸在南洋佔據重要地位。

　　所謂「商號」指客棧、銀莊、錢莊、銀號、匯兌莊；「批局」指專為閩粵出國華僑與其眷屬匯兌通信之事業。其服務項目包含勞工貸款及現金遞送，因此大多都為商人副業，而這些業主有以雜貨鋪、貿易商、客棧、錢莊等最多。其服務對象多以熟識同鄉為限，因地區範圍與金錢流通較廣，無法單獨經營，於是同一地區則有同業公會。一部分批局選擇指定商號為代理，甚至資金較多者則專設分行。一般普遍的現象乃各家均有總分行之設立，設置方式有二：一、總行設於中國，分行設於南洋；二、總行設於南洋，分行設於廣東、香港、汕頭等地。各家批局資本多寡各有不同，惟業務之需而互相聯營，經營範圍包含信件、匯兌、包裹運送、貨物流通等，因取費低廉頗受華僑歡迎。這些批局一般以經營商號、客棧、錢莊為中心，並設有聯號分佈於中國僑鄉與東南亞各地。《星馬通鑑》云：

〔註15〕郵政總局編：《民國十年郵政事物總論》（北京：郵政總局，1923年），頁2。
〔註16〕彭瀛添：《民信局發展史——中國的民間通訊事業》，頁37。
〔註17〕交通部年鑑編編纂委員會編輯：《交通年鑑·郵政編》（南京：交通部總務司，1935年），頁737。
〔註18〕郵政總局編：《民國十年郵政事物總論》，頁2。

誠以先民初渡重洋，其時銀行制度未盛，未能普及我國內地，即有
一、二銀行，已在我國口岸設立，然與華人交易，手續既感繁苛，
語言尤多膈膜，於是僑胞與內地金錢往還，勢不能不委託有信用之
商號為滙兌，以凡營業範圍較廣之商號，內地口岸，每有分店或聯
號，而各口岸之聯號，又多與內地市鎮商號有交易往還，此等內地
市鎮商號，多為當地人士所經營，對於附近居民，非親則故，藉其
辦理交收，方易收穩妥迅速之效，是以信局營業，在初期皆為大商
號之副業。迨日久信用漸廣，滙款日巨，遂有反以副業為主業，或
特設信局經營者。〔註19〕

可見批局原為商號副業，其後發展為專門經營批信業務主業。以錢莊兼營的批
局，如汕頭的金成利、元發、順福成等；廈門的有炳記、聚德隆、建祥棧等，
兼營者比專營者多。〔註20〕小批館有了一定規模後，多數也與相關商號合作，
擴大聯係範圍增加收入，一些批局甚至採用賒滙方式，替華僑墊款寄批，因而
深得華僑信賴。

再者，一些商人見僑批業務獲利匯淺，便開始兼營民信業務，誠如《馬來
亞潮僑通鑑》所收錄的商業廣告中可見專營與兼營民信匯兌業務者，筆者整理
如下：

圖1：新加坡「有信莊匯兌信局」　　圖2：新加坡「永德盛」及
　　　　　　　　　　　　　　　　　　　　「祥泰隆」匯兌信局

〔註19〕許雲樵：《星馬通鑑》，頁578～579。
〔註20〕彭瀛添：《民信局發展史──中國的民間通訊事業》，頁75。

圖3:「鼎盛」商號之京菓雜貨與民信匯兌

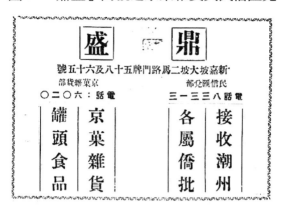

圖4:「成興公司」之雜貨暨匯兌信局　　圖5:鄭綿發有限公司兼營匯兌信局

 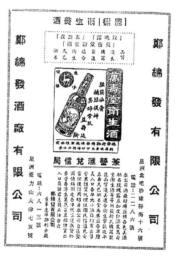

以上諸圖可見一般專營批局多有聯號與分行代投代收，而兼營批局多數為商號、錢莊、雜貨店、客棧。當中更涉及水客與此些商號、批局合作帶信款回塘投送，或交家鄉所設立之批局。此種兼營之運作方式成為後來專營僑批局之前身，專以代遞信款、代寫家書、兌換僑匯等一系列服務以賺取酬勞的行業。

批局原為郵政及銀行設立前之僑民通訊組織，「福建廣東一帶之民局，多兼營或專營往來國外華僑之信件與匯款，又名批局，或稱批館。潮州區之批局尤盛，按其營業實際與民信局似同而實異，蓋潮州批局乃不帶普通信件，惟專為華僑匯寄銀信者也。」〔註21〕可見潮幫批局則專門經營華僑之匯款與批信。

〔註21〕 饒宗頤纂修:《潮州志·交通志》，收入饒宗頤編集:《潮州志匯編》第4部（香港：龍門書店，1965年），頁797～798。

隨著華僑人口的遞增，南洋各地出現了兼營與專營的批信業務，這種行業在南
洋也稱之為「僑批館」。僑批館又稱「僑批局」、「批館」、「批信局」等，「批信
局」又名「批郊」（廈門語，猶言信商也），也稱「銀信局」。〔註22〕因批局舊
有組織係以華僑批業為名容易造成混淆，中國工商業組織同業公會為統一辦
明該業務，於民國二十年（1931）定名為「僑批業」，對應商號為「僑批局」。
〔註23〕僑批局是一種由民間自發形成的專門辦理僑批業務的機構，亦是具有
比較完整且妥善規章制度的特殊行業。〔註24〕其業務包含僱用專員（俗稱「批
腳」）遞送信款、代華僑書寫家書、兌換華僑之匯款的行業，亦是有系統承辦
批信業務的機構。初期批局轉送僑批方法與水客傳遞方式相仿，但其金融周轉
和信用方面更勝水客，因而得以迅速發展。〔註25〕批局的形成，可以說是民信
局特殊營業的方式發展而來，也應華僑之需逐漸擴展至東南亞各地。

三、潮汕批局之發展與分佈

中國土地寬廣、風情各異，因此各幫批局發展方向亦有所不同。清代初期
批局活動並無詳細記錄，迨至清代中期，因郵政業務所需方對批局有所記載，
故才有跡可尋。關於清代至民國年間潮汕地區之僑批業情況如前章所述，已有
許多學者做了詳細的論述。於此，針對潮汕批局及僑批業的產生與運作可見饒
宗頤教授纂修的《潮州志》：

> 潮州地狹民稠，出洋謀生者至眾，居留遍及暹羅、越南、馬來亞羣
> 島、爪哇、蘇門答臘等處，其家書匯款，向賴業僑批者為之傳遞，
> 手續簡單而快捷穩固。厥後雖有郵政及國營銀行開辦，然終接承民
> 營批局業務，因華僑在外居留，範圍既極廣，而國內僑眷又多為散
> 處窮鄉僻壤之婦孺，批業在外洋採代收方法，或專僱夥伴一一登門
> 收寄。抵國內後，又用有熟習可靠批腳逐戶按址送交，即收取回批
> 寄返外洋，仍一一登門交還，減少華僑為寄款虛耗工作時間。至人

〔註22〕交通部年鑑編纂委員會編輯：《交通年鑑・郵政編》，頁 758；臺灣總督府熱
帶產業調查會編：《海南島志》（臺北：臺灣總督府熱帶產業調查會，1936 年），
頁 94；彭瀛添：《民信局發展史——中國的民間通訊事業》，頁 68。

〔註23〕饒宗頤纂修：《潮州志・實業志》，收入饒宗頤編集：《潮州志匯編》第 4 部，
頁 871。

〔註24〕杜桂芳：《潮汕僑批》，頁 21。

〔註25〕林家勁、羅汝材：《近代廣東僑匯研究》（廣州：中山大學出版社，1999 年），
頁 6。

　　數之繁多，款額之瑣碎，既非銀行依照駁匯手續所能辦理，其書信
　　書寫之簡單，荒村陋巷地址之錯雜，亦非郵政所能送遞。故批業之
　　產生與發展，乃隨僑運因果相成，純基乎實際需求而來。〔註26〕

批局乃因應華僑與家鄉之匯款與家書聯繫之需而興起，在早期國際郵政與銀
行體系未發達之前，僑批局所涉範圍比銀行郵政體制來得廣，但凡「荒村陋巷」
皆能遞送。

　　批局初設時值清代銀幣複雜時期，按廣東省檔案館檔案之記載，潮汕地區
最早創立的批局乃道光九年（1829）於汕頭創立的「有余莊」及澄海東湖鄉的
「致成」批館；再者為咸豐六年（1858）於汕頭的「德利」信局，而「德利」
批局在兩年後更開設了第一家分行。其後陸續出現了各號批局，發展至光緒三
十四年（1908）分佈於澄海、汕頭之潮幫批局共計37家（詳見附錄表2-1）。
此階段乃潮幫批局發展初期，當中以汕頭為眾，並且已達到一定規模。因批局
須按址交送批款，攜巨款現金入山谷野難免遭盜賊之虞，故而集同業之力維護
批業之安全，於光緒中期成立汕頭「南僑批業公會」。〔註27〕此後公會名稱亦
有所更換，1926年改稱「汕頭華僑批業公會」，1931年再改為「汕頭市僑批業
同業公會」（簡稱汕頭僑批公會）。汕頭僑批公會乃目前所知海內外最早成立的
僑批業公會，而南洋最早成立的批業公會乃創始於民國十四年（1925）的新加
坡潮僑匯兌公會（Teochiu Exchange Association）。〔註28〕

　　除了汕頭設有僑批公會外，其餘縣市亦有公會設立，如民國二十年（1931）
的揭陽華僑批業公會，以及潮陽縣僑批業公會，但仍以汕頭僑批公會為總樞。
僑批公會之功能，主要以聯絡同業感情、保障公會、僑胞銀信，及增進同業之
公共利益、矯正營業弊端為其宗旨。《汕頭市僑批業同業公會章程》共計5章，
首章說明公會之宗旨；第二章為會員詳細之規定；第三章為會務進行和會費繳
納等說明；第四章為保護銀信之規定，佔據章程中很大份量；第五章則為簡單
之附則。〔註29〕於此可見，汕頭僑批公會已是一個制度完善之組織。民國三十

〔註26〕饒宗頤纂修：《潮州志・實業志》，收入饒宗頤編集：《潮州志匯編》第4部，
　　　　頁870。
〔註27〕饒宗頤纂修：《潮州志・實業志》，收入饒宗頤編集：《潮州志匯編》第4部，
　　　　頁871。
〔註28〕有關「新加坡潮僑匯兌公會」之論述可見潘醒農編著：《馬來亞潮僑通鑑》，頁
　　　　320。
〔註29〕汕頭市檔案館藏偽汕頭市商會檔案，全宗號12，目錄號9，案卷號270，頁23
　　　　～31。（承蒙北京清華大學石光澤博士助獲）

五年（1946）汕頭僑批公會為保護僑批分派的安全考量，發佈了《保護銀信公告》〔註30〕，希望透過法律手段保護僑批和僑匯，當中還計有獎勵、撫恤、懲戒之辦法，從而鼓勵並動員人們共同保護批款之運送，使得潮汕地區之僑批分發更為安全（全文詳見附錄二）。

潮幫批局自清光緒之後仍持續發展擴大，於東南亞各地開設之潮幫批局更是繁多。按陳麗園統計結果，1910 年前至 1940 年代潮汕和東南亞各地所設立之潮幫批局多達 855 家，茲附表如下：

表 2-2：近代潮幫批局創立之數量統計

地區	1910 年前	1910 年代	1920 年代	1930 年代	1940 年代	共計
新加坡	9	15	37	33	53	147
馬來亞	1	12	33	43	85	174
泰國	19	17	47	52	109	244
汕頭	8	16	43	29	8	104
其他潮屬地區	14	72	57	24	19	186
共計	51	132	217	181	274	855

資料來源：陳麗園：《華南與東南亞華人社會的互動關係——以潮人僑批網絡為中心（1911～1949）》，頁 45。

註：此表乃陳麗園據廣東省檔案館藏汕頭市郵局檔案全宗號 86，郵政廳管理局檔案全宗號 29，以及鄒金盛《潮幫批信局》對各個批局考證所得。

上表所見，1910 年前潮汕和東南亞已設立了 51 家批局；1910 年代東南亞與潮汕地區創立了 132 家批局；1920 年代因受到東南亞經濟影響，移民東南亞的潮人及匯款數量皆有提升的現象，此階段創立的批局已進入高峰期，共計 217 家。然而，因 1930 年代世界經濟危機對批局的發展同樣造成一定程度的影響，在此階段只有 181 家批局。至 1937～1945 年間，受到世界第二大戰以及日據時代下的打擊，大部分批局被迫停業或轉為私下經營。1946 年戰爭結束後，大量僑批與匯兌湧入中國，使得批局再次得以蓬勃發展，而 1940 年代統計數量大部分乃戰後所成立的批局。

其次，在光緒二十三年（1897）汕頭郵政總局的成立意味著僑批局有了正

〔註30〕汕頭市檔案館藏偽汕頭市商會檔案，全宗號 12，目錄號 9，案卷號 412，頁 9。
（承蒙北京清華大學石光澤博士助獲）

式管制的機構。為得到官方承認而登記之批局有 19 家，其中潮幫批局有「錢昌仁」、「泰和隆」、「茂昌」等。〔註31〕直至民國三年（1914）中國加入萬國郵政聯盟（Universal Postal Union，簡稱世界郵聯），實行郵會主要會章。〔註32〕同年，郵政總局依郵章通知新加坡等地郵局，取消批局總包優待辦法，使得批信業者抗拒，暫獲通融。此後，郵政局便開始加強對僑批局的管控，如 1918年國民政府就曾下令取締民營批局，後來在僑界和地方社會的爭取下，得以暫緩取締之舉；1928 年政府再次下令取締僑批局，又遭華人的極力反對。〔註33〕

從 1929 年 7 月 22 日《南洋商報》的報導可見華僑請願保留民信局一事：

> 呈為呈請事，竊新嘉坡中華總商會，交通部四月廿三日第六五〇號批示，謂民信局不應有永久存在，亦無無限展期之必要。僑民閱悉，惶駭驚恐，奔走相告。僉以此事，謂交通部雖有審慎籌畫，分期辦理，務使該業商民有改業之準備等語。然國內外該業商民之失業問題，關係猶小而於數百萬僑民之滙寄銀信，與閩粵兩省數千萬貧寒之家，月賴外資以贍養者，關係殊大，迫不獲已。於本月十三日，假座中華總商會，開全體華僑大會。到者擁擠，羣情憂憤，眾議沸騰，咸謂訓政開始百事更新，其或有應改革者，雖積數十年之習慣，亦當廢除於一旦，吾儕僑民，詎敢置喙，其或有關於民生主義者，執政諸公，亦應實施保護而扶植之。爰公同表決，一致呼籲，推舉陳楚楠為全體僑民請願之代表，除寒電呈請外謹再將此民信局之不可廢止，與郵政局之未能便捷，種種利害，臚列詳明。敬為鈞院瀝陳之，夫國內之有民信局，祇僅見於閩粵兩省，而民信局開設之原始，實由海外首肇其端，歷史相沿，由來已久，海外僑民號稱數百萬，殷實富厚者，百僅一二，負販苦力者，百居九十八。〔註34〕

經過多方交涉，國民政府考量海外僑民與僑眷對批信之特殊需求，最終得以放寬管制條件，准予海外僑批局繼續經營，如《交通年鑑》所載：「惟暹羅，及美屬斐律濱、荷屬東印度、法屬安南、英屬南洋羣島、馬來聯邦、與北婆羅島

〔註31〕 廣東省汕頭市地方志編纂委員會編：《汕頭市志・郵電・民信局》，頁 325。
〔註32〕 彭瀛添：《民信局發展史——中國的民間通訊事業》，頁 214。
〔註33〕 「民國十七年全國交通會議雖有取銷（消）所有民信局之決議，然潮州民信局迄今尚未能盡廢，蓋亦以其與南洋華僑僑匯有關也。」見饒宗頤纂修：《潮州志・交通志》，收入饒宗頤編集：《潮州志匯編》第 4 部，頁 797。
〔註34〕 〈請願保留民信局（一）〉，《南洋商報》1929 年 7 月 22 日，第 6 版。

等處華僑銀信，多由批信局寄遞，故特准繼續營業，俾資便利，並將其郵費及寄遞辦法，分別加以調整。」〔註35〕可見國民政府調整僑批業務的說明，不過此後郵政局對僑批局實行了註冊及各種限制，試圖把僑批局的經營掌握在管控之下。

　　雖然僑批局的發展受到不少限制，但戰後批局或批款數額之鉅斷可驚人。據民國二十三年（1934）郵政總局呈送批信局領證登記一覽表，中國內地多達322家，分局共計2363家。〔註36〕另據陳春聲的統計，1935年在汕頭郵局掛號並領有執照的批局就有110家，其設立於海內外各地的分號共790家；1943年抗戰時期持續經營的批局共25家，其分號有230家；1946年戰後汕頭段已掛號批信局有63家，其海內外分號有733家。〔註37〕東南亞之潮幫批局主要有曼谷、新加坡、印尼、柬埔寨、馬來亞等地，以下簡要說明二戰爆發前東南亞各地潮幫批局遞送僑批之路線：

圖6：東南亞僑批經營網絡（注：筆者自繪）

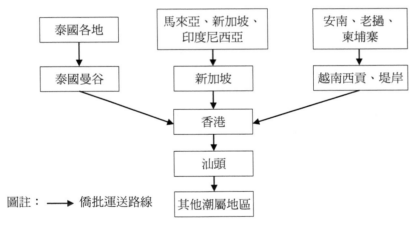

一般華僑投遞僑批至當地經營的批局，再由當地批局做後續的處理。英屬馬來亞與荷印地區主要集中於新加坡，再由新加坡匯寄至香港；泰國則以曼谷為中心；越南、柬埔寨、寮國則以西貢、堤岸為集中點，匯至香港收發。經由香港處理後，再將家書及兌換之銀錢交由汕頭批局負責發送，可見香港中轉批款的作用相當重要。香港作為華僑匯款的中轉站，其也是華南生活物資的供應地，當華南農作失收時，就會經由香港運去越南、泰國米作補給之用。其匯款則首

〔註35〕交通部年鑑編纂委員會編輯：《交通年鑑》，頁1282～1283。
〔註36〕交通部年鑑編纂委員會編輯：《交通年鑑》，頁759～776。
〔註37〕陳春聲：《地方故事與國家歷史：韓江中下游地域的社會變遷》，頁356。

先集中在新加坡，然後新加坡的匯兌業者再將之通過香港的匯款業者作媒介，把款項匯往廣東潮汕等地。誠如濱下武志所言，從 19 世紀中期開始，香港取得了金融中間人的重要性，而新加坡發展成為了歐洲市場橡膠和錫礦的供應商，這時候，外國銀行真正進入了該區域。在同一時期，華人兌換銀行也開始在東南亞運營。這些所謂的現代化銀行擴大並改造了原先由信局形成渠道，圍繞新加坡與香港要道創建了一個亞洲金融區域。〔註38〕

批局在南洋一帶有不同的稱呼，泰國稱「銀信局」，越南、柬埔寨稱「僑批局」，新加坡、馬來亞則稱「批信局」，較正式的多稱「民信局」或「批信局」。〔註39〕馬來亞尚未快速發展前，即道光二十五年（1845）已有定期郵船往來於新加坡與香港，此舉有助於批局的經營。〔註40〕此後，閩、潮、粵、客各幫紛紛加入批局之列。潮幫批局主要分佈於港口與城市，如新加坡、吉隆坡、馬六甲、檳城、柔佛等地，基本上覆蓋潮人聚居地。當英殖民政府逐漸開發馬來亞後，各地發展快速，各個港口船舶往來愈加頻繁，使各行各業商機繁盛，是乎新馬各地批局遂發展起來。「民信局可說是華人所創設的行業中特殊的一種」〔註41〕，19 至 20 世紀新加坡與馬來亞各幫批局之成立與發展，基本上以服務對象之籍貫形成所屬幫派，亦是新馬華人社會幫權結構的特色之一。據學者考證，1887 年新加坡已有 49 家批局，其中潮幫批局占 34 家；1891 年除原有正式開鋪的 49 家民信局外，另有無固定地址的水客 16 人作流動性僑批工作。〔註42〕1900 年至 1910 年前後，潮人創辦致批局更如雨後春筍般，快速成立於新馬各地。

新加坡潮幫批局在當時頗具地位，如民國十五、十六年（1926～1927）北洋政府取締批信局時，即由該幫批局領袖李偉南領銜向中國政府爭取權益，透過同業公會的組織力量發聲。〔註43〕此公會即「新加坡潮僑匯兌公會」，其後

〔註38〕〔日〕濱下武志：〈南洋僑批史：僑匯的經濟因素、社會因素、文化因素〉，收入於李志賢主編：《南洋研究回顧、現狀與展望》，頁 192～193。

〔註39〕杜桂芳：《潮汕僑批》，頁 22；焦建華：《福建僑批業研究（1896～1949）》，頁 77。

〔註40〕高維廉：《馬來亞僑匯及中馬貿易之展望》（新加坡：中南聯合出版社，1950 年），頁 2。

〔註41〕吳華：〈華人民信局〉，《星洲日報》1972 年 11 月 15 日，第 24 版。

〔註42〕寒潭：〈華僑民信局小史〉，頁 60；關楚璞：《星洲十年》，頁 626；柯木林主編：《新加坡華人通史》，頁 638。

〔註43〕彭瀛添：《民信局發展史——中國的民間通訊事業》，頁 106。

尚有 1937 年成立的「新加坡閩僑匯兌公會」以及及 1939 年的「新加坡瓊僑匯兌公會」〔註 44〕。新馬匯兌業公會在維護批信業者利益上曾扮演著重要的角色，如民國初年與中國政府發生的「民信總包事件」糾紛，〔註 45〕亦是在他們的一再抗議下，雙方最後達成協議，暫緩取締舉措。

所謂的民信總包事件，當從民國成立初期之郵政改隸交通部管轄說起。中國郵政總局加入世界郵聯後，通知新加坡等地郵局，取消民信局總包優待辦法所引起「民信總包事件」之風波。然而新馬華僑所寄之銀信，歷來慣用總包，「僑批局經營僑批，向以收費低廉、服務快捷見稱，僑批局能做到這點，其中之一就要歸功於它採用的總包制度⋯⋯因此總包制度最大程度上降低了僑批的郵費。其次，採用總包制度，僑批在寄遞時不易遺失，而且僑批或回批在封包時已作一定的編排，有助於提高接收批局收批和分批的工作效率」〔註 46〕，可見總包制度是僑批有效運作的關鍵之一。

民國十三年（1924），新加坡郵政局再度公告取消民信局特殊待遇，而新馬華僑立即號召僑民大會，「新加坡華僑保留民信局大會」隨即召開，紛紛呈函、電報中國政府要求協助交涉，以維護僑民生計。〔註 47〕然而，業經中國政府調查華僑之特殊情形，准予展期取締，而華僑來往之批信，仍可以總包形式遞送。1928 年汕頭郵局突然頒發新章，不准荷屬各僑批合寄英屬之批包中，並且規定荷屬僑批須逐一貼上郵費等事件，使得南洋華僑惶恐不及。〔註 48〕英屬馬來亞僑批總包制度問題最初出現在新加坡，從 1929 年後各家報章均見廢止民信總包以及取締民信局之報導（全文詳見附錄三）。〔註 49〕總包制度的取消，自然對批信業者甚至新馬華僑社會造成莫大的影響。新馬華僑社團從「請願廢止民信總包」到「請願保留民信局全體大會」皆展現了海外華僑之力量與努力。雖然中國民信局的取締乃中國政府實行郵政政策之舉，故無法倖免於

〔註 44〕周鎮豪等編輯：《南洋中華匯業總會年刊》，頁 6～9。

〔註 45〕許雲樵：《星馬通鑑》，頁 626～628。

〔註 46〕陳麗園：《華南與東南亞華人社會的互動關係——以潮人僑批網絡為中心（1911～1949）》，頁 110。

〔註 47〕彭瀛添：《民信局發展史——中國的民間通訊事業》，頁 217。

〔註 48〕〈汕頭郵局不准華僑銀信總包付郵〉，《南洋商報》1928 年 12 月 5 日，第 11 版。

〔註 49〕〈關於廢止民信總包議案之文件（一）〉，《南洋商報》1929 年 5 月 16 日，第 6 版；〈反對我國郵政局廢止民信總包之來件〉，《星洲日報》1929 年 5 月 17 日，第 6 版；〈保留民信局全僑大會接國民政府文官處函〉，《南洋商報》1930 年 4 月 28 日，第 7 版。

難，但海外批局由於其強大的跨國網絡，最終得到國民政府的認可，並以《批信事物處理辦法》確立其合法地位。〔註50〕

　　據文獻所載，戰前新加坡潮幫批局計有 18 家（詳見附錄表 2-3），而馬來亞方面有榮泰、昌德茂、承福興、洪萬祥、旭和、義利、乃裕、萬發、李和豐號、永德成等。〔註51〕到了戰後 1940 年代，柯木林稱此階段為「民信業的黃金時代」，其曰：「1945 年 9 月 12 日新馬光復以後，斷絕了將近 4 年的中南音訊得以恢復。僑民紛紛投書向國內親屬報告此間情形，而僑鄉親屬也來函敘述國內物價高漲、生活困苦的窘境，希望此間華僑盡速匯款回國接濟。」〔註52〕在官方檔案中有關馬來亞潮幫批局之記載，筆者據此整理如下：

表 2-4：1948 年馬來亞潮幫批局統計

地　區		數　量	地　區		數量
北馬	檳城	16	東馬	美里	1
中馬	太平	1		山打根	4
	怡保	10		砂拉越	6
	金寶	1		沙巴斗湖	1
	霹靂	5		古晉	2
	吉隆坡	9		奇砂蘭	1
	芙蓉	5	西馬東海岸	吉蘭丹	1
	峇眼	2		登嘉樓	2
南馬	馬六甲	6		彭亨勞勿	1
	柔佛新山	9		彭亨吉礁	1
	柔佛士乃	2	新加坡		63
	柔佛古樓	1			
	柔佛居鑾	1			
共計					151

資料來源：廣東省檔案館藏郵政廳管理局檔案，全宗號 29，目錄號 2，案卷號 382。

〔註50〕陳麗園：《華南與東南亞華人社會的互動關係——以潮人僑批網絡為中心（1911～1949）》，頁 135。

〔註51〕陳劍虹：《檳榔嶼潮州人史綱》，頁 54。

〔註52〕柯木林主編：《新加坡華人通史》，頁 644。

此階段的潮幫批局共計151家：馬來亞半島之北馬檳城為16家；中馬以霹靂太平至雪蘭莪為33家；南馬以馬六甲至柔佛為19家；東海岸之吉蘭丹、登嘉樓、彭亨為5家；東馬之沙巴與砂拉越計有15家；新加坡則為數最多，共計63家。在新馬各幫批局中，潮幫批局仍佔據重要的地位。據《馬來亞潮僑通鑑》載：「戰前潮僑之信局，平常十六七家，最多亦祇廿餘家，但和平以後，卻增至四十餘家，組有『潮僑滙兌公會』」〔註53〕，有關潮幫批局之詳細內容亦可詳參附錄表2-5。

隨著戰後匯路與郵路的開通，各批局得到新的執照後，其營業也正式步入軌道。「二戰期間，新加坡民信業大受打擊，一蹶不振。戰後一度恢復生氣，出現一片欣欣向榮的趨勢，各幫民信同業公會也恢復活動，還組織了代表本地各幫民信局的南洋中華滙兌業會，中華滙業股份有限公司和新加坡滙業聯誼社三個組織。」〔註54〕具體而言，在閩、潮、瓊三幫匯兌業公會之基礎下，於1946年3月成立「南洋中華滙業總會」（Nanyang Chinese Exchange and Remittance Association）。〔註55〕一時間批信業成為了新加坡與馬來亞光復後最熱門的生意。

自1948年後中國政局動蕩不安，國共戰爭導致貨幣急速貶值，使得批局生意大受影響，新馬批信業亦開始萎縮。再加上馬來亞實行的新執照和外匯統制的政策，批局業績自此一落千丈，無數批局接連關閉並結束經營。然而，1949年後新中國的成立以及英政府的華僑政策，使得中國和新馬華僑人口結構有著偌大的改變，直接影響僑批和僑匯的數額。中華人民共和國的成立使得出境之華僑幾乎絕跡，加之新馬兩地華僑大多已安定下來，從落葉歸根至落葉生根的轉變，陸續取得當地國籍。他們與中國之關係可謂是「漸行漸遠漸無書」，便減少了書信與匯款之往來。根據柯木林於1970年10月調查，當時新加坡尚存的批局約有55家，即閩幫22家、潮幫12家及瓊幫21家，再加上廣客兩幫批局僅有60家。〔註56〕1975年，海內外批局按其資本核算成為入股資金，歸收「中國國家銀行」直接管理。〔註57〕是故，批局作為華僑服務之批信業自新馬獨立後，逐漸從華人社會中消失，最終成為歷史中的一個名詞。

〔註53〕潘醒農著：《馬來亞潮僑通鑑》，頁267。
〔註54〕李志賢：〈19～20世紀期間新加坡各幫民信局的營運與同業組織〉，《海邦剩馥：僑批檔案研究》，頁27。
〔註55〕吳華：〈華人民信局〉，《星洲日報》1972年11月15日，第24版。
〔註56〕柯木林：〈新加坡僑匯與民信業研究〉，《新加坡華族史論集》，（新加坡：南洋大學畢業生協會，1972年），頁200。
〔註57〕杜桂芳：《潮汕僑批》，頁48。

整體而言，批局雖因南洋華僑而生，卻也與中國民間通訊事業有關。由於南洋華僑的特殊性質，其經營方式自然有別於中國之民信局。因此，批局可謂是源於民信局之機構演變而來。爾後，國家郵局與銀行體系的完善，使得這些批局自在排斥之列，故而導致華僑及批局聯合抗議，而考量南洋華僑之影響特允南洋批局繼續營運。迨1950年中華人民共和國強令批局納入中國銀行體系，使得批局陷入被動窘境。僑批局更於1970年代步入歷史舞台，成為歷史名詞。批局既有之功能由近現代郵政與銀行體系所吸收，惟其創始、淵源、作用，以及運營之系統，實乃影響中國僑鄉與南洋之經濟、金融等多方面之發展，殊不可忽視其貢獻焉。

第二節　僑批與《潮汕僑批集成》之特色及價值

潮汕僑批的特色可從批封開始說起，僑批封一般有傳統中式紅條封，以及西式批封等樣式。中式批封一般印有紅色條，附帶各種吉祥圖案，按中文書寫和閱讀習慣，以右至左的方式書寫：右行為收批人地址；中行為收件人姓名或尊稱；左行為寄批人姓名，但左上角皆會寫明寄款數目或何種貨幣，以及所寄物品等。批封背面亦有托寄之批局印章，從而顯示此批由何地送往何地，如下圖所示：

圖7：中式僑批樣式

寄批人：陳綿輝；寄批地：叻（新加坡）；收批人：母親；收批地：潮安金砂鄉永
安里；批款：港幣陸拾元；時日：3 月 5 日（年份不詳）；批局：新嘉坡祥泰隆信
局。（圖檔來源：僑批數據庫，網址：https://www.teochewletters.org/letter-covers）

再者，使用西式批封者主要多出現在新加坡、馬來亞及印尼等英屬和荷屬
國家。從現有僑批觀察，中式批封以清末至民國初期最為常見，民國中期至中
華人民共和國成立後則多見西式批封。西式批封多以當地國家語言書寫地址，
如新加坡為英文、馬來亞為馬來文，但亦寫上中文資訊，如下圖所示：

圖 8：西式僑批樣式

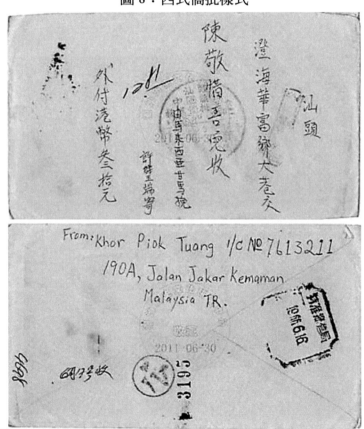

寄批人：許壁端；寄批地：馬來西亞登嘉樓；收批人：陳敬惜（兒）；收批地：澄海縣
華富鄉；批款：港幣叁拾元；時日：1966 年 6 月 16 日；批局：特准批信局。（圖檔來
源：僑批數據庫，網址：https://www.teochewletters.org/letter-covers）

另外，在 1950 年代則多見航空僑批，因為二戰結束後民航事業的發展取
代了舊時水陸郵路，而郵政局與金融業的發達亦多採用航空寄送。當然也不乏
以水陸傳遞僑批的批局，但航空往返傳遞相對快速，利用航空郵政寄信也逐漸
多了起來。直至 1970～1980 年代航空郵件乃取代傳統水陸寄送僑批之方式。

圖9：航空批信樣式

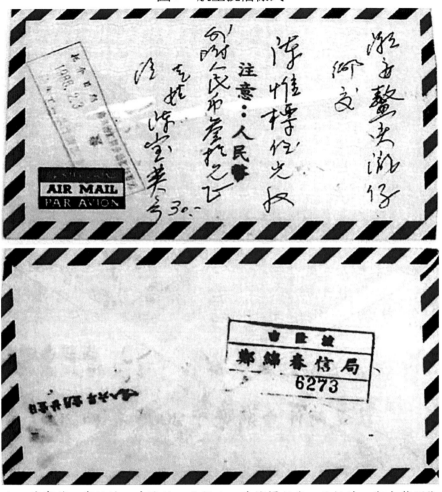

寄批人：陳寶英；寄批地：吉隆坡；收批人：陳惟標侄兒；收批地：潮安鰲頭鄉；批
款：人民幣叁拾元；時日：1986年2月3日；批局：鄭綿春信局。（圖檔來源：張美
生：《僑批檔案圖鑒》，頁195）

　　值得一提的是，新加坡潮幫批局有個創意，即在「封後附小封及箋」以便
回批。因潮幫批局考慮僑鄉家眷多處窮鄉僻壤之地，買信紙、信封極為不便，
故在華僑寄信時要求他們在批封後附上小封及箋，使收信人在收到批信後就
箋回復，「一方藉為收據，一方藉此通音問，其法甚善也。」〔註58〕此種方法
後來為其他批局所效法。對於僑眷回批之遞送為何？批局均以總包郵寄，並對
每一次的寄送備案登記，以防運送途中發生意外時，才能按號重新向僑眷補收

────────────────

〔註58〕陳漢初：〈僑批投遞：獨特的「海上絲綢之路」──以海峽殖民地時期新加坡
　　　　批局與汕頭等地的往來為例〉，《海邦剩馥：僑批檔案研究》，頁111。

回批。談及回批，以下為 1971 年 8 月 17 日批局催補回批通知單，因莫清云寄潮安鳳隴莫楚標之僑批，「寄交郵途失落祈另補」回批。此單乃僑批實物中少見之物，茲將呈附如下以作參閱：

圖 10：批局催補回文單

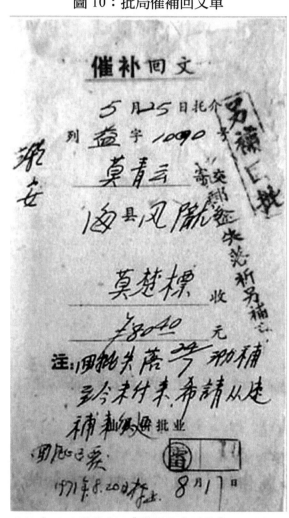

圖檔來源：張美生：《僑批檔案圖鑒》，頁 194。

　　此外，僑批封除了包含寄件人與收件人的資訊外，還含有大量的社會信息，如批局資訊、批款幣值、家族稱謂等。不同貨幣的使用亦可區分其寫批之年代，從清末至民國時期的銀元、港幣、人民幣等多種貨幣，在無法確認僑批年代時，可將批款的幣種估算該批之年代。以下將批款種類與寫批之年代作一整理如下：

表 2-6：批款幣種與寫批年代

貨幣種類	幣種別稱	年　代	備　註
銀元	英銀、英洋、鷹銀	1860～1932	—
	大洋銀	1923～1933	—
	龍銀	1919～1931	多指「光緒元寶」，以 1920 年代居多
	光洋、光銀	1927～1935	—
	大銀、大洋、銀	1920～1935	—
法幣	中央幣、中央票、中央法幣、中央銀票	1935～1941	—
	廣東法幣	1936～1937	廣東陳濟棠與蔣介石分庭抗禮發行之廣東法幣
	國幣、國票、中國幣銀	1935～1948	1939 年起，國幣為主要用幣，至 1942 年基本上都使用國幣之稱謂
儲備券	儲券、中儲券、新幣、新國幣	1942～1945	1942 年汪精衛政權發行之儲備券
金圓券	金圓、金券	1948～1949	中華民國政府通過翁文灝、王云五提出之貨幣改革
銀圓券	基數、大銀	1947～1949	國民黨南遷廣州後發行之貨幣，使用銀本位之貨幣
南方券	南方人民券	1949～1950	南方人民銀行發行之貨幣
港幣	港紙、港銀、香港幣、香港票	1949～	因金圓券與銀圓券流通價值不高，華僑只能使用港幣寄批
人民幣	人民券	1950～	中國人民銀行成立後發行之貨幣，乃中華人民共和國成立後唯一合法流通之貨幣
暗款	煙紙、芬紙、片、碼、門牌、餅乾、港丸、港米、白米、新米	1950～1988	1973 年起馬來西亞僑批已不再見暗款，其餘國家仍舊使用，而其中 75%來自新加坡

資料來源：楊劍：〈試析潮汕僑批斷代的意義及方法〉，《海邦剩馥：僑批檔案研究》，頁 191；曾旭波：《潮汕僑批業研究》，頁 92～117、172～179。

上表可見從清末至民國時期所使用之貨幣可謂繁多，而當中值得注意的是暗款的部分。誠如前文所言，暗款即暗批，其主要使用期間為中華人民共和國成立後至 1980 年代，乃南洋華僑受當地政府禁止匯款或條規限制而產生之對策。於此，華僑及僑眷配合批局所使用的暗語書寫批款，再透過中國銀行進行結匯

或解匯。此類暗批寄發國多為限制華僑匯款的新加坡和馬來西亞，是特定歷史時期所衍生的產物。僑批的特色之一乃其中所書寫的匯款金額，一般上以蘇州碼與阿拉伯數字兼用的形式存在，如蘇州碼的 丨、丨丨、丨丨丨、乂、〥、亠、〦、亖、攵、〇 對比阿拉伯數字 1 至 10，其書寫方式如丨丨丨〇〇〇元為 3 千元，以此類推。值得注意的是，在僑批常出現的現象是人們常以「大民」為「大銀」的簡筆字，是較為有趣的現象。

在徵集和出版層面而言，潮汕歷史文化研究中心成功收集近 3 萬封僑批，並於 2003 年至 2004 年出版了三輯《潮汕僑批萃編》，〔註59〕當中包含泰國、新加坡、馬來西亞、柬埔寨、印尼等。此外，2004 年 4 月中國汕頭市正式成立首家僑批文物館，〔註60〕並於同年 11 月舉辦了「首屆僑批文化研討會」。2005 年，研究中心理事長劉峰，特別邀請王煒中先生加入僑批研究工作團隊，同時為廣西師範大學出版社與研究中心建立合作契機。透過王煒中先生的謀合，2007 年研究中心與廣西師大出版社成功合作出版第一輯《潮汕僑批集成》。〔註61〕此後，在 2012 年與 2014 年中國「國家出版基金」項目叢書支助下成功出版第二、三輯，〔註62〕並且由廣東省檔案局推薦與申報為中國國家記憶遺產。

經由廣東、福建檔案局聯合向「世界記憶亞太地區委員會」提交了僑批檔案申報書，2012 年 5 月僑批檔案成功入選《世界記憶亞太地區名錄》，更於 2013 年 6 月成功列入「聯合國教科文組織」的《世界記憶名錄》（International Memory of the World Register），〔註63〕成為人類共同的記憶與遺產。這部由潮

〔註59〕潮汕歷史文化研究中心：《潮汕僑批萃編》第 1-3 輯（香港：公元出版有限公司，2003 年、2004 年）。

〔註60〕侯偉生報導：〈汕頭僑批文物館開館迎客〉，《人民日報海外版》2004 年 4 月 26 日，第 5 版。

〔註61〕潮汕歷史文化研究中心編：《潮汕僑批集成》第 1 輯（桂林：廣西師範大學出版社，2007 年）。

〔註62〕國家出版基金規劃管理辦公室：〈2012 年國家出版基金〉：2019 年 7 月 12 日，網址：https://www.npf.org.cn/web/zzxmList.html?id=1854&categoryId=52；〈2014 年國家出版基金〉：2019 年 7 月 12 日，網址：https://www.npf.org.cn/web/zzxmList.html?id=1856&categoryId=52（2021 年 5 月 14 日查詢）。

〔註63〕UNESCO, *Qiaopi and Yinxin: Correspondence and Remittance Documents from Overseas Chinese*. Accessed June 2013, http://www.unesco.org/new/en/communication-and-information/flagship-project-activities/memory-of-the-world/register/full-listof-registered-heritage/registered-heritage-page-7/qiaopi-and-yinxin-correspondence-and-remittance-documents-from-overseas-chinese/（2021 年 5 月 14 日查詢）。

汕歷史文化研究中心與廣西師範大學出版社合作的大型歷史文獻叢書，將過去個人分散的收藏狀態，耗時近 15 年完成了集中整理與公開出版的工作。同時，他們也著手建立「潮汕僑批數據庫」〔註64〕，將僑批進行數位化管理，以供各國學人研究，更奠定了華僑華人研究更加堅實的基礎。

　　《潮汕僑批集成》之特色主要為東南亞潮籍人士與中國親屬往來之僑批，尤以泰國、馬來西亞、新加坡為盛。此套叢書以各別家族之方式進行分冊，寄批時期主要為 1930 年代至 1970 年代，包含批封、批信、回批等。在編排次序上，《潮汕僑批集成》以現行中國潮汕行政區劃之縣、鎮、村、戶為序，另按各戶僑批數量多寡進行排列。為便於研究者利用，每冊均著有目錄，並依據信件收批地、收件人、寄批地、寄件人、批款、寄批時間等類別的形式著錄；相同寄批人之僑批，在著錄其次序上按照血緣關係、長幼大小，以直系親屬、旁系親屬進行編目與分類。截至目前以「僑批」為名出版的《潮汕僑批集成》，自 2007 年第 1 輯、2012 年第 2 輯、2015 年第 3 輯，2020 年第 4 輯，總計 139 冊 12 萬件僑批。因《潮汕僑批集成》所收錄馬來西亞與新加坡地區之僑批大部分為僑批封，書信內容或許因保存不當等因素而較少收錄其中，而呈現出觀察對象非常龐大的狀況。經整理《潮汕僑批集成》1-2 輯共計 72 冊，其餘詳細如下表：

表 2-7：《潮汕僑批集成》1-2 輯整理表

年份	卷　數	寄批地	收批地	備　　註
2007	第 1 卷	泰國、新加坡	澄海	鳳岭鄉、橫隴村；多數為泰國寄出之僑批
	第 2 卷	泰國、新加坡	澄海	鳳岭鄉；多數為泰國寄出之僑批
	第 3 卷	泰國、香港、馬來西亞	澄海	鳳岭鄉、橫隴村、里美鄉、湖心鄉；多數為泰國寄出之僑批
	第 4 卷	泰國、新加坡、馬來西亞	澄海	冠山鄉；含少數寄往新加坡之回批
	第 5 卷	泰國、新加坡、馬來西亞、印尼	澄海	冠山鄉、華富鄉、龍坑鄉、沙埧鄉、官湖鄉

〔註64〕方偉杉編輯：〈「潮汕僑批數據庫」在廣東汕頭開通〉，《中國新聞網》：2018 年 5 月 4 日，網址：http://www.gd.chinanews.com/2018/2018-05-04/2/395936.shtml（2021 年 5 月 14 日查詢）。

第 6 卷	泰國	澄海	圖濠鄉、本里鄉、渡頭鄉
第 7 卷	泰國、新加坡、馬來西亞、香港	澄海	圖濠鄉、本里鄉；多數為泰國寄出之僑批
第 8 卷	泰國、新加坡	澄海	南界鄉、紫林鄉、夏塘鄉、下陳鄉；多數為泰國寄出之僑批
第 9 卷	泰國、新加坡、香港	澄海	夏塘鄉；多數為泰國寄出之僑批
第 10 卷	泰國	澄海	林美鄉、仙門鄉、林頭鄉
第 11 卷	泰國、新加坡	澄海	斗門鄉、菊池鄉；多數為泰國寄出之僑批
第 12 卷	泰國、新加坡、馬來西亞	澄海	南蛟鄉、山邊鄉、龍田鄉；以新加坡、泰國為主，含少數寄往新加坡之回批
第 13 卷	泰國、新加坡馬來西亞、印尼	澄海	華窖鄉、鴻溝鄉；多數為新加坡寄出之僑批
第 14 卷	泰國、新加坡、馬來西亞、香港	澄海	前埔村
第 15 卷	泰國	澄海 饒平	後埔鄉、樟藉鄉、龍厝埔
第 16 卷	泰國	澄海 饒平	居美鄉、溪尾鄉
第 17 卷	泰國、新加坡、馬來西亞	澄海 饒平	店市鎮、前溪鄉、東山村、溝垯鄉、龍廈村；多數為泰國寄出之僑批
第 18 卷	泰國	澄海 饒平	後溝鄉、侯邦鄉
第 19 卷	泰國、新加坡	澄海 饒平	前溝鄉、西洋鄉、南溪鄉、鵲巷鄉；多數為泰國寄出之僑批
第 20 卷	泰國	澄海 饒平	大貢巷村、後溪鄉、渡頭鄉、路頭鄉、隴美鄉
第 21 卷	泰國、新加坡	澄海	后陳鄉、白沙宮村、枝梓美鄉、堤仔尾鄉
第 22 卷	泰國、新加坡、馬來西亞、	澄海	蓬牙鄉、大芽鄉、大衙鄉；多數為新加坡寄出之僑批
第 23 卷	泰國、新加坡、馬來西亞	澄海	富砂鄉、南社鄉
第 24 卷	泰國、新加坡、馬來西亞、香港	澄海	外砂中社鄉、蓬中鄉、東溪鄉、

	第 25 卷	泰國、新加坡、馬來西亞	澄海	上蓬華埔鄉、外砂鄉、蓬州城溪東鄉、
	第 26 卷	泰國、新加坡、馬來西亞、香港、印尼	澄海	蓮陽竹林鄉、蘇方都管隴鄉；多數為泰國寄出之僑批
	第 27 卷	泰國、新加坡、馬來西亞	澄海	程洋岡鄉、東前溪鄉
	第 28 卷	泰國、新加坡、香港、越南	澄海	蓮陽下社、蓮南鄉；多數為泰國寄出之僑批
	第 29 卷	泰國、越南	澄海	梅州鄉、銀砂鄉
	第 30 卷	泰國、新加坡	澄海	南砂鄉、下岱美鄉、仙市鄉、上埭鄉；多數為泰國寄出之僑批
	第 31 卷	泰國	澄海	月窟鄉、樟林東社、樟林南社；含少數寄往泰國之回批
	第 32 卷	泰國、新加坡	澄海	樟林西社、東隴鄉；多數為泰國寄出之僑批
	第 33 卷	泰國、新加坡	澄海饒平	隆城鄉、梅隴鄉；含少數寄往新加坡之回批
	第 34 卷	泰國、新加坡、馬來西亞	澄海	東湖鄉、外埔鄉、縣城關鎮；多數為泰國寄出之僑批
	第 35 卷	泰國、新加坡、香港	澄海	東隴鄉、東里鄉、樟林、南美鄉、漁洲鄉
	第 36 卷	泰國、新加坡、馬來西亞	澄海	金砂鄉、港口鄉；多數為新加坡寄出之僑批
2012	第 37 卷	新加坡、馬來西亞	潮安	東鳳鄉
	第 38 卷	新加坡、馬來西亞、越南	潮安	東鳳鄉
	第 39 卷	泰國、新加坡、馬來西亞	潮安	東鳳鄉；含少數寄往新加坡、馬來西亞之回批
	第 40 卷	泰國、新加坡、馬來西亞	潮安	東鳳鄉；多數為新加坡寄出之僑批
	第 41 卷	泰國、新加坡、馬來西亞	潮安	東鳳鄉
	第 42 卷	泰國、新加坡、馬來西亞	潮安	東鳳鄉；多數為新加坡、馬來西亞寄出之僑批
	第 43 卷	泰國、新加坡	潮安	鯤江鄉；多數為泰國寄出之僑批
	第 44 卷	新加坡、馬來西亞	潮安	鯤江鄉

第45卷	泰國、新加坡、馬來西亞、印尼	潮安	鯤江鄉
第46卷	泰國、新加坡、馬來西亞、柬埔寨、印尼、香港	潮安	鯤江鄉；多數為新加坡、馬來西亞寄出之僑批
第47卷	新加坡、馬來西亞	潮安	禮陽鄉
第48卷	新加坡、馬來西亞	潮安	禮陽鄉
第49卷	新加坡、馬來西亞	潮安	禮陽鄉；含少數寄往馬來西亞之回批
第50卷	泰國、新加坡、馬來西亞、香港	潮安	博士林鄉；多數為新加坡、馬來西亞寄出之僑批，亦含少數寄往新加坡、馬來西亞之回批
第51卷	泰國、新加坡、馬來西亞、印尼	潮安	博士林鄉、鰲頭隴仔鄉
第52卷	泰國、新加坡、馬來西亞、香港	潮安	仙橋村；多數為新加坡、馬來西亞寄出之僑批
第53卷	新加坡、馬來西亞	潮安	詩陽鄉、西洋鄉；含少數寄往新加坡之回批
第54卷	新加坡、印尼	潮安	詩陽鄉、西洋鄉、龍甲隴鄉、大巷鄉、大寮鄉、莊西隴、竹修鄉
第55卷	新加坡、馬來西亞	潮安	橫江鄉
第56卷	泰國、新加坡、馬來西亞、印尼	潮安	橫江村；多數為新加坡寄出之僑批
第57卷	泰國、新加坡、馬來西亞、香港	潮安	橫江鄉、資國院鄉、文路鄉、鰲頭鄉；含少數寄往泰國之回批
第58卷	泰國、新加坡、馬來西亞	潮安	鰲頭鄉；多數為新加坡、馬來西亞寄出之僑批
第59卷	新加坡、馬來西亞、印尼、越南	潮安	鰲頭鄉
第60卷	泰國、新加坡、馬來西亞、印尼	潮安	鰲頭鄉
第61卷	泰國、新加坡、馬來西亞、印尼	潮安	鰲頭鄉；多數為新加坡、馬來西亞寄出之僑批，亦含少數寄往新加坡之回批
第62卷	新加坡、馬來西亞	潮安	金砂鄉
第63卷	新加坡、馬來西亞、汶萊、香港、柬埔寨	潮安	金砂鄉；多數為新加坡、馬來西亞寄出之僑批

第 64 卷	新加坡、馬來西亞、汶萊	潮安	金砂鄉；多數為新加坡、馬來西亞寄出之僑批
第 65 卷	新加坡、馬來西亞、印尼、汶萊	潮安	金砂鄉
第 66 卷	泰國、新加坡、馬來西亞、印尼	潮安	金砂鄉
第 67 卷	新加坡、馬來西亞、香港、印尼	潮安	金砂鄉、水尾鄉
第 68 卷	泰國、新加坡、印尼	潮安	華美鄉；多數為新加坡、印尼寄出之僑批
第 69 卷	泰國、馬來西亞、新加坡	潮安	華美鄉、仙樂鄉多數為新加坡、馬來西亞寄出之僑批
第 70 卷	泰國、新加坡、馬來西亞、香港	潮安	華美鄉、仙樂鄉
第 71 卷	泰國、新加坡、馬來西亞、印尼、越南、香港	潮安	宏安鄉多數為新加坡、馬來西亞寄出之僑批
第 72 卷	新加坡、馬來西亞	潮安	宏安鄉

資料來源：潮汕歷史文化研究中心編：《潮汕僑批集成》第 1～2 輯（桂林：廣西師範大學出版社，2007 年、2012 年）。

透過當中的內容整理，可以發現其所涉及的國家有泰國、新加坡、馬來西亞、印度尼西亞（印尼）、香港、越南、柬埔寨等地。若以國家進行分類，《潮汕僑批集成》中新加坡之部分共有 64 冊；泰國 56 冊；馬來西亞 48 冊；印尼 16 冊；香港 16 冊；越南 5 冊；汶萊 3 冊；柬埔寨 2 冊。當中，第 1 輯主要所收集之僑批多出自於泰國，其次為新加坡和馬來西亞；第 2 輯則多源於新加坡和馬來西亞所寄出之僑批，而其收批地則以澄海和潮安為主。

經過前文的分析，筆者認為僑批展現的價值主要有三：一、與庶民文化有關；二、與金融經濟有關；三、與歷史記憶有關。書信的撰寫是以個人經驗、家族故事與周邊環境的事件為內容，亦是庶民生活當中最為常見的載體。這種載體具體反映了人們對社會生活與歷史事件的觀察與參與，也傳達了過往潮僑下南洋的生活經驗。僑批作為紙質媒介，其承載的信息量非常廣泛，如筆者翻閱《潮汕僑批集成》時，發現其中不乏新馬潮人與僑鄉間的故鄉軼聞、生活瑣憶、節慶禮俗等內容的記敘。這些內容真實反映了人們的生活軌跡，如民俗活動的參與和思想觀念的體現，也直接反映了僑居地語言、文化的流動和滲

透，呈現一種跨越國家與地域的文化交流，進而形塑現今新馬潮人的民俗文化。較之於官方文獻或史書中對於新馬潮人之記載，潮汕僑批無疑是庶民百姓共同記載的另類民間文獻，自有其作為研究新馬華僑華人的價值。

同時，僑批也展現出近代新馬華僑對中國僑鄉經濟，乃至是中國金融的發展有著重要的推動作用。潮人對家鄉的愛國意識與懷鄉情感，誠如捐款抗戰、建設僑鄉和鄉土教育之貢獻。僑批中保留的人事經濟活動，既有土地買賣、物價變動、債務問題等直接與市場活動有關的記錄，對於近代金融和貨幣研究也有著重要的價值。當中所涉及的僑匯往來，批局發展的延伸，其中牽涉的人事物之間的關係非常複雜。其經濟價值在於透過大量匯款以及金融交易的模式，促進了南洋與中國的發展。僑批的匯款，是眾多僑鄉眷屬賴以生存的經濟來源，如同陳達所言：「在華僑的家鄉，凡家庭的生活費，以及教育、衛生、信仰的各種費用，當然不全賴匯款，但匯款卻占一個極重要的位置。」〔註65〕對研究中國潮汕與新馬金融經濟關係具有重要依據。

作為中國與南洋兩地的溝通媒介，僑批是無數華僑先輩親歷其中的歷史記憶。舉凡代寫寫家書款項的寫批人，投寄分派僑批的批腳，運送僑批總包的水客，這些與僑批有關的寄送過程，都展現了華僑與僑批緊密相連的關係。無論是人與人的關係（華僑與僑眷、華僑與寫批先生、華僑與水客），人與物的關係，還是人與國家的關係（時局變動與國家政令），都彰顯了僑批的歷史價值。僑批的價值還包括其批封留下的各種文字信息，為我們了解僑批和回批遞送的過程提供了參考價值。對於近代中國與南洋郵政發展歷程之研究，也是不可多得的研究材料。如同《潮汕僑批集成》所收集的僑批，這一封封的信件都有具體的時間、地點、收寄件人關係的準確記錄。通過細緻的分析，亦能從中發現家庭或家族的歷史脈絡，重構家族生活的內在關係。

其次，筆者認為僑批內容中所反映的傳統文化、思想觀念、民間習俗等，是僑批研究的核心價值之一。《潮汕僑批集成》中所建構的民俗觀念，主要可分為生命禮俗、生活習俗和民間信仰三大部分。從生活到生命，以及信仰層面的內容，反映了潮人從物質層面至精神層面的民俗觀念。這種由下而上的民俗觀念，得以讓身處他鄉的華僑在面對其他種族文化的同時，始終保持著其民俗之根本。誠如歲時節慶的春節、元宵、清明、端午、中元、冬至等，在僑批當中均表現出新馬潮人對節令和傳統節日的重視與傳承。因華僑身處南洋，其生

〔註65〕陳達：《南洋華僑與閩粵社會》，頁100。

活環境自然與中國大陸有著顯著的差異，而這些差異正是由自然環境和人口等因素所構成的，所以其民俗文化的傳承與觀念自然也隨之改變。從飲食至生活的需求，都將改變他們對傳統民俗的認知與態度。在吸收西方文化中的優異，摒棄中國傳統民俗中落後的部分，這些接納與摒棄唯有在多元共存的環境中才能達成，這也正是僑批體現出人們的多元和包容。

第三節　小結

　　本章從僑批與批信局之起源談起，從水客在南洋的活動和商號之間的合作關係，進一步論述商號與批局的經營，以及潮幫批局在中國與南洋的發展與擴大。在此基礎上，進一步探析有關新加坡和馬來西亞潮幫批局的發展脈絡，以戰前戰後的分類方式考察新馬潮幫批局的運營與流變。透過對潮幫批局之發展脈絡有基本的瞭解後，從而談論潮汕僑批與《潮汕僑批集成》的概況與其特點，進而說明其價值與研究之意義。僑批的問世促成了中國和南洋僑批局的發展，而僑批業的發展過程，與水客、商號、批局三者有關。潮汕地區的華僑自移民南洋以來，從原來的暫時性居留到後來的定居，其歷史進程與發展所涉及的是數以千萬計的僑民。當中，多以文盲和勞工為主要群體，他們在無法自行處理每月或數月一次的家書與匯款，於是水客、批局即以承包辦理通信匯款的方式，提供了一套完善的服務。其中以此發家的商號不在少數，而更多的是依靠僑匯謀取利潤，以進行貿易的商家也不少。凡有華人聚居之地，便有專屬批局之出現，此類批局除少數專營者外，分別以雜貨店、商號、客棧、錢莊為中心，透過水客穿行於僑鄉及南洋之間，建立早期的通訊系統。雖然各家批局隸屬不同幫派，然其服務方式從批款、分派僑批至回批的處理，卻大體一致。

　　批局既為民間經營之信局，自然也在官方郵政體系創興後，勢必遭到取締的對象。在歷經南洋中華總商會與匯兌業公會多次與官方機構的協商，在考量南洋華僑特殊情況之下，究其與中國民間通訊事業之條件，為便利華僑匯款，國營郵政終在取締民信局之法規外，比照南洋各國之寬容政策，凡依法註冊之批局，准予繼續經營的資格。然而，中國在面對日軍侵略的當下，南洋各地亦難遭倖免。新加坡與馬來亞紛紛淪陷為日本攻佔之版圖。日軍下令將其更名為昭南島，並嚴加管控華僑匯款的申請與輸出過程。在面對如此惡略的情況下，批局經營者想方設法開闢了一條新的匯路，東興匯路的開通使得僑批與僑匯

得以輸出，並順利傳送至中國汕頭。這也是前人勇於嘗試與冒險的精神，但是在抗戰期間所能輸送的僑批與僑匯是相對甚少的。

在日本宣告投降之後，南洋批局的復興與變相的發展，以及官方政府對僑匯的管控，使得當地批局衍生出明暗批的寄送方式，進而出現逃避僑匯等問題。後來，投機的商人更是利用經營批局之名，與黑市進行私下的匯兌作業，從中謀取厚利，亦是當時批局林立之原因。為了妥善解決批局氾濫與僑匯問題，當地政府亦採取了相對強硬的政策，如限制回款數額，匯款流程的嚴加把控等措施，以及批局營業執照的申請條件。在中國方面，為吸收南洋的匯款，中國政府採取配合態度，支持華僑以明暗批的方式進行匯款作業。此後，中國銀行與郵政的發展，亦使得潮汕批局正式收入國營體系，而人們對銀行與郵政所帶來的便利與保障，使得民間經營之批局深受打擊。

隨著時代的變化，郵政與銀行體系的完善，使得批信業逐漸開始萎縮。在1949 年中華人民共和國的成立，以及後來馬來西亞與新加坡的相繼獨立，使得華僑身份認同與人口結構的改變，是直接影響華僑寄送僑批與僑匯的主要原因。在陸續取得當地國籍之後，華僑與中國僑眷之關係也變得疏遠，在溝通聯繫方面也逐漸顯得不再重要。於此，作為服務華僑傳遞書信與匯款的批局便無存在之必要，跟隨之從華人社會中匿跡銷聲。雖然如此，在這近百年中存留下來的僑批，是華僑先輩在如此複雜的環境中產生的民間文獻。誠如前文所述，這些文獻的徵收、整理、出版，將進一步豐富我們研究潮汕文化，對於研究華僑華人歷史、文化、民俗、經濟、社會、移民、金融、郵政以至中國與東南亞之關係，皆具重要的史料價值。

第參章　潮汕僑批與潮人生命禮俗之探究

　　中華傳統文化的根本在於其淵源流長的禮俗生活，從禮俗、禮制、禮儀皆有其完備的形式。「禮」或稱「禮樂」、「禮儀」、「禮俗」，「是人們世代相傳的生活經驗的累積與實現，其起源相當的古老，以成熟的禮儀動作與語言來傳遞集體共有的經驗、感情、知識與信仰。周公的制禮作樂，是古老禮儀文化的集大成與制度化，將古代的宗教禮樂文化與生活習俗全部納入到政治結構之中，發展出以禮治國的文化傳統。」〔註1〕一切風俗習慣與文化活動皆在社會群體的日常生活中形成，如同傳統世家大族到庶民生活，禮儀與民俗的結合形成人們社會生活的一套準則。

　　生命禮俗或可稱之為「生命儀禮」、「人生儀禮」，是以人的一生為循環，延伸為生命漸進過程中的儀式。在鍾敬文的《民俗學概論》中如此解釋：

> 人生儀禮是社會民俗事象中的重要組成部分。每一個人之所以經歷人
> 生儀禮決定因素不只是他本人年齡和生理變化，而且是在他生命過程
> 的不同階段上，生育、家庭、宗族等社會制度對他的地位規定和角色
> 認可，也是一定文化規範對他進行人格塑造的要求。因此，人生儀禮
> 是將個體生命加以社會化的程序規範和階段性標誌。〔註2〕

對於人生儀禮的觀察與研究，其認為中國的人生儀禮與世界上其他國家和民族有著不同之處，又因自身環境之複雜性而呈現出豐富的形態。

〔註1〕 謝謙：《中國古代宗教與禮樂文化》（成都：四川人民出版社，1996 年），頁 94。
〔註2〕 鍾敬文：《民俗學概論》，頁 156。

在中國古代文獻中與生命禮俗有關之記載，如《禮記・昏義》云：「夫禮始於冠，本於昏，重於喪祭，尊於朝聘，和於射鄉，此禮之大體也」〔註3〕，所謂「禮之大體」皆與生命歷程有關。這種生命歷程形成人一生主要的生命階段，即出生、成年、結婚、死亡。每個生命週期，人們都設立了相關儀式典禮，進而強化生命的意義與價值。「始於冠」就個體生命而言，冠禮代表了個體生命的成長，又稱成年禮。從出生到成年繼而步入婚姻，象徵了新的開始。在生命流逝的過程中迎來死亡，藉由喪禮讓生命的終結有了意義，故謂「重於喪祭」。至此，生命禮儀的操作得以幫助人們面對生命中的「事生」與「事死」，獲得對「生」至「死」的安頓，進而肯定生命存在的意義。

其次，在《中國傳統生命禮俗》一書中提及有關「生命禮俗」的定義：

> 「生命禮俗」這個詞彙起源很晚，近幾十年才普遍開來。即涉及到人生重要轉折階段的禮俗，為了和生活禮俗區別，而稱之為生命禮俗。此詞的創造明顯受到西方人類學概念的影響，即「過渡儀式」或『過渡禮儀』的概念，其定義為：「是禮節性活動，在有歷史記載的社會中，它標誌著從一種社會或宗教地位向另一種社會或宗教地位的過渡。」這定義充滿西方色彩，因為歐美的文化，宗教氣息非常濃厚，對虔誠的家庭而言，宗教是「從搖籃到墳墓」的事。人的一生「從搖籃到墳墓」，莫不與宗教相關。在中國，宗教意味相對比較淡，並不會和大部分人有什麼深入關係，所以宗教地位的問題我們略過不談。至於「人類學者認為這種禮儀有一定的社會、文化和心理學方面的意義」我們試著舉例予以闡明。〔註4〕

生命禮俗是非常重要的儀式活動，包括個人在生命歷程中進入不同階段而舉行的儀式。人的一生分為幾個重要的關卡，如出生、成長、結婚、死亡等，皆是人們為求平安，在通過每個生命「關口」時都有其對應之禮儀。「從搖籃到墳墓」表示人從出生到死亡皆與禮俗息息相關，這些儀式成為人們世代相傳的禮俗文化。

生命禮俗是人類生命歷程中的禮儀和風俗，而對於華人社會文化中，生命禮俗的實踐是一個重要的課題。對於生命歷程的理解和發展，乃至是對生命的

〔註3〕〔漢〕鄭玄注，〔唐〕孔穎達疏，李學勤主編：《十三經注疏・禮記正義》下冊，卷61（北京：北京大學出版社，1999年），頁1620。

〔註4〕葉國良著：《中國傳統生命禮俗》（臺北：五南圖書出版股份有限公司，2014年），頁4～5。

尊重，將有助於我等在這些儀式的進行中不斷學習與傳承。然而，生命禮俗對於生長在馬來西亞與新加坡的華人而言應該並不陌生，因為每個人的生命歷程中都會經歷豐富的生命禮俗。在每一個生命週期和成長階段，自出生、成年、結婚到死亡，華人、馬來人、印度人等各大民族皆有其相關的儀式與習俗可以遵行。換言之，新馬潮人社會的生命禮俗，主要仍傳承於中國傳統禮儀的延續與俗化，形成具有民族色彩的禮俗實踐。於此，為了能夠深入瞭解生命禮俗的實踐與意義，本文將分別介紹生命禮俗中的出生禮、婚禮、喪禮，作為考察僑批中有關新馬潮人及其家眷之生命禮俗。

第一節　誕生禮俗：生命的傳承

在生命禮俗中普遍遵循且重視的第一個人生禮俗，便是誕生禮俗。在早期農業社會，家族的繁衍與人口數量的多寡反映了家族勢力的發展，使人們尤為重視傳宗接代的目的。華人傳統觀念認為婚姻主要的目的乃繁衍後代，而且受到「不孝有三、無後為大」倫理觀念的影響，使得「早生貴子」、「多子多福」的觀念受到重視。誕生禮俗便是在這種傳統文化的意識形態下形成。「一個嬰兒剛一出生，還僅僅是一種生物意義上的存在，只有通過為他舉行的誕生儀禮，他才獲得在社會中的地位，被社會承認為一個真正意義上的『人』。」〔註5〕於此，誕生禮俗的意義在於向人們宣佈家族成員的增添，同時為新生嬰兒祈求福氣，並且象徵生命的傳承與延續。

新生命的誕生標誌著人生旅程的開端，出生禮儀便隨之開始。然而，懷胎生子是一個漫長的過程，一個新生命的孕育、出生、生成更是一件不容易的事情。在求子及懷孕階段，因早期醫療及衛生品質不發達，為保護孕婦能順利誕下胎兒，禮俗中往往包含了許多的禁忌內容，如忌動土、忌修房、忌喪事、忌孕婦房中不可敲打釘子等。此外，民間亦流傳一套說法：孕婦愛吃酸生男，愛吃甜生女；肚尖生男，肚圓生女；孕婦勤快是男胎，慵懶為女胎。〔註6〕至於小孩呱呱落地後，賀誕這個階段就有較多的儀式進行，如剃髮、命名、滿月、百日、周歲、抓周等。誕生禮俗，並非只與嬰兒的出生有關，還包括其父母在懷胎前至生產後的各個階段，一般包含求子、懷孕、賀誕三個階段，而以慶賀生子為中心。

〔註5〕鍾敬文：《民俗學概論》，頁158。
〔註6〕邱文學、葉寶蓮：《潮州民俗：傳統節日和禮俗》（新加坡：新加坡潮州總會，2019年），頁23。

一、賀誕報喜

　　潮人對於誕生禮俗尤為看重，認為嬰兒的誕生是家庭乃至是家族中的喜事，故將懷孕稱為「有喜」、「有身份」。自古懷胎十月迎接新生命降臨時，人們在歡慶新生命誕生之餘，也須告知鄰里，此謂之「報喜」。古人以弓、帕來辨別男女之出生，如《禮記・內則》曰：「子生，男子設弧於門左，女子設帨於門右。三日始負子，男射女否。」〔註7〕因古代有男左女右之別，以弓懸掛於左，並且弓箭乃象徵男性之器具，意為志在四方；帕則懸掛於右，是女子隨身佩戴之貼身物件，期許女子隨時抹除污穢之物，意為勤於家務的象徵，古人便是如此告知家中嬰兒性別。

　　在潮人禮俗中，當嬰兒出生時要到親友鄰居家報喜，親友以紅雞蛋回禮以示賀喜，稱「吊卵」。生男孩要送親友甜麵湯，生女孩則送甜湯圓。到岳父家報喜時，則送石榴花及糖果餅食等，生男孩稱為「報添丁」，生女孩則稱「報添口」，以此告示親友。岳父家則需要準備肉、蛋、糯米和紅糖等作為回禮，女婿則需回贈糖餅。〔註8〕嬰兒出生第三天還要請長輩喝三朝酒，尚有些地方會以艾葉、柚葉、老薑煮湯為嬰兒洗澡驅風，稱為「洗三朝」。洗三，是家庭慶賀添加新成員的儀式，也是標誌新生命脫離母體降生人世的象徵性儀式。〔註9〕在產後七至十二天有「上臘」的儀式，潮人稱此為「腔臘」或「坐月子」。嬰兒與產婦在此階段需要特別照顧，避免吹風、沐浴、勞作、出門露面等，以免影響嬰兒與產婦的休息。產後至滿月尚有「過臘」儀式，通過這個儀式象徵母子平安度過危險期。慶賀滿月前，尚需替嬰兒舉行報丁、取名、理髮、拜公婆等禮俗活動。做滿月禮的另一層意義乃小孩第一次接觸世面，並且先以家中祭祖祀神，向祖先說明家中添加新成員，然後再與親友見面。

　　誕生禮俗中還有一項重要的儀式，便是嬰兒滿月後至一百天所舉行的慶賀儀式，稱為「百日」。潮人給嬰兒製百家被，穿百家衣，戴百家鎖之習俗，父母會向鄰里親友收集一些布料，並將其製成百家被送給小孩，寓意納百家之福，有眾人愛護之義。最後一個儀式便是周歲，亦可看作是小孩誕生禮俗的最後一個高潮。除了與滿月、百歲一樣辦酒席慶賀之外，這個禮俗亦有檢驗小孩

〔註7〕〔漢〕鄭玄注，〔唐〕孔穎達疏，李學勤主編：《十三經注疏・禮記正義》中冊，
　　　卷28，頁860。
〔註8〕陳友義：〈潮汕民間生育習俗及其文化審視〉，《南方職業教育學刊》第5期（2013
　　　年9月），頁74。
〔註9〕鍾敬文：《民俗學概論》，頁163。

未來天賦與前途之「抓周」儀式。在此儀式中準備各式物品，如書籍、聽診器、計算機等，任小孩選擇。人們相信，小孩所抓到的第一件物品就代表了其日後的志趣所載。「『抓周兒』測驗屬於占卜一類，本不可考，但作為一種儀式或娛樂方式反映出家長和長輩人（們）望子成龍的心情。」〔註10〕以上所述主要反映出潮人對生育現象的認知，以及對新生命的呵護與重視。

　　從潮汕僑批中，筆者發現新加坡與馬來亞潮人與僑眷對於誕生禮俗的相關記載。其中年代最早為 1920 年代，至 1970 年代尚可見潮人對於家族成員的誕生禮俗。從這些僑批中可以發現海外潮人社會與親族之間對新生命誕生的操作，以下所引僑批原件按其標點符號與斷句標示，字跡模糊或難以辨認之處均以□代之，並推算其農曆時日為國曆俾利後續閱覽。

　　1. 1928 年 2 月 29 日新加坡陳集軒寄潮安東鳳鄉母親談及家嫂誕下女兒一事：

　　慈親大人至尊前鈞安：

　　　　敬稟者，昨接來諭藉知全家平安為慰。大人玉體念卜康健否。吾嫂產下女兒皆由命理註，就非是吾父親之風水所累及也。古人說不怕老年仔，只欲命根長為要。希望母親切勿過濾，若欲叫吾大兄回塘修理處墓亦著戰事收息。希大人切勿掛乎。塘山米粟高貴以及倭奴□□境此亦無辦法帶人就是。但兒每家批是多或少不敢斷絕，希大人賜罪。上日吾三兄寄去一信在慶學叔□內抹出多少作船租，兒無對他云及，固學叔與今兄二人於□量兒亦與對今兄云及，吾兄來信收妥。此令兄示信吾兄□□到來見信之時，叫吾兄再寄一字放兒批，內對他云及□鄉寄去胞嫂刻下產育否，以及士福甥今年在仸□方教書。希望切勿回音示曉。茲逢輪便呈上國幣三〇元查收，餘無示稟。

　　敬請　福安

　　兒　集軒

　　戊貳月初九日〔註11〕

　　2. 1930 年 9 月 1 日新加坡陳集允寄潮安東鳳鄉向母親報喜誕下一女孩：

　　慈親大人尊前福安：

　　　　稟者，接來回批云事均詳，肖在契約初八夜得一女孩，特此告

〔註10〕鍾敬文：《民俗學概論》，頁 164。

〔註11〕潮汕歷史文化研究中心編：《潮汕僑批集成》，第 2 輯卷 37，頁 442。

知。茲奉上洋艮貳元，到時查收，餘容後稟。腹痛七點十一個字，
生出世八點十個字生，向掛命先生得一個時日，下信詳明回批可也。

鈞安

肖　集允　媳　林氏

庚七月初九日〔註12〕

3. 1954年9月20日新加坡王秀枝寄東溪鄉母親談及妯娌產下男兒，取名
並買銀牌掛平安一事：

慈親大人膝下：

敬稟者，前接來回示，披誦之下，諸務領詳。內云媳婦產下男孫一
事，使兒等聞之十分喜慰，囑媳婦須當小心撫養為要。孫兒取名也
來回音示知。成宗弟近來豈有批信到家甚為掛念。在兒方面，自從
去年接得大人來信知道，父親大人仙遊之後，即寫一信並夾叻幣拾
元寄與成宗弟以為父親做紙之用。至今一年不見回覆，順此稟知。
另者，近因手頭拮据以致忘記吾親大人壽誕，今天方才記得，故修
寸稟並奉上港幣貳拾元，到時查收。拾元補祝大人壽誕，拾元給孫
兒買銀牌掛平安，餘候後稟，跪請福安。

婿　朝綱　女　秀枝　稟

甲午年八月廿四日〔註13〕

4. 1955年5月6日馬來西亞陳和武寄潮安東鳳鄉二嬸說明東甲三叔父之
子誕下男兒：

二嬸母大人尊前：

敬啟者，外去港幣貳拾元，到時查收。諒必大人合家平安否？
東甲三叔父仔鏡河在一九五三年結婚，五四年產下一男兒，順此告
知。另者，細嬸在五四年一對黃牛被椰樹倒死，現時生活困難。蓮
真塘中談及厝屋一切到知，細嬸問候家富腳諒必痊愈也。內抹出六
元與真撈妹也，又抹二元與瑞瓊，又抹二元佩姍，又二元與木樹嬸，
又抹二元與弟家祺，又抹二元與德下弟。餘者存四元與嬸母茶果也，
餘言後敘。

並祝　近安

〔註12〕潮汕歷史文化研究中心編：《潮汕僑批集成》，第2輯卷37，頁140。
〔註13〕潮汕歷史文化研究中心編：《潮汕僑批集成》，第1輯卷24，頁451。

　　　　侄　陳和武寄

　　　　一九五五年五月六日〔註14〕

　　5. 1979 年 1 月 3 日馬來西亞巴生蔡光流（父）寄澄海程洋岡鄉蔡金錢（兒）說明男孫定親，女兒生下一男孩等事，並回憶起為兒子蔡金錢接生時「割臍帶」一事：

　　　　金錢吾兒收知：

　　　　　近日接閱來信，藉知一切，關於鄰居釧嫂要介紹她的媳婦之胞妹，與男孫定親一事，聞之甚為歡喜。最重要的，體質好，而無缺陷者，還要雙方同意，我十分讚成。現在先行訂婚，候待經費夠用之時，正行結婚，不過結婚一切費用，最少和最簡便，要多少切先通知，以便預備。

　　　　　在向你的第二妹現在生男或女，她於十月廿七日誕生男孩，初生之時，重量有七磅多，現在十幾磅，身體強健，□□飼養。我偕你的母親於十一月十七日，搭飛機前往新加坡探視，甚為欣慰。提及你的生日，是在何時，是在農曆十月十八日夜間丑時（即十月十九日晨）。當時是我親身為你割臍帶，至今我仍記得。

　　　近來我的身體有點不適，於九月底至十二月份，進住醫院三次，於十二月十五日才出院，花費不少。所以未能捷寄家批，照顧家眷。茲寄去港幣肆佰伍拾元，內抹伍拾元偉媳婦及男女孫作腰金之用。又抹捌拾元，以作大男孫定親之用（此項是你母親寄給大男孫的）再抹肆拾元交與大孫女，母子過年之用，餘者留作資助家費過年。

　　　敬致　即詢

　　　近好

　　　父　蔡光流

　　　1979 年一月三號筆〔註15〕

從中可見新馬潮人家庭對誕生禮俗的傳承與態度，如第一例誕下女孩而牽連或怪罪父輩風水的母親，可見其觀念依然是傳統宗族社會中以男為尊，重男輕女的倫理觀。第二例的報喜；以及第三例為嬰兒買銀牌是指滿月禮為求小孩平安之物；第五例向兒子報喜以及割臍帶的接生禮，以上皆展現出人們對新生兒

〔註14〕潮汕歷史文化研究中心編：《潮汕僑批集成》，第 2 輯卷 40，頁 169。
〔註15〕潮汕歷史文化研究中心編：《潮汕僑批集成》，第 1 輯卷 27，頁 391。

的關懷與祝福，而最大的目的莫過於報喜與祝福。

值得一提的是，據筆者的調查發現現今馬來西亞潮人在為嬰兒理髮是以全株青蔥伴剃刀做剃頭狀，過後還需將此株青蔥種入土地，祝願小孩未來能聰明伶俐。一般在滿月禮時，由外婆為外孫剃掉頭上胎毛，送上由外婆準備的新衣新鞋、手鐲、金銀項鏈等，以祝賀嬰兒滿月，更有保佑小孩平安長大、長命百歲之意。「潮人在小孩滿月還有一個『剃頭蛋』的儀式，是將全熟的紅雞蛋輕敲小孩的額頭，並用黑線（替代頭髮）將蛋切開，並在蛋上撒上黑糖分給家中小孩吃。」[註16] 取其「紅頂」、「升官」之意。

二、命名習俗

在新生兒滿百日或滿周歲時，無論是早期或現代社會，取名都是尤為重要的事。《禮記・曲禮上》曰：「名子者不以國，不以日月，不以隱疾，不以山川。」[註17] 古人在命名時對君王、國家、日月、山川等皆有所避諱。其中緣由乃考量所取之名為小孩將來所帶來的福禍，更是為了避免日後被人譏笑。正如古人所言：「古者，名以正體」[註18]，一人之名乃其稱謂也，用以正名分者尚需符合其本體。現今取名雖不避諱，但一般多以吉祥、喜慶或寓意美好之詞彙，或蘊藏期許的用字為小孩取名。在民間通常由父親或長輩為小孩取名，而且多以小名喚之，小名也稱作乳名。在 1971 年 9 月 3 日的《新明日報》中報道過一篇有關華人命名的報導，其中提及：「在鄉下，小孩出世後，先取乳名，什麼阿貓阿狗，越是膝下無嗣添丁的父母，小孩的乳名一定擇最難入耳的命名。鄉下人相信越低賤的動物，生命越長，而且可以經得起捱。阿犬小名，就是因為狗是賤骨頭，不須嬌生慣養的加以寵愛。」[註19] 在早期社會，因醫療衛生設備不普及而多有夭折的小孩。為了能順利撫養長大，小名通常會取得隨意或刻意粗俗一些。因為人們相信賤名易養，故而多取粗俗之名。至此，我們可以從僑批中觀察當時潮人對於取名一事的現象。

[註16] 受訪者：張月暄，地點：馬來西亞檳城大山腳，祖籍潮陽縣谷饒鎮，2020 年 1 月 10 日。

[註17] 〔漢〕鄭玄注，〔唐〕孔穎達疏，李學勤主編：《十三經注疏・禮記正義》上冊，卷 2，頁 55。

[註18] 〔梁〕顏之推原著，程小銘譯注：《顏氏家訓》卷 2（臺北：臺灣古籍出版社，1996 年），頁 80。

[註19] 孔言：〈閒話「命名」〉，《新明日報》1971 年 9 月 3 日，第 8 版。

1. 1931 年 7 月 30 日新加坡陳集允寄潮安東鳳鄉慈親說明侄兒與女兒取名之事：

　　慈親大人尊前福安：

　　　　稟者，茲逢便奉上洋艮四元，到時查收以應來月大人壽誕之期。但二弟時常有信札來往，且勿介念。二弟住址火車路，地名曰昔加目坡名，雖隆□□友人□原待之小侄兒取名，兒有通信叫集亮做，勿與人相同，諒他近後通信到塘山稟知，小女做名叫做舜琴可也，餘容後稟。鈞安

　　兒　陳集允

　　辛六月十六〔註20〕

2. 1952 年 9 月 28 日新加坡宋嘉銳寄冠山鄉母親，得知近來家鄉發生掠奪案件，並向母親說明其女八字中欠木，故取名愛梅：

　　慈親大人尊前：

　　　　敬稟者，茲承批局帶來回音一札，開讀內云等詳具已奉悉矣。但此次鄉中致生兵禍劫掠財產一事，兒已在先知之。叻中鄉人已集題資項，兒亦已題出叻銀一元順此告及。鄉中為若欲題人丁壯頭，算是出不得已耳。但及內人與小女既往母家居住，候事情清楚須當喚他回家為要。另者，女兒之名可取愛梅，他八字欠木，故用梅字，望祈知之。茲逢輪返塘之便，順付批局奉上一信，外並大洋十五元，至時查收，以應為題脈之用，餘事及稟。金安

　　兒　嘉銳　稟

　　壬八月初十日〔註21〕

3. 1954 年 9 月 20 日新加坡王秀枝寄東溪鄉王梓雲轉交母親問及侄兒取名為何：

　　慈親大人膝下：

　　　　敬稟者，前接來回示，披誦之下，諸務領詳。內云媳婦產下男孫一事，使兒等聞之十分喜慰，囑媳婦須當小心撫養為要。孫兒取名也來回音示知。成宗弟近來豈有批信到家甚為掛念。在兒方面，自從去年接得大人來信知道，父親大人仙遊之後，即寫一信並夾叻

〔註20〕潮汕歷史文化研究中心編：《潮汕僑批集成》，第 2 輯卷 37，頁 151。
〔註21〕潮汕歷史文化研究中心編：《潮汕僑批集成》，第 1 輯卷 4，頁 50。

幣拾元寄與成宗弟以為父親做紙之用。至今一年不見回覆，順此稟
知。另者，近因手頭拮据以致忘記吾親大人壽誕，今天方才記得，
故修寸稟並奉上港幣貳拾元，到時查收。拾元補祝大人壽誕，拾元
給孫兒買銀牌掛平安，餘候後稟。跪請　福安

婿　朝綱　女　秀枝　稟

甲午年八月廿四日〔註22〕

　　4. 1961年9月6日新加坡陳聲振寄東鳳鄉父親說明媳婦在家鄉誕下一女
之事感到歡喜，並提及女兒取名之事無須顧忌陰陽五行的那一套取名方式，只
需順口即可：

父親大人：

　　八月份家書收到，得悉媳婦六月十五日誕一女，大人已有玄孫，
從此家庭增加鬧熱氣氛，可喜可賀。女孫取名事，可用「秀文」或
「小文」。解說：秀、苗花曰秀，所以秀字從禾，文、是質實而稚曰
文。「小文」則取嬌小玲瓏，而文雅之意，二名由父親及兒媳選擇採
用。現代不必禁忌什麼欠火欠水那一套，只求其順口易於呼喚和有
意義就行。大人以為對嗎？鏡川於上月間，由朋友介紹去學工，地
址在小仔頂（和兒工作地方附近）該店作了學習，因為該貨物多數
是英文名，及不論送貨收數交貨賣貨，都可以學習，只要用心實習，
自會有心得，前途不錯。每月四十元，補貼車費，中午店中用膳，
早晚在家食宿，夜間則在朋友補習夜學。……附上港幣廿元請收回
覆。每次寄物，多叨擾佳安叔，以及寄物，抹多少送給他，並代兒
深敬謝意。謹請　福安

寄岳父信，特字一份送交岳母處並代敬庚

兒聲振　敬上

一九六一年九月六日〔註23〕

從以上四例可見，各家取向之不同，有者喜歡按照命理八字命名；有者則按個
人喜好取名，稱呼悅耳即可。雖當中未見有關小名之記載，但我們亦可見潮人
在命名方面多采吉祥、喜慶之義。據筆者訪談對象所言：「一般上只有早期下
南洋之潮僑為新生兒取粗俗的名字，如阿豬、阿狗、阿貓、阿花，因為人們相

〔註22〕潮汕歷史文化研究中心編：《潮汕僑批集成》，第1輯卷24，頁451。
〔註23〕潮汕歷史文化研究中心編：《潮汕僑批集成》，第2輯卷39，頁492。

信俗名除了容易撫養長大之外，還可以讓該小孩免於災禍。後來醫療科技的發達使得嬰兒夭折率降低，人們則多以優雅好聽的名字為小孩命名，一來顯得不那麼低俗；二來小孩長大後也不必被同學朋友嘲笑名字難聽。」〔註24〕另外，小名也僅僅用於家庭內部，供父母兄弟姊妹叫喚，在潮汕方言中也常在名字前加上「阿」字表示親暱關係。

三、螟蛉子

　　作為一個移民社會，潮人家庭結構也隨著新馬移民社會的進程而逐漸衍生出兩性分離的社會結構，兩性的分離終究造成僑鄉社會獨特的繼嗣問題。〔註25〕潮人下南洋多以男性為主，在長期與妻子分離的狀態下，他們生育子女的機會也相對較低。對於缺少子嗣的家庭而言，收養小孩或過繼是延續香火的另類手段。誠如《中華全國風俗志》曰：「斥亂宗也，潮俗人家，以丁多為強，乞養他人子，非獨單門然也。其有貌為鞠育，包藏禍心者，更多故矣。異姓亂宗，顯有功令，是宜斥也。詩曰螟蛉子，多奚為，曰以保族撐門楣。」〔註26〕為能子嗣延綿、家族繁盛，則多有收養他人之子的習尚。

　　早期華僑的家庭大致守舊，對於子孫興旺的觀念尤為濃厚。若有經濟條件寬裕之家庭，都有螟蛉子之習俗。據陳達《南洋華僑與閩粵社會》中所言：

> 采立義子（即螟蛉子，俗稱「契子」）之風，在華僑社區，頗覺通行。華僑自己無子，往往買人家的男孩做兒子。在社會上的地位，也與親生的兒子大致相同。財產承繼權也是大致一樣，本族祖祠內的地位也是大致平等。但家譜內對於螟蛉子往往采用一種辦法，就是族內有人無子而必須買人家之子為子者，必須買同姓人之子方可，如買異姓之子，即認為亂宗，全族必起而反對。如反對無效，則禁止其進入祖祠祭祀與其他權利。但不同姓的螟蛉子，近來逐漸加多，因螟蛉子的買賣，在有些區域變成一種有利的營業。〔註27〕

因此，螟蛉子主要的原因在於家庭的延傳，其中更與祖先的供奉和財產的繼承有著直接的關係。「此外在往昔閩南與潮汕，治安不能維持的時代，增加男丁

〔註24〕受訪者：張月瑄，地點：馬來西亞檳城大山腳，2020年1月10日。

〔註25〕陳麗園：《華南與東南亞華人社會的互動關係——以潮人僑批網絡為中心（1911～1949）》，頁195。

〔註26〕胡樸安：《中華全國風俗志》下冊，卷7，頁40。

〔註27〕陳達：《南洋華僑與閩粵社會》，頁144。

可以增加家族的實力以資自衛（如盜賊或械鬥等）。」〔註28〕無論是在潮汕僑鄉或新馬華人社會，這種螟蛉子的現象尤為普遍，我們亦可從僑批中探尋一二。

1. 1927 年 12 月 25 日新加坡陳集允寄潮安東鳳鄉家慈親母親說明有關領養男孩之事：

慈親大人尊前福安：

稟者，是□接讀來回批，內云各札事具已知詳，云及小女兒事，兒並無掛念，命之說選也。但慈親大人及家中人等免念為重。就楊亞扁兄在本年五月廿五日的一男孩，實有意送肖為兒。塘山他之髮妻有一男孩已今有二、三歲，故此在叻中生之男孩送肖。是真自肖下叻之後，塘山目下比前更加分亂，故使各物勝貴，雖來一味耳聞比前有宜價此之否。而执亮未能回塘山□□□□肖不甚掛念，非不曉想之理，開年來□□□□免介。茲奉上艮陸拾元到時查收，家情之需，內抹出四元送肖之內助收用，餘容後稟。福安

肖　陳集允

丁十貳月初貳日〔註29〕

2. 1936 年 5 月 31 日新加坡宋嘉銳寄給冠山鄉妻子提及收養小孩應注意之細節：

林氏荊妻粧次：

稟者，前承接來信各情詳悉，但要螟蛉一子，切不緊性，宜滇寬心探其他父母來歷，以及兒子至□約五六歲更佳，至切通信來知。愚若合意即付項前去應用，另者，但此次耳聞家兩□嬸之厝屋出賣未卜，是否為他至親之人不受□，可與其接洽。若干之項回音來知勿悮。今付信局帶去信外，並國幣肆萬元以應家情，內抹出貳仟元□□吳添叔收用。

丙四月十一日　寄〔註30〕

3. 1939 年 8 月 3 日新加坡宋嘉銳寄澄海冠山鄉母親說明欲收養一小孩諸事：

〔註28〕陳達：《南洋華僑與閩粵社會》，頁144。
〔註29〕潮汕歷史文化研究中心編：《潮汕僑批集成》，第 2 輯卷37，頁111。
〔註30〕潮汕歷史文化研究中心編：《潮汕僑批集成》，第 1 輯卷4，頁101。

慈親大人尊前：

　　敬稟者，茲承批局帶來一回音，開讀內云各事奉悉矣。是月初□嘗奉上一信外，並大艮陸十元，諒定收到可知回音在途中耳。茲再付批局帶上一信外，並大艮伍十元，至時查收，內計算六元交林氏收用，又抹出貳元交木深之母收用，剩存之項以應家中之用。塘中老少平安，兒之喜也。但信云及棋家有一小子欲分與俺，未知誰人之子，他父何名否回字來知，兒想此時目前諒亦有能擔養。但本鄉子弟兒心無甚欲之，若有他鄉兒子更妙。年已亦湏欲比鏡梅少一歲，另為合格。另亦湏林氏自己合意並親自看好，勿免後來多事是為切要。應維玻然在吉亭丹（吉蘭丹）言有寄批否，回音示知，餘事及稟。金安

兒　嘉銳稟

民國廿八年八月卅日〔註31〕

4. 1946年4月7日新加坡陳屏周寄潮安東風鄉媳婦黃氏惜英說明家中小孩夭折之事，祈求媳婦未及時告知消息的原因，並希望媳婦螟蛉一男孩以繼香火：

黃氏賢媳收知：

　　日前接來郵局平安信，及再由允杰□信內夾來乙信喜慰無既來減。鄭重以小豚居瀼為詢，使愚老夫婦為晴天霹靂，陡受驚雷所震眩，罔知所措，不覺如箭攢心，淚下沾襟。此種暗痛，久蘊於心。本預再予隱秘蓋恐驟使賢媳聞之，過於摧毀、過於哀痛，故予夫婦兩人當時皆以將小豚逝世兒耗暫守秘密。待日子較久，乃過境遷，方對賢婦實陳。今則勢雖終秘，爰將小豚病逝之實在情形和淚蘸墨以開，書來終篇，而已淚眼模糊，執筆手顫矣。溯小豚雖賦性椎魯，然從未忤逆怠工，於日寇佔領星洲之及，易染癆痛，彼時本就譴他回歸，奈交通斷絕，欲歸不能，□請中西醫生診視，終未見效果，不得已昇之入醫院，未久再出院。此時日甚一日，即奄然物化，捨棄予夫婦而一瞑不視，時為民國陰曆癸未年十一月初貳日酉時也。但他臨終時，嘗云及掛念我媳，並囑我媳剋苦荨語，計自染病至逝世，纏綿五六個月，花去銀項五六佰元，而結局財空人亡，痛哉。

〔註31〕潮汕歷史文化研究中心編：《潮汕僑批集成》，第1輯卷4，頁76。

時當地方淪陷，危險未通，家鄉亦乃同一律，既念死者，又掛懷賢媳孤獨家居，吉凶未辦。在此淪陷期中，蓋無時不引領北顧，憂心如焚也。差□和平告現，大地回春兼欣知賢媳淨慶平安，但死生有數，人雖勝天。賢媳於獲接予信時切知節長順變，力自保重。庶予將來返國時，晚景可依，晨昏有托，予所厚望者在此。惟養子待老為我國傳統之習尚，予夫婦殊盼為賢媳螟蛉一男孩，以繼香燈。小孩年歲為佳未知，賢媳以為如何，倘如讚成，可寄函來知，以便措款為育孫之用。來信云及予做燈首費用十餘萬元，該項係在人生借及未卜在何人生借，亦寫信來知。予嘗陸續寄還就是。前月吾嘗寄去乙信，並國幣壹萬元，諒以收到可卜。刻再寄去國幣壹萬元到時收用可也。條□後敘於此。並詢　粧次

姑翁　手示

丙戌年三月初六日〔註32〕

5. 1947年6月24日新加坡陳屏周再寄一信詢問媳婦有關收養小孩之事：

黃氏賢媳收閱：

　　展讀來稟知悉一切，言及小兒每一名，須要三○○百萬元及耳開價中小，尚不高貴，每一名數十萬元而已，何其相差若是，又云鯤江有一小孩十齡，不久可以成就節，但該小孩十齡係屬相完又嫌太大。有七八歲小孩更佳。雖然無論如何，可問三山國王卜其休咎。最切要者須□探清其父母底蘊為要。茲寄去國幣陸拾貳萬元至日查收。

民國三十六年五月初六日〔註33〕

由上述所舉之例可知兩地均有螟蛉子的習俗，如同第一例、第二例、第三例所討論收養小孩之事。再如第四例乃因家中小孩不幸夭折，「惟養子待老為我國傳統之習尚，予夫婦殊盼為賢媳螟蛉一男孩，以繼香燈」。對於衛生條件不好的鄉下地區，人們關於兒童的衛生往往不甚瞭解，「凡遇疾病，有時候求神請佛，以資治療，因此難以維持兒童的健康，嬰兒死亡率及幼年兒童的死亡率，所以有提高的趨勢，小康之家的父母，因此有購買螟蛉子的習慣。」〔註34〕第

〔註32〕潮汕歷史文化研究中心編：《潮汕僑批集成》，第2輯卷42，頁39。
〔註33〕潮汕歷史文化研究中心編：《潮汕僑批集成》，第2輯卷42，頁47。
〔註34〕陳達：《南洋華僑與閩粵社會》，頁145。

五例買賣小孩之價格以及向神明祈求若干，深刻反映出人們通過收養子女以
續香火，更尤為重視收養男丁以繼家業。

　　值得提及的是，在 1955 年 8 月 25 日的《南洋商報》中曾談及政府相關
部分對馬來亞華人社會買賣小孩的問題：

> 據社會福利部主任蘇菲氏稱：華人將親兒女當為貨品之買賣，甚至
> 將女孩賣給鴇母，淪為娼妓，此種買賣乃屬犯法，一般華人明知故
> 犯但均於暗中進行交易。倘是發生糾紛時，根據本邦之法律，雙方
> 家長皆受法律之懲罰，決不寬恕。蘇氏復稱：家境貧窮，兒女眾多，
> 不能維持生活者，願送予別人教養，雙方家長應顧到兒女將來之幸
> 福，則必須向政府申請合法手續，免至觸犯條例受懲，申請辦法有
> 二種：一，在社會福利部申請辦理者，兒女成長後之身份，義父義
> 兒而已，卻無承繼父業之權利。二，在發源申請宣誓者，兒女成長
> 之後，係螟蛉子之身份，則有合法承繼父業之權利。〔註35〕

從上文可知，當時馬來亞華人社會因兒女眾多，為能維持家庭生計而轉賣或贈
送自家兒女之現象非常普及。為了避免華人販賣兒女之問題愈加嚴重，政府當
局發佈了相關申請領養小孩之辦法，並期杜絕此種私下買賣小孩之問題。

　　再者，筆者在翻閱報章時發現與螟蛉子有關的一篇文章，當中作者回憶往
昔之事讓人不禁感觸萬分，其曰：

> 我的大舅，七歲那年被出賣了，時為清光緒二十一年；為的是三九
> 誕生。後來，家母過番，準備以金錢索回，共敘天倫，但彼此失去
> 聯絡，終不知去向。近年聞悉：大舅一生未嘗受教育，被僱為田奴，
> 受盡勞碌與折磨。〔註36〕

由此讓人深思，富者添丁大肆慶祝，揮霍一番，人樂己樂；貧者添丁幾番籌措，
東賒西借，方能應付；但也有應付不了者，唯有賣子來張羅。據張女士表明，
「因早期華人社會並無避孕之概念，各家各戶生育很多，就如我們家有十幾位
兄弟姊妹一樣，家庭成員很多。我還記得距離我們家巷口的那一家華人還曾經
向印度人抱了一個男孩，現在小孩也已經長大成人了。」〔註37〕添一丁，賣一

〔註35〕〈吉打福利部主任蘇菲氏談買賣兒女乃屬犯法螟蛉子女須依合法手續〉，《南
　　　　洋商報》1955 年 8 月 25 日，第 12 版。
〔註36〕巫漢明：〈賣子添丁〉，《南洋商報》1967 年 3 月 13 日，第 8 版。
〔註37〕受訪者：張月磴，地點：馬來西亞檳城大山腳，2020 年 1 月 10 日。

子，悲乎？喜乎？不可言喻。

從賀誕到命名、滿月等，誕生禮俗演變到後來便是宴請親朋好友吃滿月酒或彌月酒。有些地區則不宴客，但會贈予彌月禮品或糕餅點心，以此告知家中添加新成員。在以家庭為核心的華人傳統下，一個生命的誕生代表著家族香火的傳承與延續。對於某些家庭而言，無法誕下子嗣或幼童早夭，便出現了螟蛉子這種獨特的家庭繁衍方式。「我們看到生兒育女的工作主要是在僑鄉進行，孩子一旦成年就加入『下南洋』的隊伍，使海外華人社會得到充實，孩子在家鄉成長的經驗又使他們移民南洋後仍然緬懷故土、保持對父母的孝敬精神，於是海外華人社會與華南僑鄉的互動關係又不斷循環再生，從而為跨國華人社會的持久發展注入生機。」〔註38〕

現代的新馬華人對於生育方面同樣面臨「少子化」的影響，獨生子女的家庭比例增多，相對可以受到很好的照顧與培養。伴隨著現代化與城市化的推進，教育水平的提升頁使得華人婚姻觀念的轉變，初婚年齡的推遲，不婚率的提高，如1970～2010年華人男性平均初婚年齡從27歲上升到31歲，而女性則從24歲上升到27歲。〔註39〕這使得不少華人甚至抱著不婚、不生的觀念以省去麻煩，進一步影響了華人群體生育率。對於過去重男輕女，以男孩「傳宗接代」的觀念，也已經被「生男生女都好」的觀念所取代。在醫療、衛生制度普及的當下，孕婦的懷孕到小孩的出生都有完善的照顧，而現代婦女在生產後，便直接到「坐月子中心」修養，連同嬰兒亦可交由專人看顧。在這種多重環境的變遷下，民間的誕生禮俗也逐漸退出以往所扮演的角色。

第二節　婚嫁禮俗：生命的本源

婚禮是成年後身份轉換的儀式，亦是男女雙方通過結婚建立一個新家庭的開始。所謂「本於昏」，說明男女的結合是宇宙生命的本源，也是人類繁衍生息的根源。婚嫁禮俗常與傳宗接代的責任有關，這種文化使命象徵著兩性結合乃順應天地自然之秩序。因此，婚禮將兩個獨立男女的個體結合成命運共同體，在生活、感情與精神上彼此依偎，同時也共享婚姻關係帶來的權利與義務。

〔註38〕陳麗園：《華南與東南亞華人社會的互動關係——以潮人僑批網絡為中心（1911～1949）》，頁197。
〔註39〕邵岑、洪姍姍：〈「少子化」與「老齡化」：馬來西亞華人人口發展特點與趨勢預測〉，《華僑華人歷史研究》第2期（2020年6月），頁18。

《禮記・昏義》亦云：

> 敬慎重正，而後親之，禮之大體，而所以成男女之別，而立夫婦之
> 義也。男女有別，而後夫婦有義；夫婦有義，而後父子有親，父子
> 有親，而後君臣有正。故曰「昏禮者，禮之本也」。〔註40〕

上文所言「夫婦有義」，即是婚禮所追求的目的，要求男女在婚嫁過程中，經由身份的轉換達到自己應盡之本分，使得家庭圓滿，家族與社會得以穩定。藉由婚禮的舉行，將新娘與新郎從此將以另一種新的社會身份面對親友與社會。

　　中國傳統的婚嫁禮俗，早在先秦時期就開始形成，後來完備的婚禮儀式主要確立於漢代，稱之為「六禮」。所謂「六禮」，分別是「納采、問名、納吉、納徵、請期、親迎」，尚有廟見、歸寧等完整繁瑣的儀式。〔註41〕潮汕的婚俗既保留了傳統「六禮」的基本內容，又受地域之影響，形成當地的嫁娶風俗，如《民國潮州府志略》曰：

> 聘禮用金銀，紈綺，羊豕，酒果。男尚親迎，女尚厚奩，每至崇飾
> 過度，不得寧儉寧固之意；惟貧家不親迎，其行聘則檳榔，蒟葉，
> 雞，酒而已。饒平將娶，定期謂之掃廳。大埔始曰求婚，繼曰行定，
> 曰送聘，曰請期，曰扶粧，曰親迎，大抵倣古者六禮而行，成婚後
> 次日廟見，七日或一月，婦必歸寧，與婿偕往，謂之上門。〔註42〕

可見潮汕地區依然沿襲著傳統「六禮」之儀式，但不同的知識程序或細節上的變化而已。華人的婚禮習俗包括婚前禮、正婚禮、婚後禮，都是在傳統禮儀的基礎上，演化為現今的提親、定、迎娶等儀式。

　　婚姻作為民俗現象，其內容包括婚姻的形態和儀禮兩方面。鍾敬文認為：「婚姻儀禮的舉行以社會認可的婚配關係為前提，因此有必要結合婚姻形態的舉行來觀察婚姻儀禮，由於時代和地區的不同，我國（中國）漢族的婚姻形態、婚姻儀禮在傳承中有一些不同的表現，至於各個民族之間就更具有一些明顯的差異。」〔註43〕由於男女雙方對於婚前之關係、婚配之條件、婚後之權利與義務等皆有種種不同情況，故而呈現出多樣化的婚姻形態。民間對此些現象

〔註40〕〔漢〕鄭玄注，〔唐〕孔穎達疏，李學勤主編：《十三經注疏・禮記正義》下冊，卷61，頁1620。

〔註41〕王貴民：《中國禮俗史》（臺北：文津出版社，1993年），頁64～67。

〔註42〕潘載和纂修，廣東府縣志輯：《中國地方志集成・民國潮州府志略》民國二十二年鉛印本（上海：上海書店，2003年），頁303。

〔註43〕鍾敬文：《民俗學概論》，頁173。

往往有特別的解釋，更體現出各地婚姻觀念的不同。至此，本文以僑批中有關之婚姻形態作為考察潮人之婚嫁禮俗。

一、一般婚配

潮人普遍的婚姻形態多以一般婚配為主，即一男一女的婚配所形成的一夫一妻制。人們在一夫一妻制下通常會遵守「同姓不婚」的規定，其用意主要為防止與父系血緣關係婚配或近親結婚的問題。一般婚配也相當重視「門當戶對」的擇偶條件，反映出舊時社會階級分層的觀念，如《乾隆揭陽縣志》云：「婚姻為人道之始，求配必長而後行，今世早聘圖門第之高財禮之盛，及期則家有廢興，往往不終誠可戒也。」〔註44〕早期下南洋的潮僑多數隻身南來，當中又以年輕男子為多。「他們自有職業起，每隔一個月或兩個月多少總有錢寄回家中。家裡的人，特別是母親，除了各種正當用費之外，就把所餘的錢日積月儲起來。主要目的是希望積一筆款給兒子娶媳婦用。……通常青年華僑回國的第一次，多是為結婚而回去的，新娘當然是父母所代擇的了。結婚之後，過一個月或兩三個月，仍舊跑回南洋。」〔註45〕如此，本節主要分析僑批中有關潮人一般婚配現象，以「父母做主」和「自主婚姻」分別論述。

（一）父母做主

「父母之命，媒妁之言」是華人傳統婚俗中必須通過的第一個關卡。在潮汕僑批中所見的一般婚配，主要是以完成父母的期許居多。他們的婚禮通常都是由父母決定，至於當事人的意見或婚配對象，似乎就並不那麼重要。華僑對於聘禮、聘金也是極為注重的，所以在僑批中多有匯寄錢款以作結婚費用之例。以下則舉例說明：

1. 1931 年 12 月 16 日馬來亞陳集亮寄母親問及中日戰爭影響侄兒辦婚一事：

> 慈親大人尊前福安：
>
> 　　敬稟者，兒因數月斷絕家批，故亦無為候悞大人之憂問究景天地抉助，兒亦自知罪之，見信之日，望大人寬罪耳。兒於八月初旬出叻與胞兄坐談數天，所言種種之為意，望開年欲與慶學叔合股做

〔註44〕〔清〕劉業勤修、凌魚纂，廣東府縣志輯：《中國地方志集成‧乾隆揭陽縣志》民國 26 年鉛印本，卷 7（上海：上海書店，2003 年），頁 443。

〔註45〕陳達：《南洋華僑與閩粵社會》，頁 150～151。

生理，兄弟自當謀為此，乃勿言為妙知之在心。另云女侄然能行能走之形貌，與大嫂一種況。然後俊豪之親乃完必未過門否，刻數月日本佔領中國之東三省之地，才已有數月，國內未統一，不知後來為何。如實行日本佔領，家有錢資百萬亦然無為，故將一日過一日之亦可。世界人等非有無不憂問之人否，家慈親大人，小兒之名念亦做好，外付銀貳元查收，內外二地老少平安喜樂也，餘後再談。

日安

兒　陳集亮絨

辛十一月初捌〔註46〕

2. 1956 年 5 月 8 日新加坡陳業炎寄潮安東鳳鄉妻子談論兒子相親、定婚之事：

劉氏賢妻收次：

　　啟者，日前得接回音閱悉一切，知家中一切如常，甚慰。余居旅外亦好可免遠念。玉詢來叻之事刻下沒有辦法，望你取消此念，當按月寄項抹去助家用。玉詢與兒子做親一事如有相當女子，可先與他定婚。對結婚事候緩稍有積蓄自當寄去攜（協）助應用也。外付去港幣伍拾元到照檢收，以作家中之用也。書此即詢。近佳

夫陳業炎　手書

一九五六年五月八日〔註47〕

3. 1959 年 9 月 5 日馬來亞陳和武寄東鳳鄉妹妹言及親友舉辦婚禮之日：

連真吾妹均悉：

　　啟者，昨日接到回批，言及羅京、家泉與吾並無訊作上落也。不知羅京吾弟住何處？內陳言及東甲細嬌大仔名武炎，在農曆八月十三日舉行結婚，到知塘中叔父母也。奉上港幣五拾元正，到時查收，以助家中之用。內抹出拾元與叔父母茶菓之用，餘言後陳。

近好

兄　和武上

1959 年 9 月 5 日〔註48〕

〔註46〕潮汕歷史文化研究中心編：《潮汕僑批集成》，第 2 輯卷 37，頁 306。
〔註47〕潮汕歷史文化研究中心編：《潮汕僑批集成》，第 2 輯卷 39，頁 448。
〔註48〕潮汕歷史文化研究中心編：《潮汕僑批集成》，第 2 輯卷 40，頁 61。

4. 1967 年 10 月 11 日新加坡鄭炳先寄潮安南桂鯤江鄉家父親長盛說明孫兒煥鈿婚事細節，包含納定（潮人俗稱「送定」、「定聘」）、納聘（俗稱「壓定」、「大財禮」）、完婚等〔註49〕：

家父親大人尊前：

敬啟者，茲於近日前承接來回文一片，內中各事讀之經已聆悉，希□為□□□內外平安。大人身體健康□為所祝，男等□外□把粗適藉以告慰耳。茲有所告者關於公曆九月八日男有由郵局寄去舊衣服、面布等，郵包四包，尚對照後收，領收時可照為多□便可也。小兒煥鈿之婚姻事，今經已辦理。在於本年農曆九月初四日納定、九月廿日納聘、拾月初八日舉行結婚，期現各節事亦經籌備完。特此函封奉告於大人與及家中有關人等耳。刻值輪行之便，修此片□外，並付去港幣柒拾伍元正，到日對照後查收。希大人抹出港幣∥○元交炳傑收，又抹出川元交炳忠收，又抹出∥元交炳桂收，又抹出∣○元交巧雲收。至於所存之∥○元為應吾大人收習，希照為多□妥收，亦祝回□□□希大人可買藥丸蜂蜜貳樽寄托禮陽鄉御溪兄帶來便可。因男要用順此函告，逢餘言後在奉。謹此並頌　福安

男　鄭炳先

1967 年 10 月 11 日〔註50〕

5. 1979 年 1 月 3 日馬來西亞巴生蔡光流（父）寄澄海程洋岡鄉蔡金錢（兒）言及為孫兒物色對象之條件與訂婚等事：

金錢吾兒收知：

近日接閱來信，藉知一切，關於鄰居剑嫂要介紹她的媳婦之胞妹，與男孫定親一事，聞之甚為歡喜。最重要的，體質好，而無缺陷者，還要雙方同意，我十分讚成。現在先行訂婚，候待經費夠用之時，正行結婚，不過結婚一切費用，最少和最簡便，要多少切先通知，以便預備。……茲寄去港幣肆佰伍拾元，內抹伍拾元偉媳婦及男女孫作腰金之用。又抹捌拾元，以作大男孫定親之用（此項是你母親寄給大男孫的）再抹肆拾元交與大孫女，母子過年之用，餘

_____

〔註49〕陳友義：〈潮汕婚姻禁忌習俗與其流變簡論〉，《汕頭大學學報（人文社會科學版）》，頁 84。

〔註50〕潮汕歷史文化研究中心編：《潮汕僑批集成》，第 2 輯卷 44，頁 333。

者留作資助家費過年。敬致即詢　近好

父　蔡光流

1979 年一月三號筆〔註51〕

6.（年份不詳）10 月 26 日新加坡林亞姈寄潮安博士林鄉大宗祠巷林振賢舅舅說明家中孫女出閣以及為孫子物色媳婦之事：

雙親大人尊前萬福：

敬稟者，河山遙隔清晝如年，邇來大人福體定然康強，起居勝常可料。久思修函奉侯屢因俗務繁忙所阻，未即進行，請祈原諒。近日聯通姈造訪敝舍，順便轉來。大人大札內情領悉，家中長幼均安甚慰。叻坡晚輩亦皆粗安，孫女瑞鳴現已長成，姻緣訂妥，預定農曆十月份出閣。孫兒瑞祥亦已長大，婚姻大事未敢離懷，媳婦人物現在物色中，請免錦注。茲適順便奉上港幣陸拾元到日查收，抹出貳拾元送交舅姈以代茶粿之資，另存肆拾元大人收用，覆音賜曉是幸，專此修函並祝福安。

女兒林亞姈　頓

十月廿六日〔註52〕

從此些例子可以看出潮人對親友婚娶之事的關注，如第一例中日戰爭影響辦婚一事；第五例「以作大男孫定親之用（此項是你母親寄給大男孫的）」等。從這些實例中可以發現固然人們生活並不富裕，但對於結婚這一人生大事的關心程度極高，向家鄉親人寄去金錢幫補，或是簡單關懷之語都顯得特別珍貴。

再者，人們普遍上都遵行六禮的儀式，惟有不同的只是程序上的減少，如第四例的蔡煥鈿依舊按照傳統婚俗的請期、行聘、迎親等。我們亦可發現無論是早期或當代，父母為兒女挑選對象的出發點都是希望兒女能在未來與伴侶過上好日子。因此，擇偶的條件當然也需要四肢健全的對象，如第五例的「最重要的，體質好，而無缺陷者」。竊以為，早期交通不發達，華僑回鄉不易，故而多依賴父母代為操持，包括物色對象、相親、提親等皆由父母做主。父母也僅憑孩子寄回的相片找尋合適的對象，如新加坡許健州一月初八日（年份不詳）寄潮安縣宏安鄉母親的批信中夾帶「少相三張」〔註53〕以作相親之用。這

〔註51〕潮汕歷史文化研究中心編：《潮汕僑批集成》，第 1 輯卷 27，頁 391。
〔註52〕潮汕歷史文化研究中心編：《潮汕僑批集成》，第 2 輯卷 50，頁 433。
〔註53〕潮汕歷史文化研究中心編：《潮汕僑批集成》，第 2 輯卷 72，頁 389。

種父母做主的婚姻形態在當時社會是極為普遍的現象。

至此，1957 年 10 月 6 日的《南洋商報》報導了一篇有關馬來亞華僑婚姻習俗的問題，當中提及：

> 中國民俗婚姻最老式的就是「三書六禮」的方式，這種婚姻是封建社會的產物，青年男女結婚不是由於互相愛戀，而是為著宗族，家族綿延後代而結婚，結婚的主動者是雙方父母，而非青年男女。外國人是青年男女發生戀愛之後才結婚，這種「三書六禮」式的結婚則是青年男女結婚之後才發生戀愛，事前男女互不相識，奉父母的命令，通過「明媒正娶」的結婚方式後，夫婦才產生愛情，這就是中西婚姻的不同。〔註 54〕

從中可見中西婚姻觀念之不同都與其文化背景有關。華人婚禮習俗主要依然沿襲中國傳統文化的精神，自然就無法完全摒棄傳統觀念中「三書六禮」的程序。「目前星、馬的華人社會是處於新舊交替的過渡時期，舊的封建社會還未逝去，而新的社會則猶未成熟，結果新舊方式的結婚都用。有吹吹打打拜堂結婚的，有雙雙對對集團結婚的，也有靜悄悄兩個兒登報結婚的。這些方式從來沒有人提出『異議』，就讓它們『和平共存』下去，『百花齊放』下去吧！」〔註 55〕

（二）自主婚姻

值得提及的是，筆者在翻閱僑批的過程中出現了自己決定婚姻的實例。這是一封來自新加坡的僑批，寄批人林思曾在祖母多次來信要求他從新加坡回鄉結婚，他於民國三十年年元月初六（1941 年 2 月 1 日）回信說明四點不能回鄉結婚的原因：

一、「大人與吾弟妹之足食足用，以慰老年治理家政之需要，以使吾弟之求學費用能得到充裕而在外攢錢」〔註 56〕；

二、「現下之女子大多失于良好教育與道德，期尋一孝親順親、敬老扶少、節儉勤勞忍苦的女子，極少難尋」〔註 57〕；

〔註 54〕鄭秀民：〈中國民俗婚姻的法律問題〉，《南洋商報》1957 年 10 月 6 日，第 5 版。

〔註 55〕鄭秀民：〈中國民俗婚姻的法律問題〉，《南洋商報》1957 年 10 月 6 日，第 5 版。

〔註 56〕潮汕歷史文化研究研究中心、僑批文物館編：《潮汕僑批檔案選編》下冊（香港：天馬出版有限公司，2011 年），頁 124。

〔註 57〕潮汕歷史文化研究研究中心、僑批文物館編：《潮汕僑批檔案選編》下冊，頁 124。

三、「現在世界戰爭時期，交通不便回梓，日期無能定望，大人切勿應之此
　　事，以招家庭之各種不樂而致，大人之增加苦惱乎。對於今年決定之事，
　　更為不可，須知此舉以致百年想，孫刻下生活未能充裕，家中毫無基礎，
　　以孫之意，一矣戰事平息，生活之境有定，然後回梓完娶，未為遲也望
　　祈」〔註58〕；

四、「在此環境困難之時，宜於教養子孫成人成器，而不宜於多娶一媳一婦」。
　　　〔註59〕

可見林思曾試圖為自己的婚姻做主，並企圖說服祖母勿要急於求成的想法。這
是一封難得一見的例子，也是試圖打破傳統婚姻束縛以及「父母之命、媒妁之
言」的實證。

二、特殊婚配

　　從婚姻禮俗的發展觀察，早期的一夫一妻制可謂是父權時代下的產物，家
中掌握權力的角色往往是父親。男性做為掌權者，他可以支配自己的妻子與兒
女，如同掌管自己的財物一般，而早期娶妻的功用就是為了生兒育女。女性在
家族的地位是非常低微的，若是為丈夫生下兒子，其地位尚且受到正視；若是
生下女兒則會備受冷眼。因男兒在父權制度下可以繼承、延續父親的家業以及
財產，於是社會上形成了男尊女卑、婦女地位受到歧視的現象。「嫁雞隨雞，
嫁狗隨狗」的觀念不知影響了多少的女性，無論嫁給誰都應盡好作為妻子本分
的觀念，還有「相夫教子」的觀念，主要的目的就是為丈夫生兒育女延續香火。
若是無法生育，丈夫就此可以納妾或休妻，可見所謂一夫一妻制實乃男性主義
下的產物。民間亦存在一些特殊的婚姻形態，它們也被認為是合乎婚姻制度基
本規範的對象，知識根據家庭生活建立的實際條件和特別需要而加以變通而
已，〔註60〕誠如中國封建社會中的童養媳、指腹婚、冥婚都具有強制性。這種
婚姻形態往往不顧及婚姻當事者的意願，而究其本質都是為了家族的延續與
家世的利益。當然，在僑批中同樣存在父權時代下的特殊婚配現象，如「嫁公
雞」和「兩頭家」：

〔註58〕潮汕歷史文化研究研究中心、僑批文物館編：《潮汕僑批檔案選編》下冊，頁
　　　　127。
〔註59〕潮汕歷史文化研究研究中心、僑批文物館編：《潮汕僑批檔案選編》下冊，頁
　　　　129。
〔註60〕鍾敬文：《民俗學概論》，頁174。

（一）嫁公雞

　　閩粵地區較為獨特的婚嫁現象就是「嫁公雞」習俗。所謂「嫁公雞」，在《廣東民俗大觀》中曾記載一段僑鄉女子嫁給公雞的故事：「以公雞代新郎『上頭』之婚姻，產生了很多催人淚下的故事。解放前，開平縣單水口龍塘鄉蒼美村一何姓男子，年青時外出印尼謀生，多年未歸。在家父母為其招親，經人介紹後，覓的新會縣一女子願和其子共結百年之好。此女子頗有文化，觀未婚夫相片後，也將自己的照片郵往印尼，此後兩人便頻用書信來往。奈何男子迫於經濟拮据，一時無法返鄉。在鄉親人便為其兩人舉行婚禮，『上頭』之時就是以公雞代替新郎的」〔註 61〕這種利用公雞替代遠在南洋的新郎所進行的婚禮在僑鄉甚是普遍。

　　1968 年 1 月陳劍波寄給陳松裕的家書談到了「拜公雞」〔註 62〕一事。據筆者推測應是與拜堂有關，但因僑批原件受到水浸問題，字跡模糊不堪，只能略微看出部分字跡。有關「嫁公雞」的習俗，王元林與鄧敏銳的〈近代廣東僑鄉生活方式與社會風俗的變化──以潮汕和五邑為例〉一文針對華僑華人與近代僑鄉社會風俗習慣進行調查：

> 僑鄉男青年多出洋謀生，他們遠在異鄉，一時難以回國娶親，就由男女雙方父母包辦婚事。於是出現了一些奇怪的婚俗，如「嫁公雞」。對此，一些僑鄉的方志如此記載：番禺僑鄉青年出洋謀生，「若其家已為聘妻久矣，不歸，則仍迎娶如儀百輛既歸，禮行交拜，新婦女左側必縛一雄雞以代之，俗謂之生雞見禮」。這種奇特的拜堂儀式，在廣州及其他僑鄉中都很普遍。在五邑地區則是由堂倌捧著新郎的衣物以代新郎與新娘行交拜之禮。但公雞仍是必需的，是晚公雞需被綁在房中，和新娘共度「良宵」，直到天亮才能將公雞捧走。這就是廣東僑鄉中的「公雞娶婦」，是僑鄉的特色風俗之一。〔註 63〕

「嫁公雞」顯然是僑鄉社會的獨特婚俗，雖然在現今看來是荒誕可笑的，但此種婚姻形態也僅僅在僑鄉社會的環境和歷史背景下方能出現。於此，民間故事

〔註 61〕劉志文主編：《廣東民俗大觀》（廣州：廣東旅游出版社會，1993 年），頁 309～310。

〔註 62〕潮汕歷史文化研究中心編：《潮汕僑批集成》，第 1 輯卷 30，頁 374。

〔註 63〕王元林、鄧敏銳：〈近代廣東僑鄉生活方式與社會風俗的變化──以潮汕和五邑為例〉，《華僑華人歷史研究》第 4 期（2005 年 12 月），頁 59。

中亦多流傳著異類成婚的故事，把各種動物人格化的功能，這類故事的流傳想必並非憑空捏造。對於女性而言，這種奇特的風俗存在著不公平的對待，也是傳統父權社會下強迫女性的畸形婚俗的典型縮影。

（二）兩頭家

在新馬華僑社會往往多有維持「兩頭家」的婚姻狀態。「兩頭家」的盛行多因早期華僑無力攜帶家眷過番，孤身一人久居南洋容易與家鄉妻兒關係疏遠。另一個原因是中國政府對於出國的男性移民關限很寬，然而在防止婦女被攜出國一事上卻極為慎重。〔註64〕再加上經濟較為富裕者多選擇再娶。為了能在僑居地順利發展，再娶時以南洋婦女最為便利。因此當地婦女與丈夫居於南洋，髮妻則居於故鄉，即所謂的「兩頭家」。據陳達的考證，「第一次結婚者」與「結婚二次或以上者」的情況有明顯的差異，如下表所示：

表 3-1：華僑的婚姻狀況

婚姻狀態	第一次結婚者		結婚二次或以上者	
與本地女子結婚者	652 人	90.6%	91 人	56.5%
與南洋土人女子結婚者	24 人	3.3%	41 人	25.5%
與南洋僑生女子結婚者	21 人	2.9%	17 人	10.6%
不詳	23 人	3.2%	12 人	7.4%
總計	720 人	100%	161 人	100%

資料來源：陳達：《南洋華僑與閩粵社會》，頁 158。

從上表可見，「兩頭家」的比例在結婚二次以上者有明顯增多的情況，在 161 人中就有 41 人與南洋土著女性結婚，所佔比例為 25.5%；17 人與南洋僑生女子結婚，所佔比例為 10.6%，共計 36.1%，與第一次結婚者之 6.27% 相比差距頗大。

雖然如此，「兩頭家」的實例看似很多，但一般僑鄉家眷對於南洋婦女多少有些歧視，並且不視其為家族一員。另外，華僑回鄉多半與婚喪紅白之事有關，否則都不會輕易回鄉，如 1928 年 2 月 22 日新加坡陳集允寄給母親的僑批中囑咐弟弟回塘完婚：

〔註64〕賴惠美：《新加坡華人社會之研究》（臺北：嘉新水泥公司文化基金會，1979年），頁 15。

慈親大人尊前福安：

稟者，承來回批一事，內云諸事兒已拜讀一切領悉。<u>云欲與集</u>
<u>亮弟成家一事，肖豈無此想，預算現年先做親成，來年囑他回塘完</u>
<u>親。</u>正在設法之際，為肖之想不卜可否，望大人幸勿責罵。是就集
祥欲辭廣豐事出店，然後往關丹坡辦事。兒已有通信去集亮知之，
此亦免介。贊炎舅前在源癸港與人割梶，今無空上叻。肖在叻坡尋
一打什之缺，每月辛金（薪資）不外十元八元而已。苟為能住在州
府，後更有加幾元可得。正月之回批來者是代人寫的，切通曉。集
軒弟現年切再入大宗（祠）學校為切。茲奉上洋艮叁拾元，到時查
收，內抹出貳元送俺內助收用，餘□□□敘。

福安

肖　陳集允

戊貳月初貳日〔註65〕

一些潮僑與新加坡陳集允弟弟一樣，在回鄉完婚後依然會回到馬來亞，進而形
成兩頭家的形態。「兩頭家」對於男子而言，均需負責兩個家庭的負擔與職責，
但也有很多男子在海外成家後，往往漸漸疏遠家鄉妻室，有者甚至迎娶當地婦
女為妻的情況，如 1955 年 12 月 6 日馬來西亞許柔金寄給嫂嫂陳如撣的批信
中言：「他現另娶一逞婦」〔註66〕，信中所言的「他」指的便是許柔金的哥哥
（許成宗）。從許柔金給陳如嬋的批信中還有這樣一段：「成宗說他與你夫婦之
感情已在數年前破裂，所以對你母子無心。他說在數年前弟婦有書來責罵得他
無容身之地，故此恨也。」〔註67〕

然而，在面對丈夫遠渡南洋且迎娶當地婦女為妻妾的風險下，卻依然存在
僑鄉女子爭先嫁給華僑的現象。有學者認為主要的原因在於華僑家庭有僑匯
的收入，經濟狀況較為穩定，故而寧可嫁給從未謀面的華僑，也不願嫁給一般
男子：

在僑鄉人看來「金山客沒一千也有八百」，「呂宋客沒有一千也有八
百」。人們一聽見「華僑」二字，就聯想到「有錢」，對華僑滿含著

〔註65〕潮汕歷史文化研究中心編：《潮汕僑批集成》，第 2 輯卷 37，頁 114。
〔註66〕潮汕歷史文化研究中心編：《潮汕僑批萃編》（香港：香港公元出版有限公司，
　　　　2003 年）第 2 輯，頁 86。
〔註67〕潮汕歷史文化研究中心編：《潮汕僑批萃編》第 2 輯，頁 86。

羨慕，認為所有出洋的華僑都是有錢人。在廣東四邑的人們對從美
國回來的華僑尤其羨慕，總以為是個個發了財回來。對僑眷，人們
同樣羨慕。不管人們對華僑和僑眷們生活的看法如何誇張，華僑及
其在國內的家庭除了抗日戰爭的特殊年代，其生活事實上一般比非
僑眷家庭優越得多。出現了女子爭嫁華僑的現象。〔註68〕

因為他們對華僑的具體生活情況並不了解，卻一味地想嫁入所謂的「華僑」人
家。其中提及僑眷生活一般是相對優越的，所以女性在選擇伴侶時，往往會選
擇條件較為優越的「華僑」作為對象。這種現象反映了婚姻制度所形成男尊女
卑的意識形態，「從小從父、婚嫁從夫、夫喪從子」的價值觀，可看出僑鄉女
子成為男性附屬的一種依賴。

　　綜上所述，潮汕僑批中呈現出的潮人婚姻禮俗是「新舊並陳」的面貌。作
為生命中的終身大事，早期的婚姻基本上都關乎家庭利益和繁衍子嗣的問題。
這種觀念下，婚姻帶有一種工具性的價值，兩性的結合可謂是利益條件的交
換，更影響了女性的一生。隨著生活水平與受教育程度的提高，對於追求自由
戀愛、自主婚姻的觀念，是傳統婚嫁禮俗必然需要面臨轉型。在潮汕僑鄉社會
風行不同形式的婚俗，主要原因如陳達所言：「演化的原動力之一，當來自南
洋的華僑。」〔註69〕今日結婚儀式的多樣化，除宗教婚禮仍具備莊嚴的儀式
外，結婚旅行、閃婚等形式都與傳統婚禮大異其趣。婚事新辦的提倡在現代社
會更是盛行，觀念的改變在約定俗成的情況下有所演化也是必然的趨勢。對於
傳統婚俗，雖已簡化許多，但有部分精神仍被保留了下來。現代的婚事，大多
數已講求尊重個人選擇，而由父母做主的婚姻幾乎已經成為絕響，自由戀愛已
然成為現今的常態，再透過交往而論及婚嫁。

第三節　喪葬禮俗：生命的終結

　　喪葬禮俗是人生命中的最後一項「通過禮儀」，包含了亡者與生者角色轉
換的問題，亦是整個家族的變動，以及正常秩序運行的破壞與再聚合。喪禮儀
式更透過空間來進行死者之生命狀態的家族倫理關係的親疏遠近、男女之別、

〔註68〕鄭甫弘、熊蔚霞：〈海外移民與近代閩粵僑鄉社會觀念的變遷〉，《八桂僑史》
　　　　第2期（1995年5月），頁44。
〔註69〕陳達：《南洋華僑與閩粵社會》，頁148。

尊卑之別、適庶之別的分判，同時透過空間之毀壞以及重整，以象徵家族關係的破壞和整合。〔註 70〕因此，死亡必須經由禮儀來加以調整，故謂「重於喪祭」。《禮記・禮器》云：「喪禮，忠之至也。備服器，仁之至也。賓客之用幣，義之至也。故君子欲觀仁義之道，禮其本也。」〔註 71〕喪禮儀式所代表的是忠、孝、仁、義的建立。

　　民間的喪葬禮俗基本上呈現出複合儀禮的現象，人們可以透過不同的宗教方式進行喪禮。同時，喪葬禮俗彙集了自古傳承下來的生命認知，其中最重要的便是魂魄，或稱靈魂觀。古人認為身體和魂魄是有形和無形力量構成的生命，基於這種認知下對於死後身體和靈魂的安頓都顯得尤為莊重。民間普遍認為，人死而靈魂不滅，死亡不過是靈魂和肉體的分離。人死後，靈魂仍可以和生者保持著密切聯繫，同時對其後代子孫加以庇佑，甚至認為靈魂可以投胎轉世。有關靈魂觀念的說明，鄭志明認為：

　　　　在原始社會對生與死的界限是極為混淆，認為生者與亡者的生命是
　　　　互滲的，生者的肉體與亡者的靈魂是合一而延續的，在生人的世界
　　　　上還有著亡者的世界，是靈魂歸宿的所在。……靈魂是超越生死或
　　　　者是生死相繫的存有，能在生死流轉中生生不已，是跳脫出有形的
　　　　時間與空間的限制，可以上下天地與神靈往來，有如圓形的循環可
　　　　以死而後生。〔註72〕

靈魂觀念的由來相當古老，「有如圓形的循環可以死而後生」的靈魂觀念更讓人們重視亡者，希望藉由禮儀操作將亡者帶往屬於亡者的世界。喪葬禮儀更保留了不少招魂、送魂等儀式。透過這些儀式幫助死者及其家屬面對及接受死者已離開人世的事實，親人藉此緬懷死者，從精神上慰藉亡靈，以及祈求亡靈對生者的庇佑。

　　喪葬禮俗形成了一整套莊嚴而繁密的儀式，其程序大約可分為：臨終、發喪、治喪、殯禮、葬禮、居喪、除喪等。新馬潮人的喪禮，主要傳承於中國潮汕地區的喪葬風俗，《民國潮州府志略》有載：

　　　　民間喪葬，附身附槨之具，皆知慎重。有弔唁者，必盛筵歡飲，謂

〔註70〕林素娟：〈喪禮儀式中的空間象徵、遞變與倫理重整──以三禮書之喪禮空間象徵、轉化為核心進行探討〉，《漢學研究》第 4 期（2015 年 12 月），頁 29。
〔註71〕〔漢〕鄭玄注，〔唐〕孔穎達疏，李學勤主編：《十三經注疏・禮記正義》中冊，卷 24，頁 763。
〔註72〕鄭志明：《民俗生死學》（臺北：文津出版社有限公司，2008 年），頁 68～69。

之食炊飯，送葬輒至數百人；澄海尤甚。葬所鼓樂優觴，通宵聚樂，
謂之鬧夜，達旦，復設酒殽；喪家力不給，則親朋代設；凡遇父母
喪，無不罄囊蕩產，傚效成風。惟田野之民，猶從簡陋。有一日斂
者，亦有三日始斂者；有七日服成者，亦有十四日服者，各邑微有
不同。無不用僧尼，鼓樂徹戶聲喧；且多惑于堪輿，擇地尋龍，有
停棺數十年，未就窆者，其葬時築坎用灰，掩坎用七，與江楚同。
惟陋俗相沿，葬後十年或十餘年，則易其棺而貯骨於瓷罌，名曰金
罐；骨黃者復瘞原穴，骨黑者另覓佳城。〔註73〕

一般而言，潮人多注重喪禮，因而「無不罄囊蕩產」以厚葬禮。潮人亦十分相
信風水，如同「擇地尋龍」、「葬後十年或十餘年，則易其棺而貯骨於瓷罌」等
舊俗，可見其深受風水之影響。人們往往將人生與事業之成敗歸咎於祖先的庇
佑，故而對喪葬禮俗尤為看重。操辦喪葬之事必然奢靡隆重，如潮人俗語云：
「多過死人事」即反映此俗也。

　　喪葬禮俗也是新馬潮人社會普遍遵行的禮儀，從臨終、殯葬到超渡，整
個過程極為漫長。《潮州鄉訊》亦載：「潮州人的宗法觀念非常濃厚，『報本崇
先』和『慎終追遠』的意識，深深地烙印在潮州人的腦海深處。因此，每逢
著『父母年老』的喪葬大事，儀式也格外隆重。」〔註74〕這些禮儀主要的意
義在於協助人們在喪事活動中有規可依，從而調整家庭成員的悲傷情緒，以
及體認生離死別的關係。漢人傳統喪禮制度中具有複雜的社會意義，因為不
僅重新確認家族成員的身份地位，也關係到死後分家、分產的遺產分配問題，
因為人與人之間的關係是靠土地、財產、家庭等維繫其紐帶，使之密切結合
而休戚相關。〔註75〕以下將進一步論述潮汕僑批中喪葬禮俗之情況：

一、治喪禮俗

　　治喪，顧名思義是辦理喪事，泛指各項喪葬禮俗之流程。其中大致可分為
斂、殯、葬三大部分：「斂」有小斂與大斂，小斂指的是為死者更衣入棺，大斂
是指將遺體放入棺柩，釘上棺蓋的禮節；「殯」指的是已斂而停柩未葬，以供親

〔註73〕潘載和纂修，廣東府縣志輯：《中國地方志集成・民國潮州府志略》，頁304。
〔註74〕萬里：〈潮州的喪葬習俗〉，收入吳以湘主編：《潮州鄉訊》（新加坡：潮州鄉訊
　　　　社，1948年）第2卷第8期，頁8。
〔註75〕羅涼萍：〈生命禮俗的理論與實踐─以漢人傳統為主的研究〉，《全人教育學報》
　　　　第8期（2011年8月），頁82。

友弔唁；「葬」則指棺槨下葬之禮。潮人家中若有親人逝世，孝子孝女等須「報地頭」、「買水」、「飼生」、「搖風」和「掃壽」等。〔註76〕在入殮時蓋棺下釘為六根釘，而師父會念四句：「吉時安釘，子孫昌盛；財源賜福，花甲財丁」，象徵「六丁六甲」即功德圓滿，表示此生無憾之意。〔註77〕從初死到安葬之後的完墳都是喪葬儀式的一部分，而潮汕僑批中多有著墨之部分與治喪有關。

　　1. 1922 年 5 月 16 日新加坡陳集允寄潮安東鳳鄉家批中提及父親過世及治喪之事：

　　　　家慈親大人尊前納福：

　　　　　　敬稟者，日前奉上家信一封，外並大銀貳拾元，諒已收到可知。至到四月拾八日，承來保家信一封，開拆觀之，內中言及家嚴親在四月初九日仙逝，不肖聞之，淚悲□心，實痛惜仙遊之時，無在側奉待，其罪大焉。望母親勿悲淚過度，免使肖掛心。未知家嚴之靈柩在家企旬幾日否，豈欲移在公地頂園。未知嚴親欲仙遊之時，豈有付託事否。至切詳明來知，矣不肖切切通信入房哼（彭亨）與五叔言今日事。在廼門苦心，生理一決兩裂，塘山保家信未來之時，不肖已浔兩夜夢，果湊此事。塘山生理如何主意，債主討項定緊。肖亦頗知，五叔不久來叻坡，試如何裁處。茲奉上大銀陸拾元，到時查收，內計伍元係是家從乾叔送做弔儀之用，餘事後稟。不肖已舉孝於知之。才安

　　　　不肖　集允稟

　　　　壬四月廿日〔註78〕

　　2. 1929 年 5 月 11 日新加坡宋嘉銳寄給冠山鄉母親問及祖母過世何人辦理其喪事：

〔註76〕據訪談人表示：「報地頭」指向村中地頭神廟為往生者報死，如今普遍都向大伯公（「土地神」）報告家中有人逝世，如同人死時需要到警察局報備領死亡證明一樣；「買水」指舊時到河邊向河神「買水」，並由長子或長孫替死者沐浴；「飼生」即「飯含」，指將白米和豆干沾上紅糖放入死者口中，並對死者說「父/母親大人，您飼我到大，我飼您到老」，表示不捨親人挨餓離世；「搖風」指為亡者扇風，也含有「扇」（散）去亡者牽掛之意；「掃壽」則是以榕樹葉掃棺木，清潔棺木之舉動。受訪者：一僮師父，地點：檳城威南爪夷華都村金德堂，2020 年 2 月 8 日。

〔註77〕邱文學、葉寶蓮：《潮州民俗：傳統節日和禮俗》，頁 28。

〔註78〕潮汕歷史文化研究中心編：《潮汕僑批集成》，第 2 輯卷 37，頁 60。

慈親大人尊前：

　　敬稟者，茲函接讀回音，內云讀詳具，已領悉矣，但祖母仙逝一事，塘中何人代為經理未卜，豈有居喪否。見信望回覆知。□□之田質當何人與及祖母之喪事大約費用若干，亦望示知為要。兒先刻尚未有事業可辦，在友人借出多少以為費用而已。候兒有事可賃自當告知。資逢輪船返汕之便，付批局奉上一信外，並大洋叁拾元，到時查收，以應家中之用，餘事及稟。金安

兒　嘉銳稟

己四月初三日〔註79〕

3. 1952 年 4 月 30 日馬來西亞彭亨陳學勤寄潮安東鳳鄉陳集諒嫂姪問及侄兒治喪諸事：

家四嫂大人粧次：

　　是幫由集允姪來信，內示及吾四兄歸天，愚叔會同胞之情聞言如有所失不由不慟哭一淚，然生死自有定數，實人生不能無望，吾嫂以及姪婦切勿過悲，留神料理家務為要。至於經營財利自有集允姪籌謀，不必多慮。集允姪四月廿九日曾向□□公司□□貳百六十外元寄回塘料理四兄的喪事，諒家中收妥示知□□四兄之靈站舊曆內或吾嫂住居之屋。又未卜□即時出葬或暫寄頂園亦望明白回知，以慰痛念耳。此付去大銀六元作紙儀，至時查收，諸事回知。拜矣後詳。

叔　學勤

四月三十日〔註80〕

4. 1967 年 8 月 19 日新加坡陳樹（兄長）銳寄陳樹綿（弟弟）說明兄弟治喪之事：

陳樹綿胞弟收知：

　　啟者，茲付港銀貳拾元至查收家用。前月寄作深兄舊衫褲二包，計一包送你姊，一包送弟收，料有先收到可知也。本月古厂七月十一夜四點五十分，二兄樹德逝世，十三日下午三點出殯。病重時加入教堂，祈禱逝世時依奉教棺木儀式葬禮。葬於後港三塊石教墓，

〔註79〕潮汕歷史文化研究中心編：《潮汕僑批集成》，第 1 輯卷 4，頁 38。
〔註80〕潮汕歷史文化研究中心編：《潮汕僑批集成》，第 2 輯卷 38，頁 40。

特字通知。二兄大子傳歆及二子現每月駛車百餘元，二子作工成百元，廣大人口生活困難此告。余生活稍稍過得去，稍稍幫忙而已。弟寄□□蓮藥方郵信，4月17日寄來，本月才到，買藥時人以（已）死了。餘無別言。另抹出伍元分你姐收。即諸安好

陳樹銳　寄

一九六七年八月十九號　古（農曆）七月十四〔註81〕

5. 1974年5月7日新加坡陳偉強寄潮安東鳳鄉陳偉孟轉交二伯母說明父親在新加坡得病去世，以及治喪安葬於「廣德山」（現今新加坡潮州公墓Teochew Memorial Park）：

二伯母：

姪兒於五月十日收到您的來仗，家父不幸於去年得了黃膽病，飲食困難，前後進入亞歷山大醫院兩次，並於二月初開了一次刀，結果還不能治愈，不幸於陽曆二月二十日去世，於五日後安葬於廣德山，未能及時通知二伯母及回仗姑母，非常難過不安。（附上港幣四十元）姪兒代表家母及家人向各位伯母、姑母及堂哥弟等祝福。並附上像片一張：右起第四位為二伯父，第六位為大姐夫林海瑞，三弟偉成，二弟勝強，偉強二弟媳林秀鑾，家姐美姻，堂妹姚卿，義妹重香，大姪女林秋霞（三歲），二姪女林□霞（二歲）。

郵信地址為下：新加坡第三郵區東陵福六牌五十四座門牌四五七號

愚侄　偉強上

7/5/74〔註82〕

6. 1978年1月18日新加坡鄭拱贈寄潮安東鳳鄉陳植炎談及母親去世治喪一事：

植炎兄台鑒：

敬啟者，久未通函問候，甚是為念。此維兄台近來身心健康，諸所順遂，合家安寧，為順為祝。弟旅居叻坡，全家均為粗安，勿念綿（免）介。但不幸者，吾母親於舊曆十月廿四日早七時四十分鐘逝世，停喪福海禪室（寺）五天，敦請同德善堂念心社禮佛，年連五日。廿八日還山善覺寺光明山火化，特此奉告。茲承批期之便，

<hr>

〔註81〕潮汕歷史文化研究中心編：《潮汕僑批集成》，第2輯卷40，頁312。
〔註82〕潮汕歷史文化研究中心編：《潮汕僑批集成》，第2輯卷38，頁295。

付上港幣伍拾元正，到時查收。特此順祝　近安

弟　鄭拱贈　敬上

1978 年 1 月 18 日〔註83〕

7. 1979 年 11 月 10 日新加坡陳鏡河寄潮安東鳳鄉陳家祺問及二姆（二舅母）喪事以及舅母之遺物等如何處理：

家祺吾兄台鑒：

　　啟者，疊接來三函均照收到，詳悉藉念二姆經於農曆四月十二日仙逝。聞之哀悼但老人家高齡經已逝世，須要節哀為要。今逢便外付上人民幣壹佰肆拾元正（係鏡河武炎合寄之）到時查收，以作喪事之用。聞華武嫂叫其弟往取其祖遺物係額之舊床，吾兄為何阻止無與其取去？依弟之意見，應交還他取去及寫信吉隆坡向華武嫂道歉，並通知二姆逝世事，你須知一二年合寄銀信塘中，其生活用苦時，他全無怨言，今日之事件，使他生氣，弟有何言難開口，順此告知。並矦佳安

陳鏡河　叩

一九七九年十一月十日〔註84〕

8. 1984 年 5 月 10 日新加坡周美麗寄澄海周賜興（哥哥）言明父親過世：

母親大人尊前：

　　敬稟者，來信收到，各事均悉。慈逢是月初五日家父於世長辭，奉家兒女曷□悲痛，但人生修短有數□□無法是次家父夜間跌倒，以致死亡。居喪三天後，由佛寺大（火）化身，一切各事料理清楚。家父臨終之時交貸（代）賜興兒剋苦自力更生。逢便付去人民幣肆佰伍拾元，屆時查收。該項係親友□□僅用存交貸寄塘山用也。餘言後陳。並請福安

女兒　周美麗

84.5.10〔註85〕

從以上諸例可見新馬潮人對於親人離世後辦理的喪儀，最為普遍的便是寄去奠儀，潮人一般稱「帛金」、「紙儀」。在早期的喪葬禮俗中，大部分家庭均採

〔註83〕潮汕歷史文化研究中心編：《潮汕僑批集成》，第 2 輯卷 39，頁 417。
〔註84〕潮汕歷史文化研究中心編：《潮汕僑批集成》，第 2 輯卷 40，頁 154。
〔註85〕潮汕歷史文化研究中心編：《潮汕僑批集成》，第 1 輯卷 5，頁 204。

用土葬的方式為其家人進行安葬。土葬其實與靈魂有特殊的關係，他們認為「魂」歸於天，「魄」歸於地，故以土葬讓死者回歸大地，使靈魂得到安息，由此發展出「入土為安」的觀念。

除了土葬，尚有火葬即焚化屍體，取其骨灰安置之俗。這一習俗於近現代被日益廣泛地採用，其背後的意義乃棄其朽肉，讓靈魂脫離屍體而再生。〔註86〕如第六例與第八例為父母治喪送至佛寺或潮人善堂禮佛火化。據筆者查證，其中第六例所提及之「同德善堂念心社」〔註87〕與「光明山善覺禪寺」〔註88〕現如今依然仍在經營，持續為新加坡潮人服務。在新馬潮人社會亦受西方文化之影響，其宗教信仰亦有所改變，使其喪葬儀式也隨宗教信仰而變化，如第四例所見「病重時加入教堂，祈禱逝世時依奉教棺木儀式葬禮。葬於後港三塊石教墓」，可見喪葬禮俗中祭奠的部分，不必全然一定要複合道、佛等儀式，以致這些儀式也會隨著地方習俗與個別宗教信仰，形成各具特色的喪俗。據李永球的說法：「馬來西亞華人社會早期為土葬，一般上有錢階級採取一次葬，多數人採用二次葬，就是藏後三五年再撿骨放入甕中重葬，二次大戰後二次葬逐漸式微，現在基本上極少再有二次葬風俗。二次大戰後開始盛行火化，骨灰安奉於廟堂。時下以土葬和火化為主，少數選擇火化水葬、火化土葬或將骨灰拋灑在祖國山河大地上。」〔註89〕

二、葬後儀式

當人死後要面對怎麼樣的世界是世人關懷與好奇的課題。人們相信死後的世界是生前世界的延續，並經由禮俗的操作將靈魂送往「另一個世界」。在潮人喪葬禮俗中，安葬之後還有「作七」、「做百日」、「做對年」、「做三年」、「做忌」、「二次葬」等儀式。除了以上儀式外，還有「做功德」或稱「做佛事」。

（一）做旬與做功德

做旬，指的是死後每七日一次之供養，又叫「做七」，其形式可分為「大

〔註86〕 鍾敬文：《民俗學概論》，頁185。
〔註87〕 同德善堂念心社官網：http://www.beokeng.com/disptemple.php?temple=thong-teck-sian-tong（2021年3月1日查詢）。
〔註88〕 光明山善覺禪寺官網：https://www.kmspks.org/about-kmspks/（2022年1月17日查詢）。
〔註89〕 李永球：〈土葬和火化〉，《星洲日報・文化空間・田野行腳》2010年1月17日。

旬」與「小旬」兩種。大旬為奇數，小旬為偶數；大旬既要盛大供養，小旬則行簡單儀式，其時間一般以四十九天或七十七天為主，靈桌供奉祭品，家眷也要燒香祭拜。潮人「無不用僧尼，鼓樂徹戶聲喧」便是與「做功德」有關。「做功德」與閩南之過王儀式頗為相似，「相傳亡魂死後要到冥王接受審問，民間在作旬時有『過王』儀式，或稱『過王解結』，經由上供請願，為亡靈了贖罪業。作頭七的一朝過王法事如下：上午設法壇、起鼓、發表、請神、召魂、度人經、慈悲寶懺，中午獻供，下午冥途拔度、沐浴、解結、燒庫錢、過橋、安魂位等。」〔註90〕這些過程是為亡靈進行超渡的儀式。潮人做功德，一般都會請僧道誦經為亡者進行超渡，並以亡者名義敬施功德，救濟生前之罪行，從而幫助亡者順利通過冥府閻王的審判，進而順利投胎轉世。做功德是由不出家而做佛事的香火僧負責，其儀式程序與「正統」佛教的佛事不同，反而吸收道教部分的齋儀，在音樂、後場音樂及動作等彼此之間互有影響。〔註91〕

　　筆者在查閱僑批的過程中，發現有關做旬之例其實並不多見，如揭陽鳳林鄉李瑤琴的丈夫去世後，其喪事由妹妹李美女等人代為辦理。從李美女寄給姐姐的信中得知，她為姐姐的「亡夫做百日」，並在「家中安置靈位，每逢旬七祭祀」，並寄喪事照片二張，其中一張是「亡夫靈柩移至義山莊在永別亭攝的」〔註92〕。其後，「首七家奠之夜在家門口攝的，在各人背後之借是糊紙膺疊樓一大座，焚給亡夫收用」。〔註93〕在《潮汕僑批集成》中有關做功德與做旬之例有二：

1. 1922 年 6 月 6 日陳集允由彭亨寄潮安東鳳鄉母親問及父親做旬之事：

　　家慈親大人尊前納福：

　　　　敬稟者，承來二〇之回批已經收悉一切。云及家嚴親擇在五月十五日三巡（旬）欲作事，吾母親僅中主意可也。肖亦不能回家庶人兒大大不小之罪也，及塘山之生理在六月半該鋪□□生理收盤，汕頭埠欠數為何，從中不與人言論，說鋪中半年所放之數目俱是收無□時汕頭埠各來往數之人為何，說出可請耀鑾叔、桂秋叔言之。該事實不得已才收盤。在四月尾寄壹信陸拾元，諒必收妥可知，各

〔註90〕張惠虹：《喪葬禮俗》（臺北：聲鴻建設公司，1998 年），頁 7～9。
〔註91〕李豐楙：〈做功德〉，《臺灣大百科全書》，網址：https://nrch.culture.tw/twpedia.aspx?id=4462（2021 年 4 月 30 日查詢）。
〔註92〕潮汕歷史文化研究中心編：《潮汕僑批萃編》，第 1 輯，頁 132。
〔註93〕潮汕歷史文化研究中心編：《潮汕僑批萃編》，第 1 輯，頁 132。

節之用也。母親切勿掛念，茲逢順便之期，付去洋銀壹佰元，到時查收，應喪之用，餘及後談。福安

肖　陳集允寄

壬五月初壹日〔註94〕

2. 1928 年 8 月 30 日新加坡陳集祥寄潮安東鳳鄉母親與嫂嫂說明岳母過世與資助岳母超渡之事（此信件內夾帶另一份家書）：

家慈親大人尊前納福：

　　敬稟者，本月是天承接來大人塘批，為各事均悉，但兒之岳母去世實也是悲痛。兒之姻兄庭炎在數日前寄一信對於郵政局，方知我之岳母去世。內云叫兒寄多少項以作我岳母的佛事，未稟大人崑准，兒非常大膽私自寄付於仙洲批□□國幣捌元，望大人開罪開罪。但兒之內助倘有尊大人家規，不可寬赦。惟為人生在世，不尊上下，不可算在世為人，今奉上國幣貳拾伍元，內抹出壹元送我胞妹，壹元送我胞嫂之用。內外兩地平安□□□也。敬讀

兒　陳集祥稟

家嫂嫂大人尊鑒：

　　敬啟者，自我大兄去世之後，家中全暫嫂之料理，以代我家慈之年邁，愚叔之內助年紀輕，多代指教，望嫂之源量（原諒）。愚叔在外正免掛念，二則竭□剋苦□，望嫂嫂雙思源量。壹元以作嫂之粿需。其餘不盡言，全望嫂了。內外二方各均平安□□□也。大安

愚叔　陳集祥緘

戊閏七月十六日〔註95〕

從上述二例可見，如第一例的三巡，亦為三旬（三七日），即死後二十一天所舉行之儀式，是為大旬。在這一天，出嫁的女兒須回來祭祀，而經濟能力尚可的家庭甚至會出錢做功德。第二例中「岳母的佛事」便是潮人的「做功德」、「做佛事」，此儀式過程主要重視孝子孝女的參與，為逝者代為償還生前所欠下的一切，以求逝者亡魂能夠順利投胎。

　　做功德的儀式以請神佛為始，除了在靈堂前誦經外，也有在屋外寬敞的地方搭棚舉行，或到寺廟舉行超渡的。堂中擺香案，放香爐、往生者遺照和

〔註94〕潮汕歷史文化研究中心編：《潮汕僑批集成》，第 2 輯卷 37，頁 61。
〔註95〕潮汕歷史文化研究中心編：《潮汕僑批集成》，第 2 輯卷 37，頁 419。

三牲祭品，還要準備紙馬、紙鶴、衣箱、紙橋和紙櫃等祭品，焚燒給往生者。
〔註96〕《潮州鄉訊》中提及舊時潮人做功德的過程：

> 開過弔，又依照擇定的吉日做「功德」，這一天，死者家裏延請幾位
> 僧道，開設道壇，誦經禮儀，鐘鼓鐃鈸之聲，震澈遐邇，僧道誦著
> 經文，如唱小調，家人環拜再三。向晚在廣場上，僧道們就來「擲
> 金佛」，用著斗兒，裝著一尊小金佛，高高地向空拋擲，等下墜時，
> 便擺著一個姿勢去接著它。有的還演劇，影戲，潮音班或請人來「戴
> 礐戴碻」來助興。夜半，合家長幼和女婿們跟著長孝子圍繞一座紙
> 塔來環行。長孝子捧著死者的香爐，僧道們誦經前導，這叫做「挨
> 池」。「挨池」好了，一切便已停著。於是，把許多紙裝的桌椅，臥
> 床，箱子，衣服，被褥，以及其他一切一切的用具，通通搬出來焚
> 毀了。──這些東西總稱冥衣，都是在事前準備著的。有錢的人家
> 還裝著高大的「冥屋」，和轎子車子轎夫車夫之類，焚燒的當兒，僧
> 道們高聲誦經，家人挂杖號哭，等到紙灰飛揚，餘爐已盡，這一片
> 哭聲才休止，而這一場「功德」才算完成了。〔註97〕

其中所提及的「擲金佛」、「戴礐戴碻」、「挨池」仍可見於現今新馬潮人做功
德的儀式。據訪談人表示現在做功德有拜紙馬、挨塔（男逝者稱「挨塔」，
女逝者稱「挨池」）、禮血盆（報恩）、採藥、打城（破地獄）、三娘挑經（源
自目連救母）、拜雁取牒、點主、過橋為一整套過程，其中以過橋為最後一
個環節。〔註98〕

　　值得說明的是，據師父（道士）說：「『人死如燈滅，大限似狂風，不知何
處往，一去今世親聚已無緣』，潮人做功德的『過橋』是引領亡者順利通過地
獄之門的儀式，橋是指『七洲寶橋』，不是『奈河橋』，『過橋』是還在受佛事
超渡的亡靈正處於中介狀態，還未到閻王殿前論功過，不知被判善或惡，那能
馬上過奈河橋，奈河橋是入六道輪迴喝孟婆湯才通過的。」〔註99〕當過橋儀式

〔註96〕邱文學、葉寶蓮：《潮州民俗：傳統節日和禮俗》，頁31。
〔註97〕萬里：〈潮州的喪葬習俗〉，收入吳以湘主編：《潮州鄉訊》第2卷第8期，頁
　　　　10。
〔註98〕受訪者：一僮師父，地點：檳城威南爪夷華都村金德堂，2020年2月8日；
　　　　有關馬來西亞潮人喪葬「做功德」之禮俗個案研究，亦可參閱張馨頤：《華人
　　　　喪禮中「功德法事」初探──以吉北潮州喪禮之觀察為例》，拉曼大學中文系
　　　　學士論文，2016年，頁22～32。
〔註99〕受訪者：一僮師父，地點：檳城威南爪夷華都村金德堂，2020年2月8日。

結束時，人們便將所備之祭品一併燒給亡者，這一場功德才算圓滿完成。在新馬華人社會所傳承的喪葬禮俗中，李永球認為：「客家與廣府的傳統喪事也有破地獄的法事，稱為『破城』或『破沙』。根據居鑾萬豐壇客家道士羅冠樂說，客粵的破城儀式上趨向佛教，以目連救母為藍本。」〔註 100〕

（二）做風水與翻金瓮

潮人相信「風水」，便在生前或死後皆有相應之習俗，如「二次葬」、「翻金瓮」、「築生居」等以求一生順遂，福澤子孫。在生前做風水稱「築生居」，即在世之人所修之墓，新馬稱其為「做福基」或「做生基」。人們普遍認為一塊風水寶地，關係到一家子孫的福禍，如俗語言「富貴官品，皆由安葬所致；年壽延促，亦由墳壠所招」。〔註 101〕故此，人們多慎重請風水先生擇風水寶地以築生居。「生居」修築完成後便可立墓碑，並塗飾紅色油漆以示此人尚未死亡，死後碑文才塗成綠色。潮人的「二次葬」或「翻金瓮」與閩南喪葬禮俗中的「撿骨」雷同，誠如《廣東民俗大觀》中提及：

> 第一次埋葬稱「大葬」或「寄土」。在山上選擇好地點挖穴位。穴位不是挖一個陽坑，而是像挖防空洞一樣，往山坡掏出一個比棺材略大的方形隧洞，把棺材推進去，然後封口修墳面。有錢人用石灰、石塊修墳面，窮人用沙土稍修個樣子也可。三年之後，扒了墳面抽出棺材，開棺把骨頭從踝骨、腿骨、脊椎骨等按順序取出，打掃乾淨，又按蹲坐姿勢把骨骼一一裝進一個口小腹大像花瓶一樣的陶壇，美其名謂「金罐」。撿骨頭時要十分小心，不能漏掉任何一個細小部位，更不能擺錯位置；然後蓋上壇蓋，安好進事先挖好的穴裏，並造出永久性的墓面，這叫做「風水」。〔註 102〕

「二次葬」的過程，若骨頭變黃，說明墓穴的位置乃風水寶地，先人會為子孫帶來福佑；若骨骼變黑，說明墓穴位置不佳，後人則須另尋一個「安身」的墓穴。透過為祖先選擇風水寶地，進而達到福澤後代子孫的做法，在早期潮人喪葬禮俗較為常見。這種沿襲自僑鄉的喪葬習俗依然可從僑批中探尋一二。

〔註 100〕李永球：〈打城破地獄〉，《星洲日報・文化空間・田野行腳》2010 年 5 月 9 日。

〔註 101〕葉春生等編：《中國民俗知識：廣東民俗》（蘭州：甘肅人民出版社，2008 年），頁 144。

〔註 102〕劉志文主編：《廣東民俗大觀》，頁 477～478。

1. 1955 年 6 月 29 日新加坡吳其通寄澄海冠山鄉嫂嫂問及修墓之事：

其安嫂如是：

　　啟者，由郵接來玉箋中陳諸事均已領悉，並念近況為經殊欣遠懷也。□於云及六月初三日乃係吾母之週年期，對於應理之事可照例辦理可也。對於修墓立主亦宜辦理是耶。茲由批局寄上香（港）幣貳拾元，另外由該局寄上香壹佰元計共壹佰貳拾元到時查收，以應此六月初三吾母之週年用可也。此事並望辦理為要，妥□回音來慰。另者，祖母之墓遷移固□事否不甚□白彩示知。專此　並請近佳

愚　吳其通

一九五五年六月廿九日〔註103〕

2. 1959 年 10 月 6 日馬來西亞陳和武寄潮安東鳳鄉二嬸問及為祖先選擇風水寶地之事：

嬸母大人尊前：

　　敬稟者，固未問疾，望勿見怪，諒必合家平安否？付去港幣三十元正，到時查收。接到回批一均知之。蓮真在金（今）年並無工可做，固此通知。現在叻行情困難，現時叻東一家是五口，每月得利不過如此。固此祖公墳墓在故年祖公墳墓正移，在本年也愛移，個是做年否？在冬節，叻東愛拜公媽，順此通知。現在吾母親家神牌名叫地個否？大人可通知。蔡氏媽家神牌名叫何名字通信來知，餘無別言。另者，家祺吾弟你愛筆頭 10 個疾下信可也。

並祝　近安

侄　陳和武寄

1959 年 10 月 6 日〔註104〕

3. 1967 年 8 月 15 日馬來西亞陳家祺三嬸寄潮安東鳳鄉陳家祺談及祖墳殖骨事宜：

家祺侄兒收覽：

　　來信收妥，有關唐（塘）中祖墳植骨（殖骨）之事，也已獲悉，愚在外數十年，唐（塘）中一切完全生疏，侄兒你母可妥為打算。

〔註103〕潮汕歷史文化研究中心編：《潮汕僑批集成》，第 1 輯卷 4，頁 256。
〔註104〕潮汕歷史文化研究中心編：《潮汕僑批集成》，第 2 輯卷 40，頁 180。

目前鏡何只靠經營賣菜小生意為生，一家十口，加上愚與他妹等共為十餘口，勉強渡生，愚也年邁，只是幫助鏡何多少，其他子弟皆已紛紛自到在外謀生，產業全無。故未能多寄，僅此囑鏡何寄去港幣貳拾伍元正，查收以資應用為幸。細嬸處也已將信轉她觀看，未知她是否有意寄款前經也。華武嫂目前也已在你細嬸處居住，有信可寄你細嬸處。鏡何目前有四男四男，特此順告。即祝　安好

愚　三嬸白

一九六七年八月十五日〔註105〕

4. 1977 年 1 月 26 日新加坡蔡自有寄澄海華窖鄉上社家母問及祖先遷墓之事：

母親大人尊前：

敬稟者，今承郵之便，外付港幣貳伍元，內抹伍拾元分楚吟，餘壹佰元為家中之用。另者，內伍拾元慈源寄分母親叁拾元茶果之用，餘貳拾元分楚吟。另者，大埠老公媽墓穴豈有遷往何方了，來知。餘言後別。兩地平安

兒　蔡自有寄

1976 十二月初八日〔註106〕

5. 1992 年 12 月 19 日馬來西亞砂拉越古晉陳爾昌寄潮安東鳳區鰲頭隴仔鄉陳捷進姪孫說明家鄉為祖先遷墓之事：

碧秋姪媳、捷進姪孫收知：

前有接來信言及要移西山祖墓一事，我無讚成與反對之意。由你自己決定，但於費用我無力幫助，先此言知。今逢年終歲暮，寄去福華仄人民幣貳佰元，到時查收，以幫祭品用。並祝們合家男女老少新春快樂，萬事如意，定如所祝。我們在越地亦托神天庇佑，合家老少男女各安好，順便言知。並祝　新春快樂

愚　老叔陳爾昌

1992 年農曆十一月廿六日（十二月十九日）寄〔註107〕

6. 1993 年 10 月 26 日潮陽縣谷饒鎮張合順寄馬來西亞張家說明做福基

〔註105〕潮汕歷史文化研究中心編：《潮汕僑批集成》，第 2 輯卷 40，頁 142。
〔註106〕潮汕歷史文化研究中心編：《潮汕僑批集成》，第 1 輯卷 13，頁 352。
〔註107〕潮汕歷史文化研究中心編：《潮汕僑批集成》，第 2 輯卷 51，頁 502。

「擇十月大利期吉日陞碑圓滿清楚」之事：

> 合葵、合坤、合平各位胞弟弟婦及各胞妹如晤：

>> 舉筆之際，恭祝各位胞弟妹們玉體安泰、福祿禎祥、百業發達、萬事如意、財如冬梅生白玉，利似秋菊吐黃金，為願！合葵胞弟寄鄉親光生兄轉來馬幣伍佰元正已如期查收。合坤胞弟寄鄉友鴻生兄轉來馬幣壹佰元收妥。多蒙熱心關懷，感恩不淺，特致敬意。每次寄來都由兄長發落，部份給各侄收用，當為拜祖無悞！餘款協助兄嫂籌辦福基之需，前贈送電視機，買後該款也為辦福基應用。目前土體基本完成，並將擇十月大利期吉日陞碑圓滿清楚。一應開支不少，人民幣貳萬多元，家少餘蓄，還望諸弟妹們周全，為盼。闊別思念，要求弟妹們切回祖家歡聚，千萬不可忘卻生身之地——祖籍赤寮茂廣鄉！但求一見，心滿意足！

>> 本欲辦點禮物托友人送上，但因他們都言及各弟再三交代不要煩寄禮物，揀阻再三，故而兄長未能寄上微物，勿怪！兩地平安！三弟寄來藥品、萬金油二瓶、驅風油二瓶查收，特再告明。此信勞轉知各弟妹勿悞！願各侄前程錦添、事業成功！千言不語，弟等回來，現厝宅寬大，侄已建樓房，安身免憂！並祝　近安！

> 胞兄　合順

> **1993.10.26**〔註108〕

上述六例可見潮人葬後禮節中尤為重視風水，如第一例至第五例的移墳殖骨，與第六例的「籌辦福基」皆與風水有關。從這些僑批中例子可見，其中包含了「陽宅風水」和「陰宅風水」，使其門庭興旺，子孫發達。〔註109〕

　　無論是在海外或家鄉，潮人一般按其傳統來備辦喪事，但亦有人覺得如此隆重奢靡的喪葬禮俗，是耗費財力與精神的陋俗，誠如1974年11月28日《南洋商報》的報導：

> 以新加坡華族人士所奉行的傳統喪葬禮來說，那便是一種極盡鋪張浪費能事，擾人而又自擾的要不得陋習。在我們這個實事求是的社會裏，此種陋習的存在實是一個大諷刺，有必要加以大大改良。華人的傳統美德以孝居先；事實上，在西方風氣薰染之下，許多人早

〔註108〕筆者收藏之僑批，原件可詳參附錄四。
〔註109〕王夫子：《殯葬文化學》（長沙：湖南人民出版社，2007年），頁410。

> 已改變觀念，不知孝道為何物，甚是置父母的生活于不顧。偏是父
> 母一旦去世，兒媳個個搖身一變而為孝子孝婦，不惜大事張羅，為
> 父母舉行一個風光十足的喪禮。由於居處侷促，一般喪家就在市區
> 內的熱鬧街道或住宅區的曠地上搭起帳棚來，大做其喪事。交通受
> 阻不在話下，四鄰常為鐘磬鼓樂之聲吵鬧得無法安睡，空間則為到
> 處飛揚的金銀紙灰所污化。弔喪的親朋，三五成羣圍坐在一起，一
> 面吃喝，一面高聲談笑，或搓麻將、玩紙牌以消磨時間。這簡直變
> 成一個娛樂場所，與喪家的哀悼氣氛極為不相稱。一般喪事，少則
> 三日，多至七天。一應物事的備辦與儀式的進行，不但靡費甚巨，
> 而且足使喪家上下人等拖累得筋疲力竭。〔註110〕

上文所言乃現如今新馬華人社會辦理喪葬禮俗之普遍情形，對於「凡遇父母
喪，無不罄囊鬻產」之風，亦非全然如此。竊以為，在新馬多元種族共生的環
境下，人們對於各族喪葬禮的包容性很高，雖有擾人之處，但人們多選擇包容
與接受。對於隆重繁華或是簡單莊重之喪禮，都取決於喪家之經濟能力與個人
之喜好而已。我們應當重視的是喪葬禮俗背後的意義，以及為亡者進行其最後
通過儀式之心意最為重要。

　　潮人喪葬禮俗集合了儒、釋、道的精神，並配合人們面對事死之心態，衍
生出一整套完整的儀式。喪葬禮俗的人文意涵大致上是以孝道入手，從死者與
生者的對應關係，建立起生命傳承的人文價值，讓人們體悟「生死」之義，從
而尊重生命。由於都市生活的快速發展，加上新加坡土地面積和政府的規劃，
現代的喪禮多以火葬的方式進行。在馬來西亞方面，除了居於城市的人們，一
般鄉下或郊區則多保留較多傳統的做法。但人們亦因墓地價錢昂貴，或個人喜
好的考量，選擇以火葬進行身後事之人也不少。總之，新馬潮人的喪葬儀式也
有趨向簡化的現象，這是時代變遷下必然會面對的問題，但其本質仍被保留了
下來。

第四節　小結

　　透過本章的探究，我們對潮汕僑批有關潮人生命禮俗之面貌有基本的瞭
解。從出生到死亡，人們都要歷經各種不同階段的生命歷程，為了面對這些人

〔註110〕〈喪禮不宜靡費鋪張〉，《南洋商報》1974 年 11 月 28 日，第 25 版。

生重要的關卡，如出生能夠使人體認到生命誕生的意義，體會新生命誕生的喜悅；婚禮使人懂得並體驗生命共同體的結合；喪禮使人體悟到生命的終結，進而關愛生命。這種種生命禮俗，是先民們根據生活的經驗衍生出的相關儀式，把個人、家庭、家族與社會連結起來，從而表現出人與人、人與社會之間的親密關係。

在潮汕僑批中所見之生命禮俗各有其內涵，從出生的報喜、命名等，甚至是為延續香火的螟蛉子，都反映了新生命誕生，以及薪火相傳的意義。婚禮的舉行，從某個角度而言象徵了男性與女性身份的轉換以及另一個再「生」的開始。雖然有部分的男性在南洋會出現另娶的現象，但大部分的潮人依然是心繫家鄉的妻兒的。因此，人們在選擇婚姻伴侶的過程中是必然會經過「精挑細選」的方式來認定彼此。一般上，婚姻與誕生是密切相連的，婚禮一開始的目的便是為了生命與家族的延續，以至迎來新生命的誕生都體現了人類傳承血脈，生生不息的循環模式。

從生命誕生到漸漸步入「死」的階段，是每個人一生所需要經歷的過程。在潮汕僑批中，人們透過喪葬禮俗的操作，表現出對親人離世的悲傷與哀切。面對無法歸家奔喪以及自身滯留海外的無奈，除了一封封寄往家鄉的家書之外，或許能安慰心靈的便是在僑居地為逝者祭祀。在有限的情況下盡可能以財力來展現對於亡者離世的緬懷與尊敬之心。然而，喪禮中所牽涉的種種禮儀，結合了儒、釋、道等各個宗教以及社會文化所展現出的面貌。生者如何透過辦理喪葬的儀式為死者進行生命禮儀中最後的安頓，表達了潮人面對「生」到「死」的真誠態度。

綜上所述，本章節以誕生禮俗為始、婚嫁禮俗為續、喪葬禮俗為終，從這三個階段來探討潮人生命禮俗文化的意義與在地化的考證。透過僑批中有關生命禮俗的探究，反觀現今生命禮俗儀式趨向簡化，或漸漸被遺忘的現象。現代社會文明和文化的變遷極為快速，因此生命禮俗的探究與推廣，就成為生命教育的重要課題，進而透過推廣生命教育，使我們瞭解如何接納生命、珍愛生命、尊重生命。

第肆章 潮汕僑批與潮人生活民俗之探究

　　本章將潮汕僑批有關生活之部分，包括飲食、器用、醫藥等方面，以及歲時禮俗納為討論範圍，期對當時潮人生活習俗有更具體的認識。歲時禮俗乃一年當中特定節日所舉行的禮俗活動，由於禮俗活動的形成和範圍皆與人的生活息息相關，因而筆者將之納入生活民俗一節進行探析。

第一節　生活習尚：開門七件事

　　從事勞動生產是人們生存的基本條件，而生活中各項衣食住行皆依靠人們的勞動得以實現。誠如鍾敬文所言：「物質生活民俗最先只以滿足生理需要為目的，如以飲食滿足維持生活的需要；以服飾滿足遮身蔽體，防寒保暖的需要；以巢穴房屋滿足抵禦風雨侵襲，防禦野獸傷害的需要；以器物用具擴展延伸人體器官功能，實現增強生活能力的需要。」〔註1〕為了滿足生活上的需求，無數華僑選擇落番到南洋，以期在南洋得以賺取厚利，進而改善僑鄉家眷的生活。在南洋生活的期間，華僑尚需適應南洋的環境、氣候、風土、飲食等不同方面的改變，以維持生活。

　　李鍾珏《新嘉坡風土記》如此描述：「至頂戴冠服，則惟歲首及婚嫁用之。尋常酬應往來，或穿單長衣一領，已不多覯。居恆短衣跣足，坦率習慣。冠履忽華忽洋，出門必戴帽，或洋帽，或巫來由人帽，戴中國小帽者甚少，惟御長

〔註1〕鍾敬文主編：《民俗學概論》，頁73。

衣，必戴小帽，雖甚熱不露頂，亦風俗使然也。閩人發辮，俱用紅線為緒，雖老不改亦其風俗使然，故見紅辮者，望而知為漳泉二府人也。」〔註2〕於此可見晚清賢士遊歷南洋時對華僑容貌之描寫。在多元種族共生的環境下，生活方式自然也衍生出各種與原鄉相異的風物習尚，其中最顯著的便是飲食和服裝上的「洋化」生活方式。近代潮汕僑鄉社會在長期與南洋的跨國聯繫中，其社會生活與風俗自然也會潛移默化地發生變化。於此，此節將以僑批所反映的生活習尚為切入點，並以風物、醫藥和特殊習俗為例。

一、日常物產

在日常生活中，衣食住行是人們生存與生活不可或缺的基礎條件，而當中又以飲食為最重要的部分。民以食為天，飲食不僅能滿足人們的生理需要，同時也具有豐富的文化內涵，在一定程度上也滿足了人們精神層面的需求。〔註3〕南洋的潮人大多表現出對西方生活方式的嚮往，如日常用品、保健食品等皆追求洋化。在僑鄉，飲食與服飾的變化一方面表現出僑鄉家眷因南洋家人的接濟而生活較為富裕，另一方面也體現了人們珍惜現世享受的心態。據陳達的調查所示，僑鄉「喜著西服的時風，在一部分的青年是極盛的，特別是學生或與外洋有過接觸的人」，「在南洋生長的中國人，其食品頗受歐化的影響，特別是光景較好的人家。食品的質料有許多還是保存中國的習慣，例如米與豬肉，但飲食的方法，以模仿歐式者居多……近年來有些華僑社區的食品，漸呈顯著的變遷。菜蔬裡喜歡用辣椒，分明是南洋的習慣。辣椒常用，並常用大量的，此外辣醬油亦比較普通。社會地位較高的人家，不但用餐時飲咖啡，即在平常時間，亦以咖啡款客，往往用以代茶。」〔註4〕諸如此類的生活習尚不全然效仿西方國家，並且與家鄉生活方式有所融合，形成「中西雜糅」的生活方式。此外，因南洋屬熱帶氣候國家，當地氣候也是改變人們飲食習慣的主要因素之一。至此，僑批中有關人們生活日常將陳述如下：

1. 1936年4月24日新加坡陳集允（陳執允代寫）寄潮安東鳳鄉母親各色物品：

〔註2〕〔清〕李鍾珏著、許雲樵校註：《新嘉坡風土記》，頁10a。
〔註3〕鍾敬文主編：《民俗學概論》，頁74。
〔註4〕陳達：《南洋華僑與閩粵社會》，頁107、118。

慈親大人尊前福安：

　　稟者，讀來回批云及一切知悉。從乾叔寄（雨傘二枝、被盤一包）兒寄雨傘二〇枝，白冰糖一盒，寄者補叔，寄去收妥回音來知。虎骨膠一味及付老補叔待下幫再寄也，勿免介意。集亮與友人合新創生理一事頗妥當，外鄉人免介念。兒在叻地之勤儉稍得，對人非有縱妻兒閒遊費，固勿聽他人之說也。茲奉上洋艮15元，到時查收家情之需耳。餘後再稟

福安

兒　執允代

丙閏三月初四日〔註5〕

2. 1937年2月18日新加坡陳集允（陳執允代寫）寄潮安東鳳鄉母親說明家人欲購買之物品到時再寄之事：

慈親大人尊前鈞安：

　　稟者，茲奉上銀15元，到時查收，家情之用。餘後再稟。從乾叔來信云：欲買海參、鰇乾二味到時候再寄。老補叔送到俺家中，然後代為了了自己云有多少照字著之，加一二月及未知耳，先通知。

福安

兒　集允寄

丁元月初八日〔註6〕

3. 1939年1月27日新加坡宋嘉銳寄冠山鄉母親說明托水客帶去牛奶六瓶：

家慈大人尊前納福：

　　敬稟者，茲上月付批局奉上一信外並大銀三十元，諒早日收到可知回音在途中耳。是月初貳日兒嘗寄水客帶去□十牛乳六瓶，寄交清標叔店中代收。欲與家大兄收用，不卜豈嘗收到回音示知為要。茲逢輪便寄付信局帶上一信外，並大銀三十元至時查收，應分諸人福腰，家情費用及邦批兒再寄上五十元收為家用，望免掛念，應分諸人福腰計開橫成，餘音及稟。

金安

兒　嘉銳稟

〔註5〕潮汕歷史文化研究中心編：《潮汕僑批集成》，第2輯卷37，頁198。
〔註6〕潮汕歷史文化研究中心編：《潮汕僑批集成》，第2輯卷37，頁208。

廿七年十二月初八日〔註7〕

4. 1948 年 3 月 9 日新加坡陳從乾寄潮安東鳳鄉陳角瓦兄長說明託人寄去的燕窩：

角瓦兄長鑒：

　　茲順便寄福泉叔帶了燕碎貳包，到時查收，計一包煩勞送交耀鑾叔，餘一包送兄長收用□□笑納。前日塘山地震，俺家中定十平安可知？茲為到時煩勞順筆示曉舍弟。浤明、浤光年少無知，諸所煩勞指示□□他及，此致。

並候

弟　從乾寄

戊元月廿九日〔註8〕

5. 1949 年 1 月 9 日馬來西亞陳茂松寄潮安東鳳鄉妻子莊氏提及各色物品，包含英文墨水與英文筆之例：

莊氏賢內助粧次：

　　啟者，接來回文各情以悉，內言文祖祠之園豈是操場否？為是操場之園至切不可賣為要。此次寄照得嫂之物豈有收到否？內計英文墨水一瓶、英文筆一支、鱉魚油一支、萬金油二瓶，計五件。泉炎影相亦以收到。茲逢輪便寄去金圓券 100 千元，到時查收。……

餘言後敘

並頌　坤祺

另者，內夾最近影相二片

夫　茂松緘

戊十二月十一日〔註9〕

6. 1967 年 10 月 10 日新加坡黃御枝母親寄給潮安東鳳鄉陳瑞杰說明託人運送的各色生活物品，並囑咐兒子切記領取：

陳瑞杰吾兒如晤：

　　今早晨（十日）八時黃御嬌姨乘搭海皇輪返汕，大約十六七號可安抵汕事。為母寄他一麵粉袋舊衣，舊鞋二雙，宜賣藥壹支外，

〔註7〕潮汕歷史文化研究中心編：《潮汕僑批集成》，第 1 輯卷 4，頁 73。
〔註8〕潮汕歷史文化研究中心編：《潮汕僑批集成》，第 2 輯卷 38，頁 48。
〔註9〕潮汕歷史文化研究中心編：《潮汕僑批集成》，第 2 輯卷 40，頁 98。

飯鍋一支，鼎仔一個，面盆一個，鼎鑢一支，小銅匙四支。另在手提行李內裝在香煙矸洋參二兩，裝□□矸高麗參二兩，十小條布□三碼，□江布一塊，麵粉袋入十條。到時抹出拾條送給炳通五條，送與林景深五條，交林葉修拾條，送與砂洲妗。另一小麵袋幾件舊衣，有肝膏針三支。再另一小袋舊衣幾件，寫士林布一塊，肝膏針三支，魚乾丸一包係寄給外孫兒李正茂收。屆時最好前往汕頭景深舊處領取。殊免夜長夢多，異外生枝。又青色羊川○磅，紅色壹磅□，屆時青色羊毛分出磅半送與外孫女為要也。餘另有些少膏藥布之類不能盡，收妥回信來知。茲逢批便付去港幣貳拾元正至時查收。

餘言後談，順詢　安好

叨　愚母　黃御枝托

一九六七年十月十日〔註10〕

7. 1970 年 12 月 23 日新加坡蔡介榮寄澄海華窖鄉蔡厝家慈親說明寄往家鄉的各色物品，當中還說明新加坡為熱帶國家，故無法購買厚裘衣之事：

慈親大人尊佑：

敬稟者，上次接到回批各事領悉，叨中今天付郵局寄去舊衣合共拾包，計大約舊衣8川件，白布一塊，洋參川乂□裝在□內，為若收到切欲回信來知也。叨中是熱帶地方，並無厚裘可寄，對於□□無証照字亦不敢寄，望為原諒。今逢批期之便，奉上港幣伍拾元查收，內抹拾元送分大人收用，存餘兩弟家中之用，內赤色寒衣並白布送交大人穿用。存餘之物兩弟均分為要。

敬請　金安

兒　介榮叩上

1970‧12.23〔註11〕

8. 1980 年 1 月 13 日新加坡陳植昌寄潮安東鳳鄉陳植炎兄長說明不需購買非日用品之事：

植炎吾兄：

你好！祝你新春如意！日前寄來之函，業已收妥，一切詳悉。對於非日用必須品，如計算機、收費電唱機等，我們鄉下還用不著，

〔註10〕潮汕歷史文化研究中心編：《潮汕僑批集成》，第 2 輯卷 38，頁 509。
〔註11〕潮汕歷史文化研究中心編：《潮汕僑批集成》，第 1 輯卷 13，頁 310。

免寫伬來討，待我看後，必很不安。因為現在僑居地三年少兩，一切農作物失收，人窮財盡，生活日苦，物價日貴，影響波及，店下生意大不如前，子女多，費用大，很覺難以應付，又云「吾侄不久完娶，到時盡我能力幫助你吧！」今年大冬收成怎樣？家鄉人民生活如何？希報告讓我知，待遠遊子弟有此安慰也。寄去港幣壹佰元正，收入回文通知可也。再見！

弟　植昌手書

1980.1.13〔註12〕

9.（年份不詳）新加坡陳鑾娟姑寄潮安東鳳鄉鄭氏家嫂說明托運之物品及水客之姓名：

鄭氏嫂膝下：

　　自從收到你的來信，現在已經有幾個月，未知近況如何，家人是否平安。信來中叫我寄點吃物去，因為這幾個月來沒有親戚朋友回唐（塘），所以一直等到這次才有人要回來。我已經託他帶來少少吃物，他的姓名是叫黃特民先生。他在本月五號搭海皇輪前往，到時你可到客行向黃先生領物與錢。寄他人民幣是拾元正，所寄之物有三甲粉一罐，餅乾一罐，日本鞋拖四雙，火牌兩包，豬油興□一罐。一個紙箱內中有一隻輕鐵鍋，江魚脯，白糖，線針，魚乾丸，維他命丸，當歸丸，風油，味精，總共一代（袋）。你要是去拿物件的時候，千萬要記得向他要拿錢，那些三甲粉是抄（炒）熟的，只要泡以開水便可以吃，並祝　平安

姑　陳鑾娟上

一月八日〔註13〕

從僑批中可見新馬潮人於 1930 年代至 1980 年代，托水客或親友寄帶回國之物可謂五花八門，衣物布料、日常用品、保健食品等種類繁雜。舊時的潮汕僑鄉生活較為貧困，加上戰亂頻繁導致三餐溫飽皆成問題，而自新馬僑批業與郵政業務的發展，不少潮人不僅寄錢匯款回家救濟，而且還托帶日常所需的物品。其中最為常見的食品當屬豬肉、豬油和白米，其他則是日常穿戴的衣物鞋襪等。南洋華僑偏好在菜餚裡添加辣椒的飲食習慣亦可從中略見一二，如第六

〔註12〕潮汕歷史文化研究中心編：《潮汕僑批集成》，第 2 輯卷 39，頁 383。
〔註13〕潮汕歷史文化研究中心編：《潮汕僑批集成》，第 2 輯卷 38，頁 522。

例中所提及的「蝦米辣椒」。

　　對於食品衛生和品質方面，他們更為重視食品與人體健康的關係。在新馬謀生的潮人對於攝取牛奶與保健食品的習慣亦受到當地的影響，進而間接性地改變了中國僑鄉的親眷，如新加坡宋嘉銳寄往家鄉的信中言明托水客寄去牛奶的實例，其餘尚有海參、魚膠、燕窩、洋參、維他命、三甲粉（或稱三甲散，主要成分為鱉甲、龜甲、穿山甲故稱三甲，具有通絡消瘀、清熱養血之功效）等較為昂貴之物品。其次是服飾方面，如第八例所言「叻中是熱帶地方，並無厚裘可寄」，反映了潮汕僑鄉與南洋氣候之不同，因而並未有售賣厚裘之商家。綜上可見，新馬潮人之風物習尚乃因地制宜，亦受當地飲食、氣候等方面之影響，從而形成移民時代中兩地獨有的生活面貌。

二、醫藥養生

　　因潮汕地區氣溫偏高而多挾濕氣，溫熱病、暑病、濕熱病甚多，故用藥偏於寒涼。不少潮人也喜用中醫處方或偏方，當中還常常加入數味當地草藥，或完全運用民間的草藥秘方，逐漸形成潮汕獨特的醫藥習俗。再加上潮汕地區的地理條件與南洋一帶的人們有親密往來，且兩地夏季氣溫與濕度較為接近，故海外潮人在看病及食用藥品上也受其影響。在用藥習慣上，除了中草藥外，潮人幾乎家家戶戶都備有南洋藥品，以備不時之虞。〔註14〕於此，僑批中所見之醫藥養生的現象為何，茲將分別論述如下：

　　1. 1954 年 7 月 14 日澄海冠山鄉母親寄宋佳銳兒子回批中提醒兒子在新加坡勿要食用燥熱之物：

　　　　啟者，是日接到來書二片，披讀明悉，外並大艮捌元為信查收。
　　　　另者，古廟神事費用之項未卜，兒豈能為得，月前與李通討項，幸
　　　　得上月下旬寄來還大艮四元，不嘗發還米數預在此神事之用。今接
　　　　到兒現項有多坪數可也，但兒為常乾盛可與大舍言明，邦理少扶粗
　　　　重之工，李做宜當。另者，外口之居身份須當保養，涼物宜用取食，
　　　　炎物、瘀毒此二味不可亂取其食。神事十三夜閣受二王爺出遊，在
　　　　書院起馬，十七夜十一點鐘起遊至天明，卯時落馬入廟陛上殿。俺
　　　　連工顧一名去｜○元，標紅題去｜8元，戲金題去川○元，鼓首題

〔註14〕　李玉茹、黃曉堅：〈潮汕僑鄉文化概論〉，《八桂僑刊》第 1 期（2017 年 3 月），
　　　　頁 64。

去｜8元，三牲一付｜〇元，大鑼鼓題去 10 元，神錠錢節並什用□
禮香燭8〇元，列明在此，崇付。

佳銳兒收知

母　泐

甲六月十五日〔註 15〕

2. 1955 年 2 月 21 日馬來西亞陳和武寄潮安東鳳鄉陳蓮真妹妹說明購買
草藥之事：

蓮真吾妹知悉：

　　二月二十日接到來函，一切兄均知也。外付港幣伍拾元正，到
時查收。上信言及買蟋蟀草，由買老熱（熟）地，切切買也。妹若
受往叨時，切切往三位姑母座談可也。由往禮陽吾母妗座談。批內
有叨幣拾元，以落船底費用也。若是落船時，切切寄郵政來叨通知。
落大字固身也，可買多小茶葉來叨送人也。餘無別言。並祝　近安
注意：內抹五元與二孀母茶果也。

兄　陳和武

一九五五年二月二十一日〔註 16〕

3. 1955 年□月 6 日馬來西亞陳和武再寄一信給潮安東鳳鄉陳蓮真妹妹說
明來馬來亞時購買草藥之事：

蓮真吾妹知之：

　　□□（外付）去港幣伍拾元正，到時查收。批內有一張大字頭，
以妹來叨可也，但是字頭上落小心可也。妹去府城買二件藥品，名
叫蟋蟀草大藥一大包，由買老熱地（熟地）大約拾元港幣。若是受
來去東畔新德記內初炎嫂座談。初炎嫂也受往叨，順此告知。兩人
同往叨好也，但是船期大約十八九號到汕頭也。若是受出汕頭時，
切切寄一封郵政來叨通知。內抹五元二孀母茶果。餘無別言及陳。

並祝　近安

通信處：

吉隆坡

蘇丹街　門牌　｜一六百號

〔註 15〕潮汕歷史文化研究中心編：《潮汕僑批集成》，第 1 輯卷 4，頁 187。
〔註 16〕潮汕歷史文化研究中心編：《潮汕僑批集成》，第 2 輯卷 40，頁 84。

廣福隆寶號　轉交

兄　陳和武寄

一九五五年□月六號〔註17〕

4. 1960 年 9 月 19 日新加坡陳楠昌寄潮安東鳳鄉雙親提及購買虎骨膠與猴膠之事：

奉稟雙親大人尊前：

　　敬啟者，接你來諭並悉諸所順遂。<u>言及要用虎骨膠、猴膠，候兒覓買正原庄膠可寄回，望勿介意。</u>順便寄上港幣柒拾元，內抹出港幣貳拾元父親大人收用，餘存港幣伍拾元以助家途之用，信到查收。

餘言後稟

祝頌　福安

男　陳楠昌寄

一九六〇年九月十九日〔註18〕

5. 1961 年 4 月 6 日新加坡陳聲振寄東鳳鄉父親說明草藥不宜服用，並寄去胃藥之事：

父親：

　　三月份家書接到一切閱悉。<u>父親由於胃病發起，必先料理胃好後，才能補益。在胃病未完好之前，不能服用補刻，高麗藥性強烈，更非老年人體質適宜。以前寄去時，兒嘗致通舊友陳玄，已證明不會用。今不知向什麼醫生說須數味配藥。</u>此次利士叔回國，勞他帶去少許食品及胃藥 100 粒。另列單，此不贅。茲奉上港幣柒拾伍元，計十元送利士叔，近況他自能詳談。自從去年以後負債，月間收支又不平衡，對寄食物費用很多，並亦□友，此以寄少許應用時父親寬恕。敬請　金安

物單計：

豬油一珍（注：馬來文數量詞 Tin，中文為一桶）約八九斤，江魚乾 30 斤，蝦米 30 斤，魚膠三個，小夫金萬金油□，小驅風油 10 瓶，健樂仙胃藥 100 粒，白糖一斤，餅乾約三斤，蝦米辣椒一金（斤），

〔註17〕潮汕歷史文化研究中心編：《潮汕僑批集成》，第 2 輯卷 40，頁 85。
〔註18〕潮汕歷史文化研究中心編：《潮汕僑批集成》，第 2 輯卷 39，頁 35。

麥片二包，膠布一圈，火柴□少許

兒聲振敬上

一九六○年四月六日〔註19〕

6. 1966年1月4日新加坡林亞姈寄潮安博士林鄉大宗祠巷家雙親大人說明購買虎骨膠與驅風油之事：

雙親大人尊前萬福：

敬稟者，頃承大札內情領悉，滙欵收妥家中長幼諸輩均皆安好勝常甚慰。振賢舅足傷尚未完善全愈，囑咐寄虎骨膠、驅風油，候有便時付上免介。叨坡晚輩亦皆粗安，至於孫兒瑞祥尚無意婚事，聲請從緩。瑞賢婚姻已訂定預在明年二、三月間舉行結婚，其他諸人候選配偶順為奉告。茲因年關在即，特托信局滙上港幣伍拾元到日查收，抹出廿元大人收用；另抹出廿元送與舅姈收用；另抹出50元送與孫兒；另抹出50元送與細姑母收用，略表微意，特此修函煩請賜覆是幸，專此。並祝　福安

愚　女林亞姈、婿丁寄萍　頓

1966年一月四日〔註20〕

7. 1971年9月9日新加坡黃御枝（母）寄給潮安東鳳鄉的瑞杰（兒）說明寄去之物「犀角」之功能與食用方式：

瑞杰吾兒：

啟者，前付郵局包內有一小塊係「犀角」此物功能治熱症，節度服用亦可，多飲多貪有害，對身體不利，宜慎之為要。你父親於數月前因年老無能為由受僱主停職，生活困難以致數月未有批仗到家。為母每月還須幫助你父日常生活之需，希望你們以後來函勿東西樣樣好愛事、愛買，增加你雙親的困難煩惱。是要來函叫你父親回唐（塘），這是最好，沒有知你有孝。不過你父目前無工作，再覓亦難。倘若回家就無於莫返叨，你們是否能負責奉養之功，供應生活伙食之能手，果能如此，候他老慮定奪，另函告知。茲逢批便付去幣港伍拾元正到時查收應用，餘言後敘。尚此順詢

安好

〔註19〕潮汕歷史文化研究中心編：《潮汕僑批集成》，第2輯卷39，頁485。
〔註20〕潮汕歷史文化研究中心編：《潮汕僑批集成》，第2輯卷50，頁410。

叻　愚母　黃御枝托

一九七一年九月九日〔註21〕

8. 1983 年 2 月 22 日新加坡蔡如松（弟）寄潮安東鳳鄉蔡若琴（姊）提及哮喘病症處方：

若琴姊之親收：

啟者，郵信皆收讀藉悉一切。言及姊事平安是慰也。茲順便付去艮 80 元正到收。｜又三川年二月廿一日，由寄航空信內有喀藥｜○包大約一星期可到，倘收到來示知可也。對喘病一症，在於□時隔三戌（五）天用草羊肉及胡椒□打畔少片薑煎食，少許醬青即可。此痛要長期服食才可輕些，並祝　平安。

弟　如松平書上

一九八三年二月廿二日〔註22〕

9. （年份不詳）新加坡宋嘉（佳）銳父寄新加坡宋嘉銳的回批順附的咳嗽藥方：

但兒意欲入州府仔有厝人頭可居，有親朋知心之友做得亦可行也，只愁缺寄月信，有身腹之人機變謀借，暫寄兩月之為有者，預定欲往到位之日，切切不可停腳降步，躊躇上中下之事，剋苦忍耐，為謀人面交情，識能生巧，何愁無進身之日。無厝人頭者事之不可行也，頗覓知有先修片□一札可進達上有機會，然後再行可也，各事進退兩難。無實暫且叻中托友相尋小工之事，將就受作。外口之居身係保動，瘀次毒物不可亂取其食。身氣不平致浮咳嗽欲良方服之。熟咳者喉中小痛之；風咳者咳嗽不止，喉中可似有風出入即之咳之。去三件栗牙、淡竹、麥冬、桔梗、連召、桑白、麥冬、杏仁、栗牙、淡竹；入三件枇杷、天冬、薑、活水碗二煎之。〔註23〕

10. （年份不詳）新加坡鄭松佳寄往潮安禮陽鄉三房北厝鄭銳鴻兒子（林氏妻子）「雞嘴口風」的治病處方：

林氏荊妻知悉：

接到鴻兒來信，說你發生雞嘴口風，前來問有何藥調治，俟吾

〔註21〕潮汕歷史文化研究中心編：《潮汕僑批集成》，第 2 輯卷 38，頁 514。
〔註22〕潮汕歷史文化研究中心編：《潮汕僑批集成》，第 2 輯卷 41，頁 285。
〔註23〕潮汕歷史文化研究中心編：《潮汕僑批集成》，第 1 輯卷 4，頁 181。

詢問內行人看有何藥可能調治，然後寄去。但吾曾經聞有相知之人，致著此痛是用塘中苦耐根去其外皮，內中苦耐心完全去清，然用水一碗煎存六七分之度，用酒小許與水送服，經以有效。吾妻且服數次看看如何，倘若有效繼續服之。

鄭松佳　字

八月初五日〔註24〕

縱觀以上僑批，可見新馬潮人與潮汕家鄉的醫藥養生的密切關係。如同第一例囑咐兒子在新加坡勿要食用過多燥熱之物；第二例與第三例囑託妹妹托運家鄉中草藥；第四例與第六例購買虎骨膠寄回家鄉。清人黃元御（1705～1758）的《玉楸藥解》曰：「味辛鹹氣平，入足少陰腎經。療關節氣冷，治膝脛腫痛。虎骨逐痹通關，強筋健骨，平歷節腫痛，愈腰膝痿軟，諸獸骨鯁、惡犬咬傷、痔瘻脫肛俱效。」〔註25〕說明虎骨有祛風止痛，促進骨頭癒合，抑制關節發炎止痛等作用。故此，僑批中亦可多見人們購之並寄回家鄉以供長輩或患者使用的現象。

其次，在第五例則是使用西藥之例，如僑批中言「在胃病未完好之前，不能服用補刻，高麗藥性強烈，更非老年人體質適宜」並囑託人帶去胃藥。在第七例則提及一小塊「犀角」為治熱症之用，據《玉楸藥解》曰：「犀角寒涼泄火，治胸膈熱煩，口鼻吐衄、瘟疫營熱發班，傷寒血瘀作狂，消癰疽腫痛，解飲食藥餌、山水瘴癘諸毒。」〔註26〕另外，第八例則說明了哮喘症的處方，需長期服用以羊肉、胡椒及薑片煎食。第九例亦說明了咳嗽良方，亦詳細寫明其中草藥以及服用方法。第十例則是「雞嘴口風」之偏方治療，筆者於陳文德的〈民族醫藥學在潮汕地區的發展與運用〉一文發現當中所提及的「雞嘴口風」即為潮人稱呼的胃痛，其中秘方曾廣泛流行於民間，深受廣大人民群眾的信賴與海外華僑的喜愛。〔註27〕

整體而言，從上述僑批得見早期潮汕與新馬潮人的醫藥養生習俗，如食用

〔註24〕潮汕歷史文化研究中心編：《潮汕僑批集成》，第2輯卷48，頁279。

〔註25〕〔清〕黃元御撰：《玉楸藥解》卷5，收入四庫全書存目叢書編纂委員會編：《四庫全書存目叢書‧子部‧醫家類》（臺南：莊嚴文化事業有限公司，1995年），頁379。

〔註26〕〔清〕黃元御撰：《玉楸藥解》卷5，頁380。

〔註27〕陳文德：〈民族醫藥學在潮汕地區的發展與運用〉，《中國民族醫藥學會首屆研討會論文匯編》（北京：中國民族醫藥學會，1996年）頁223。

的中草藥或西藥等面向。雖然某些處方尚未加以查證其功效，但這使我們認識到早期南洋與潮汕地區之間善用中藥調治病症的習慣。當中大部分中藥，如虎骨膠、猴膠、犀角等現今已不再使用，但僑批成為了見證人們使用這些藥石的載體，真實反映了早期南洋華僑如何依靠中西藥來調養生息，維持生活的健康。

三、過番習俗

　　潮汕地區將出國謀生稱為「過番」，而出國謀生的人們稱之為「番客」，在「番客」長期漂洋過海的生活經驗中，衍生了僑鄉地方特色的習俗。在早期凡「過番」者，無論是「新客」初次出洋，或是「老客」回國省親後重返僑居地，其親友都前來送行，俗稱「送順風」。《中國民俗知識》云：「華僑過番習俗，流行於潮汕一帶。新中國成立前潮汕地區多出國謀生，絕大多數往東南亞各地定居。經過長期的頻繁往來，在這些華僑的故鄉形成了種種與迎、送親人過番，祝願親人在外地平安順利有關的特殊風俗。有人要出國，或華僑回國後要返僑居地，親友鄰居就拿些禮品如糖果、餅食之類前來相送，俗稱『送順風』，即祝願離家者一路平安，順風得利之意。」〔註28〕父母也會贈與香灰、符咒，妻子贈與榴花木梳、甜粿、雞蛋等，皆寓有順風抵達，得利回歸之意。當華僑歸來，親友們也會送來禮品，表示接風洗塵，俗稱「落馬」。在較多華僑的僑鄉還會在農曆八月，由僑戶籌錢請戲班來演戲酬神，目的是為祈求旅外親人平安，俗稱演「順風戲」或「番客戲」。〔註29〕有關過番習俗之例於僑批中亦可見一二，茲分述如下：

　　1. 1929 年 3 月 14 日新加坡陳集祥寄潮安東鳳鄉母親說明在農曆二月初二之回批已收到神符，寄給初到新加坡的陳集軒（弟）保平安之用：

> 慈親大人尊前納福：
>
> 　　敬稟者，二月初三日承接來大人回批，內夾神符，寄與集軒保身，維即送給□□。但我大嫂為此不□行為，望大人海量。大人有適口之物或食則食，或種種行則行。保重大人自己的身體為要，勿顧媳並孫二字，以免損害大人身體。……但我二兄四月初□產壹女

〔註28〕葉春生等編：《中國民俗知識：廣東民俗》，頁134。

〔註29〕王元林、鄧敏銳：〈近代廣東僑鄉生活方式與社會風俗的變化——以潮汕和五邑為例〉，《華僑華人歷史研究》第4期（2005年12月），頁60。

要是。茲今奉上國幣叁拾元正，內抹壹元□□兒之胞姐，壹元甥兒
夫姊，壹元送兒之岳丈。久未問候□□大人方可代□□□□□別言。
內外兩地平安□□□□□□□□安

兒　陳集祥稟

己貳月初四日〔註30〕

2. 1956 年 2 月 29 日新加坡陳植強寄澄海慈親向母親說明為妻子送順風
之事：

慈親大人福安：

敬稟者，<u>以上之□分給眾位腰金之需與吾妻送順風，如有何人</u>
<u>來給者，請大人代分給貳元可也。</u>並逢順便奉上港幣肆拾元正到時
查收應付家用。前信大人言愛到叻可付一張影片寄來候兒往政府申
請。前言老公之墳墓遷移今未知到否望祈示知餘之後陳。專此　敬
請

恭祝大人新年康健。

1956 年元月 18 日〔註31〕

此外，出國「新客」一般都會帶上以糯米蒸製的甜粿作為糧食，因甜粿保存期
限久，且可以充飢；一些華僑還會帶上大冬瓜，因冬瓜即可壓艙，又可在缺乏
飲用水時食用，遇險時又可以利用其浮力救生之用；另外還會帶上一條浴布，
用以包裹一些日用品，即潮汕民謠〈一溪目計一船人〉裡所唱：

一溪目計一船人，一條浴布去過番；錢銀知寄人知轉，勿忘父母共

妻房。〔註32〕

這類潮語歌謠在民間廣為流傳，歌謠裡唱著潮僑過番的辛酸與親人們送行的
依依惜別，以及送行者的叮囑。早期謀生艱難，交通電訊不發達，華僑過番，
一去就是三五年，有的甚至沒再回國，最終客死異鄉。「平安」對於過番的番
客與其家屬而言，都是頭等大事，因而形成約定俗成的習俗，即寫「平安批」。
無論是在哪個國家，家書內容長短，都照例在抵達後寫第一封家書，信件的開
頭或結尾寫上：「蒙神天庇佑，內外平安」、「辛得內外平安」、「兩地平安」等
祝頌詞語。

〔註30〕潮汕歷史文化研究中心編：《潮汕僑批集成》，第 2 輯卷 37，頁 425。
〔註31〕潮汕歷史文化研究中心編：《潮汕僑批集成》，第 1 輯卷 25，頁 496。
〔註32〕林朝虹、林倫倫編著：《全本潮汕方言歌謠評注》，頁 223。

第二節　歲時禮俗：節日的慶典

　　歲時節日亦可稱之為華人傳統節日，而新馬華人社會的歲時節日大都可推溯自中國原鄉。其中，大部分歲時節慶是早期農業社會所形成的節日，此乃先民對於季節與節氣變化的細微觀察與深刻感受，進而發展出一系列的歲時禮俗。雖然新馬地區未有四季之變化，但不論是身居故土亦或遠赴他鄉，只要有華僑的地方無不展現出華人傳統節日的蹤影。歲時節令亦是構成新馬華人生活方式的重要部分，包含新年、燈節、清明節、浴佛節、端午節、七夕、中元節、中秋節、冬至、除夕。〔註33〕以上所述為各籍貫華僑之節慶，而潮人有「年時八節」之說。所謂八節指一年八個重要的民俗節日：元旦、元宵、清明、端午、中元、中秋、冬至、除夕，因民間對重陽節的重視程度不高，所以不列入潮人八節之中。〔註34〕自古除夕又與春節關聯密切，故將除夕與春節一併統稱為過年。潮人還有年節祭祖祀神的傳統，如關爺生、媽祖生、王爺生等。

　　其次，傳統節日還具有一種重要的社會作用，它們使人們從單調和一成不變的生活中得到某種解脫，恢復疲勞，重顯活力。〔註35〕歲時節慶讓人們得以在漫長的勞作中擁有短暫的娛樂與休息，並以「年」的循環模式組成週期性的節慶生活，即李豐楙所提出的「常與非常」〔註36〕，亦可解釋為工作與休閒的區隔現象。在潮汕民間還流行著這樣一首與歲時節慶有關的歌謠，其名為〈時年民俗歌〉，也有不同的版本，經由潮學研究者林朝虹和林倫倫整編的這首民謠版本，是許多潮汕人士過往的生活回憶：

> 正月元宵人游安，各家各處人看人；各鄉各里神賽會，吹簫鼓樂鬧
> 嗆嗆。二月排來是春分，各家上山祭祖墳；祭禱阿公來保賀，保賀
> 千囝共萬福。三月踏上是清明，清明腳踏滿月光；各家上山去掃墓，
> 紀念先祖共先靈。四月初起是夏天，此月無節免使錢；各家各處轉
> 凝衫，轉了凝衫換熱衣。五月端午扒龍船，龍船好看鬧紛紛；各家
> 各處人縛粽，紀念屈原祭忠魂。六月小暑割早季，種籽落塗（土）
> 百二天；一下鋤頭三滴汗，為人飲食真艱難。七月排來是孟秋，秋

〔註33〕華僑志編纂委員會編：《馬來亞華僑志》，頁239～244。
〔註34〕葉春生等編：《中國民俗知識：廣東民俗》，頁134。
〔註35〕顏清湟：《新馬華人社會史》，頁19。
〔註36〕李豐楙：〈由常入非常──中國節日慶典中的狂文化〉，《中外文學》第 3 期（1993 年 8 月），頁116～150；李豐楙：〈嚴肅與遊戲：從蠟祭到迎王祭的「非常」觀察〉，《民族學研究所集刊》第 88 期（2000 年 6 月），頁135～172。

> 風撲面臉悠悠；田園播好著力管，爭取大冬得豐收。八月節名叫中
> 秋，中秋勝餅著浮油；人人慶祝好佳景，八仙和會來出遊。九月九
> 日是重陽，重陽孔子天下強；誨而不倦三千數，七十二士史冊傳。
> 十月到來人收冬，收粘收秫入倉房；感謝神農個恩德，賜與天下度
> 三餐。十一月到來年近邊，各家各處人挲圓；挲圓就來過冬節，冬
> 節日子無定期。十二月到來年在邊，各處神明愛上天；上天之日在
> 廿四，送神之後正過年。〔註37〕

這首歌謠是潮汕僑鄉農村社會年節風俗的寫照，從正月元宵、三月清明、五月
端午、八月中秋、九月重陽、十一月冬至，到臘月廿四送神的各種節日活動皆
有涉及。其中也反映了過去潮人歲時禮俗中相關的農業生產，豐收慶典，社交
娛樂以及祭祀信仰。人們在這一整年的時日裡，假借歲時節慶的到來熱鬧狂歡
一番，一直到節慶結束後才完全收心，恢復平常忙碌的生活節奏。

　　歲時禮俗活動與人的生活息息相關，其範圍自然包含人的總體生活，因而
呈現出綜合型態的特色。有關歲時節慶的性質與分類，鍾敬文在其《民俗學概
論》中提及：

> 歲時節日的形成與發展，受諸多因素的影響，有些節俗產生的淵源
> 可能是單一性的；然而，後世的發展及現實存在形態卻又是綜合性
> 的。所以，很難按單一的性質將它們作相應的歸類。如有人把清明
> 節劃歸為農事節日，因為它本屬二十四節氣之一；有人又把它劃歸
> 祭祀性節日，因掃墓、祭祖是其主要內容；但有人又因清明踏青郊
> 遊已成為現代節俗中的重要內容，而將其劃歸為遊樂性節日。其他
> 如上巳節、端午節、重陽節等等皆有類似情況。至於年節，則更是
> 集祈年、祭祖、慶賀、娛樂為一體的盛典，因而就更不好單獨劃歸
> 哪一類了。〔註38〕

鑒於此，傳統節日最大的特點是約定俗成的禮俗活動，在僑批中亦可觀察其
綜合性現實存在的形態，許多有關歲時節慶的記載亦與信仰和生活息息相關
的。為論說之便，凡涉及祭祖祀神之部分（清明、中元除外）將於後章再論，
此章則按照僑批中所見之歲時節日進行敘述，分別有新正、元宵、清明、中
元、中秋。

〔註37〕林朝虹、林倫倫編著：《全本潮汕方言歌謠評注》，頁396。
〔註38〕鍾敬文：《民俗學概論》，頁144。

一、新正過年

　　春節俗稱「年節」，潮人稱之為「新正」，即指新正行事乃告別前一年，而邁入嶄新一年的新節氣。新正亦是歲時禮俗中佔據重要意義與民俗活動的節日。現今以農曆正月初一視為春節之始，但人們慶賀新年的活動與儀式並非只有正月初一此日，而是將籌備前的日子直至十五的元宵視為完整的春節。誠如鍾敬文提及：「年節雖定在農曆正月初一，但年節的活動卻並不止於正月初一這一天。從臘月二十三（或二十四日）小年起，人們便開始『忙年』」〔註39〕故此，筆者亦將歲末與除夕納入春節的範圍。潮人稱拜年為「拜正」，而拜年方式可依其對象分為長輩與親友，向長輩拜年一般多在正月初一大清早，後輩向長輩拜年，並祝福長輩「新正如意」、「健康長壽」，比較講究的人家，晚輩還要穿新衣向長輩行跪拜大禮，然後長輩給晚輩祝語，鼓勵後輩學習進步、身體健康；親友方面如客人上門或到親友家拜年，主人要請客人吃橄欖、糖果、喝功夫茶。〔註40〕在潮汕俗語中「有心拜年初一、二，無心拜年初三、四」，即說明拜年的最佳時間為年初一與年初二，倘若過了初三才到親友家拜年則視其為無誠意，故而人們都會盡早拜年，過了正月初五以後，元宵前則稱為「拜晚年」。

　　潮人拜年必不可少的是大橘，大橘在潮語中諧為「大吉」，數量多少並沒有關係，但忌諱奇數，如《潮州鄉訊》載：「正月初一日（元旦）是大吉日，大家要攜大桔（柑也）到親戚朋友的家裏拜正，在這一天裏要說好話，不可說壞話和罵人。如果怕家裏的孩童們在新年亂說不好的話，可在除夕睡覺的時候，偷偷地捏一把草，向那孩童的嘴巴擦了幾下丟掉，這叫『拭膠瘡（肛門也）嘴』。」〔註41〕在拜年過程中，進了親友家視不同對象說不同的祝福語，如長者為「壽比南山」，對工作者為「事業順利」，對做生理的人說「發財利市」。臨走時，主人會從拜訪者的大吉中留下兩個，然後取出自家橘子交換，意在互贈吉祥，共享福氣。因此，民間有人稱拜年禮俗為「換柑運動」〔註42〕。

　　年節習俗當中還有分派壓歲錢或紅包。壓歲錢在最初的民俗文化中寓意辟邪驅鬼，保佑平安，故而有除夕給小孩「壓祟」的習俗。舊時小孩有穿腰兜

〔註39〕鍾敬文：《民俗學概論》，頁145。
〔註40〕邱文學、葉寶蓮：《潮州民俗：傳統節日和禮俗》，頁41。
〔註41〕〈潮州的習俗〉，收入吳以湘主編：《潮州鄉訊》第2卷第2期，頁10。
〔註42〕葉春生等編：《中國民俗知識：廣東民俗》，頁136。

的習慣，因此長輩給小孩壓歲錢，也稱「壓肚腰」，意指一整年都腰包滿滿。
〔註43〕除了壓歲錢之外，現今新馬潮人多有分派紅包的習俗，即親友拜年時會
給長輩紅包，而長輩也會分派紅包給尚未結婚者或小孩，以示分享福氣之意。
然而僑批中的拜年為何，以下將進一步敘述：

1. 1964年3月4日馬來西亞陳嫦香寄潮安東鳳鄉陳若泉兄長的僑批言及
分派金額與新春祝福：

　　若泉胞兄收鑒：

　　　　敬啟者，茲付上港幣叁拾伍元正到時查收，覆□是□內抹給外
　　祖母伍元，又給母親壹拾元，又細弟壹拾元，又若泉胞兄壹拾元。
　　妹在外洋一切平安，切勿掛意也。特自春節將至，妹不能親身在邊
　　請安，只有再此信上向諸位大人祝福萬事順利為頌為禱。專此奉達，
　　並頌　近安。

　　妹　嫦香付

　　一九六四年元月廿十一日〔註44〕

2. 1973年12月31日新加坡陳四九（姑姑）寄潮安東鳳鄉陳偉孟（侄兒）
預祝農曆新正的僑批，當中寫明分派紅包之對象與金額：

　　偉孟侄兒鑒悉：

　　　　敬啟者，天寒歲暮，年關在即，久逢批期之便，特寄去港幣壹
　　佰叁拾元贈送諸位，茲列名於左：計抹出叁拾元送交二嫂收用，又
　　抹出貳拾元送交三妀收用，又抹出貳拾元送交重保妹收，又抹出貳
　　拾元送交二妀、四妀每人應得拾元，又送偉孟的二弟、三弟每人亦
　　是各得拾元，剩餘廿元偉孟侄兒自己收用。到時查收，照字分發，
　　是時至盼。專此　並祝

　　兩地平安

　　愚　四九寄

　　73年十二月卅一日（十二月初八日）〔註45〕

3. 1993年1月29日潮陽縣谷饒鎮張合順寄馬來西亞張家的回批以作拜
年祭祖之事：

〔註43〕邱文學、葉寶蓮：《潮州民俗：傳統節日和禮俗》，頁37。
〔註44〕潮汕歷史文化研究中心編：《潮汕僑批集成》，第2輯卷39，頁461。
〔註45〕潮汕歷史文化研究中心編：《潮汕僑批集成》，第2輯卷38，頁294。

合嬌及其他各胞弟妹妹婿如晤：

　　新春好，百業昌盛步步高，家庭幸福日日樂，生意興隆通四海，財花茂盛達三江。來仝收到，詳知一切，昨天收到托親友轉寄來 600 元，又收弟合蔡寄來 400 元，由兄嫂發落給各孫兒女，計各男孫每人 100 元，各女孫每人 40 元，餘兄嫂收用，助年節當為拜祖，皆大歡喜。多謝關懷，感恩不淺，謹致敬意！

　　得悉弟妹要再次回唐（塘）見面，更為歡喜，只候捷報早達，目前市面每百元馬幣相當人民幣叁仟多元，特此奉告。兩地平安，侄淑欽建設樓房，因資金緊缺，未建設圓滿，現厝宅寬大，安身免憂，餘面談。並祝　近安！

胞兄　合順

1993.1.29〔註46〕

回顧以上僑批中的內容，人們以另類的拜年方式向家鄉親人予以問候與祝福，而當中還有另類的方式分派紅包，即在信件內寫明分派金額與對象，再透過匯款的方式寄至家鄉作為紅包，以慶賀過年。現今新馬潮人過年時，亦傳承著新正拜年攜帶橘子到各家親友拜年以及分派紅包的習俗，這種現象便是新馬潮人歲時禮俗傳承的部分。

二、元宵做丁

　　農曆正月十五日為元宵節，俗稱「燈節」，「因為節期是新的一年中第一個月圓之夜，而古代稱夜為宵，因此叫『元宵節』；又因元宵節的主要節俗活動是施放花炮煙火、張燈、觀燈、賞燈，故又稱為『燈節』。」〔註47〕相比元旦，潮人對元宵更是重視，歷來有「小初一，大十五」之說。舊時潮人元宵為何？《乾隆揭陽縣志》有載：「上元張燈，樹放烟花，扮八景，舞獅子，坊間俵謎，士民集而猜之，中者有賞。婦女兒童度橋投塊，謂之渡厄，或採青拾瓶嘴，以歸取義宜男。鄉村架鞦韆為戲，鬪畲歌，善者勝。元宵後送燈於晚嗣者，鄉村送鞦韆竹，歡飲徹夜。」〔註48〕可見潮汕慶賀元宵活動非常豐富。除了賞燈猜謎、施放煙火外，還有看新娘、辦丁桌等習俗。

〔註46〕筆者收藏之僑批。
〔註47〕鍾敬文：《民俗學概論》，頁 145。
〔註48〕〔清〕劉業勤修、凌魚纂，廣東府縣志輯：《中國地方志集成·乾隆揭陽縣志》卷 7，頁 444。

　　潮汕地區尚有特殊的習俗，如未婚少女在元宵節有「採青」的活動，潮汕稱之為「元宵坐大菜」。少女們在元宵節會趁著月圓之夜，偷偷到菜地選擇一株長得好的大菜（芥菜）裝著坐下的樣子，口中念道：「坐大菜，坐大菜，嫁個好兒婿（丈夫）。」〔註49〕此乃少女情真意切禱祝來年求得一段好姻緣，嫁個好夫婿的展現。誠如林素英所言：「由於古時候家家戶戶都會種些蔥蒜蔬菜等物，此處特別標明以『偷』為行動而不言『摘』，凸顯在『姻緣天註定』的『大局』下，仍要盡點心以『偷得天機』之意。」〔註50〕

　　除此之外，潮人在元宵還有「吊喜燈」的傳統，這與傳統期望家族人丁興旺、多子多孫的觀念有關。因潮語中「燈」與「丁」同音，所以人們認為點燈、添燈即為添丁的佳兆。「元宵日，人們紛紛提著燈籠、備齊紙銀香燭，到鄉中神廟『點燈』火來，分別吊在家裏的神龕和床頭，象徵著家中添了丁。」〔註51〕自正月十一日起，叫「起燈」，而在此年家中若有生男孩的人家都要到宗祠掛燈，視為新生男孩的正式納入家族的方式，並抱著小孩到祠堂點燈，接受眾人的祝福，直至正月十八才將喜燈撤下，即「元宵後送燈於晚嗣者」之意。生男孩的人家稱之為「丁頭戶」，戶主要在元宵當天於祠堂設宴請客慶祝家中「出丁」，俗稱「做丁桌」。《潮州鄉訊》亦提及：「在正月十五日夜，家家要到神面前去點燭燒香，還要隨老爺出遊，據說：『有遊燈，家裏生千丁；無遊燈，家裏要絕種。』」〔註52〕可見潮人對於元宵的重視。於此，在潮汕僑批中有關元宵節之例如下：

　　1. 1925 年 2 月 25 日新加坡陳集允寄潮安東鳳鄉慈親問及父親辦理「丁頭」：

家慈親大人尊前福安：

　　敬稟者，接來回批云事知詳，但所欠艮項全賴慈親大人安為，而肖在外亦不止掛念耳，是幇亦承。妶夾來回批一事內中言及嚴親現年做丁頭，兒亦知之。在外有些厚利可取，然亦自曉厚寄為肖之本分也。若蒙蒼天庇佑，目喜內外平安，喜之瑞也。茲奉上洋銀貳拾元到時查收，家情之需耳。餘矣□達余厝州鄉上科伯時常來兒坐

〔註49〕葉春生等編：《中國民俗知識：廣東民俗》，頁 138。

〔註50〕林素英：《歲時禮俗文化論略》（臺北：國立臺灣師範大學出版中心，2020 年），頁 188。

〔註51〕謝琳：〈潮汕人鬧元宵〉，《中華文化畫報》第 3 期（2016 年 3 月），頁 121。

〔註52〕〈潮州的習俗〉，收入吳以湘主編：《潮州鄉訊》第 2 卷第 1 期，頁 9。

談，已在數天前回塘山。鈞安

肖　陳集允寄

乙貳月初三日〔註53〕

2. 1925 年 12 月 17 日新加坡陳集允寄潮安東鳳鄉慈親問及父親為「丁頭戶」之事：

慈親大人尊前福安：

敬稟者，本月接來回批，內云各札事件各已□讀知悉，但二弟在外亦不湏掛念。嚴親正月著丁頭戶，待年尾肖自知寄厚資去應用免介。家中乃全仗慈親安為就是，茲附上銀文貳拾元，到時查收，家性之需耳。

鈞安

肖　陳集允

乙十一月初二日〔註54〕

3. （年份不詳）新加坡黃作述寄澄海鳳岭鄉母親家書慶賀元宵：

家媽大人尊前如意：

敬稟者，茲於承輪之便，付去港幣貳拾元，內抹伍元港幣送交（妙賢姑維勤兄）餘者 15 元家媽查收，以作元宵節之用。耑此

並祝　福安

作述寄

元月初七日〔註55〕

於此可見，除了歡慶元宵佳節之餘，人們於元宵之日祈求子嗣之心切與做丁桌等相關的禮俗活動。究其原因，一方面主要是為了酬謝祖宗，神祇的福蔭；另一方面，則是向外人顯示家中增添男丁的喜事。「元宵期間民俗活動的多元，體現了潮汕文化的強烈凝聚力與家族觀念，這鬧元宵正「鬧」出潮汕特色的「狂歡節」來。當地老一輩說歡慶元宵，是吉祥，是平安；年輕人說遊的不是元宵燈，是浪漫，是情懷。」〔註56〕

有關僑鄉「點燈」與「做丁桌」細節，在 1967 年 3 月 13 日《南洋商報》

〔註53〕潮汕歷史文化研究中心編：《潮汕僑批集成》，第 2 輯卷 37，頁 92。
〔註54〕潮汕歷史文化研究中心編：《潮汕僑批集成》，第 2 輯卷 37，頁 100。
〔註55〕潮汕歷史文化研究中心編：《潮汕僑批集成》，第 1 輯卷 2，頁 166。
〔註56〕謝琳：〈潮汕人鬧元宵〉，《中華文化畫報》第 3 期（2016 年 3 月），頁 121。

亦曾提及：

> 元宵，燈花報喜，家家戶戶沿用，成為一種習俗。據說：這種習俗始自唐朝貞觀年間；入私塾的孩童，乃請宿儒舉行儀式隆重的燃燈禮，以祝祈前途光明。後來，才演變為燈會；進而舉行賽燈，競相以各種的燈屏、燦爛奪目的火樹來展示；唐睿宗，民間已很流行這種節目了，直到玄宗，更是如火如荼地展開，已是官民共樂了。燈與丁同音，因此，字與義被混用；舉行燈會，乃象徵如意吉祥，丁財兩旺。……添丁的人家還得聯合擺酒席，宴請鄉之先達，德隆望尊者。通常，宴客是在祠堂舉行，時間一屆，鳴竹炮三響；一響，示意催請；二響，示意準備；三響，示意開席。三響過後，客人都到齊，先後向祖宗三拜九叩禮，接著便是談笑風生，杯酒交歡了。〔註57〕

當中所提及的便是海陽縣的做丁桌習俗，每年此時榮任新爸爸的人們（俗稱丁頭戶），便要敬備三牲酒禮，香花寶燭，攜同花燈，前往村中廟宇、社公、祠堂、祖屋等處焚香頂禮，再所有祭祀儀式結束後，接下來便是宴請賓客之事了。因此，起丁、出丁、做丁桌等皆展現了一種「燈火相傳」之意，也是潮人承續祖輩的傳統習俗。現今新馬潮人社會對於原鄉的元宵做丁習俗已發生了變化，如在馬來西亞元宵節並未有做丁的習俗，但人們對於元宵節的習俗活動從原鄉的坐大菜演變成現今的「拋柑嫁好尪」的活動，是馬來西亞在地別具特色的歲時民俗活動。〔註58〕

三、清明掃墓

　　清明原為二十四節氣之一，乃是標誌時令的節令，其節期在每年的公曆四月五日前後。「作為農事節氣的清明，它標誌著春耕時節的到來。俗諺云：『植樹造林，莫過清明』，『清明前後，點瓜種豆』。而作為歲時節日的清明節，在融合了寒食節、上巳節的有關風俗後，便有了禁火寒食、祭掃墳墓、踏青郊遊、

〔註57〕巫漢明：〈海陽縣元宵舊俗〉，《南洋商報》1967年3月13日，第8版。

〔註58〕〈單身男女看過來！拋柑好去處覓良緣〉，《星洲日報》2020年1月31日，網址：https://www.sinchew.com.my/20200131/%E5%8D%95%E8%BA%AB%E7%94%B7%E5%A5%B3%E7%9C%8B%E8%BF%87%E6%9D%A5%EF%BC%81%E6%8A%9B%E6%9F%91%E5%A5%BD%E5%8E%BB%E5%A4%84%E8%A7%85%E8%89%AF%E7%BC%98/（2022年1月19日查詢）。

蕩鞦韆、放風箏、打馬球、插柳等一系列的風俗活動。」〔註59〕因為民間寒食上墓的情況頗為分亂，所以唐玄宗特別下詔令將清明正式納入國家法定節俗之中，而且將掃墓一事訂為此節日之核心，從而明示人子上墳之意在於表達思慕親人的孝思，才是清明祭墓的最重要宗旨。〔註60〕從唐代的寒食掃墓到清代以降，寒食與清明體現了綜合性的歲時節日的特徵。《乾隆揭陽縣志》云：「仲春祭先祖，是月多演戲諺謂：正月燈，二月戲，上巳登山飲酒謂之踏青，多遊黃岐山諸巖。清明掃墓松楸邱隴間遍懸楮錢」〔註61〕可見踏青與掃墓皆是清明時節的民俗活動。

　　潮人稱清明掃墓為「掛紙」，「掛紙」（潮音「掛」讀同「過」）即掃墓，因潮人掃墓時要用土塊把黃、白色紙條壓在新培好的墓冢上，故名掛紙。〔註62〕至於掃墓的時間，多以清明節前後十日，非固定在清明節當天。掃墓時，首要的工作即在於對墓碑、明堂、香爐的清潔。其次是整理墳墓周圍的環境，為先人清除墳上的雜草，用「銀硃」、「沙綠」（紅綠油漆）填補墓碑的文字（俗稱「妝墳碑字」），除逝者名字用綠色油漆外，其餘碑字均用紅漆。〔註63〕再來是檢查墳墓是否完好，若出現損壞的情況則需要立即進行修復，以確保祖先安眠之所的完好。然後祭拜后土（土地公），感謝土地之神一年來照顧先人的墳墓，接著再以鮮花粿餅等祭拜祖墳。潮人在掃墓時會尚有以鮮蚶、薄餅作為供品的習俗。〔註64〕在祭拜儀式結束後將鮮蚶吃完，並把蚶殼撒在墓堆上，年年如此，以此積累越來越多，表示「合賺」錢財滾滾之意。因潮人把蚶殼稱為「蚶殼錢」，所以撒在墳堆上有作為冥錢之用意。〔註65〕於此，僑批中所見清明節令之實例如下：

　　1.1974年3月20日新加坡江第惜（母親）寫給潮安縣楊錦田（兒子）言及四月佳節：

　　　錦田吾兒收知：

〔註59〕鍾敬文：《民俗學概論》，頁146～147。

〔註60〕林素英：《歲時禮俗文化論略》，頁223。

〔註61〕〔清〕劉業勤修、凌魚纂，廣東府縣志輯：《中國地方志集成·乾隆揭陽縣志》卷7，頁444。

〔註62〕林倫倫，王偉深：〈潮汕歲時風俗散考〉，《嶺南文史》第3期（1993年10月），頁45。

〔註63〕羅塈：〈潮汕清明節習俗〉，《潮商》第1期（2016年2月），頁88。

〔註64〕邱文學、葉寶蓮：《潮州民俗：傳統節日和禮俗》，頁44。

〔註65〕羅塈：〈潮汕清明節習俗〉，《潮商》第1期（2016年2月），頁88。

敬諭者，茲乘郵便，特此致函示知，外並寄去港幣壹佰元正，到日查收。但該款付為四月佳節之用。另者，茲固龍喉表妹此次到來探問你母親，特乘函示知。見仸之後，吾兒可代妳母親向她拜候起居為要。謹此，餘言後陳，並祝塘中內外大小平安，為傳。

順詢　近安

叻　江第惜寄

甲寅年二月廿日〔註66〕

2. （年份不詳）新加坡陳家德寄潮安東鳳鄉家源胞兄之信說明清明祭拜祖先之事：

家源、運嬌知悉：

本月初一日逢輪之便，寄去港幣拾伍元清明拜老公之用。此次弟弟叔孀托浮洋市鳳儀洲黃寶元叔回塘寄去舊衫褲二麵粉袋內有男女庄。西庄衫褲小兒衫裙、鞋、唐庄衫褲，烏布一塊，餅乾二珍，如也收到，烏布一塊、餅乾一珍送交你祖母收。收到後回信照舊衫褲合共多少件，鞋幾雙與弟弟叔孀言知並向他道謝。在叻人人叫弟弟叔做陳亞弟如也收到回批才寄來。番客是正月廿二日開船。並問近安

母字叫你祖母攝一張影片來給弟弟孀留念。〔註67〕

清明節對於新馬華人而言是重要的節日，無論是僑批中所見潮僑身處他鄉，心繫家鄉，保持寄款以作清明祭祖的風俗，也是人們表達對逝世親人的思念與敬意。所謂「每逢佳節倍思親」，清明節更是潮人寄託哀思的重要節慶之一。

從早期對報本返始的觀念到上墳「樂山樂水」的結合，亦是清明節所持有的綜合性民俗節慶，誠如1958年4月6日《星洲日報》的〈掃墓日〉一文云：

清明節掃墓日，也就是崇拜祖先的一種表示。飲水思源，祖先好比水之「源」。每年到了這個「雨紛紛」的時節，上山去祭掃祖墳，確是富有紀念的情誼。祭，具酒饌以致敬。掃，刈草木使墓地不致被堙沒。何況墳墓上的碑誌，受風雨所侵蝕，日久容易使文字模糊不明，難以識別，掃除雜草以外，還把這些標誌修整以下，也屬留個紀念的要件。掃墓可算是清潔的工作，在墓上披荊斬棘，好比到掃

〔註66〕潮汕歷史文化研究中心編：《潮汕僑批集成》，第2輯卷72，頁57。

〔註67〕潮汕歷史文化研究中心編：《潮汕僑批集成》，第2輯卷42，頁394。

祖先「生前」所住居的地方，一樣的養成勤於洒掃的習慣。

　　清明節的掃墓也叫做「踏青」。平日生活在市區裏的人，為著工作關係，早出晚歸──並且出門便乘車，卻少步行，對於踏青草來欣賞大自然風光的行動，到底缺少機會。到了掃墓節的時候，乘興出遊郊外，呼吸新鮮空氣，也是一種有利於健康的事情。如果帶小孩們出去走走，一面當為遊玩──佳節來臨，山野的遊人特別多，更不感寂寞。一面使兒童時代便具有崇拜祖先的觀念，表示不忘本，他日才能夠負起「繼往開來」的責任，並且到郊外去玩一玩，也是正當娛樂的事情。「樂山樂水」本是智者，仁者的玩意。我們掃墓之餘，還可以遊山玩水，對於身心也有裨益，掃墓的事情，堪說一舉兩得。〔註68〕

綜上所述，可見清明節乃結合清明節令與寒食節而成的綜合性節日。無論是掃墓或踏青，清明節最主要的意義必然與盡孝有關，特別是相隔千里的潮僑對於歲時節慶祭祖的重視。在現今的新加坡，因政府推動殯葬改革，鼓勵火葬，再將骨灰放置於靈骨塔，所以也連帶著清明掃墓的方式有所改變。在馬來西亞依然維持傳統的清明掃墓，但亦有到靈骨塔祭祀祖先者，有些人也在廟宇為往生的親人立神主牌，廟宇也因此成為清明節祭祖的地方。雖然形式上改變了傳統的掃墓，但最重要的還是體現孝道，體念先人養育之恩的部分是不會改變的。

四、中元普度

　　中元節為農曆七月十五，民間俗稱「鬼節」或「七月半」。傳說「七月初鬼門開後，地府的孤魂野鬼紛紛跑到人間遊蕩」，俗稱「七月半，鬼亂竄」。〔註69〕因此，人們在中元這一天除祭祀祖先外，還會大規模賑濟孤魂野鬼。此節固然與傳統祖先崇拜與農事祭祀有關，道教稱之為中元節，佛教稱之為盂蘭盆節。林素英推測，張道陵（道教創始人，34～156A.D.）所創三官大帝之說（天官、地官、水官），或許受戰國以來文獻多見天、地、人「三才」並稱的現象所啟迪，創立上元、中元、下元三官大帝掌管天界、地界、水界之說。〔註70〕道教的中元節是地官判定人間與陰間善惡的日子，所以人們在中元節當天為孤魂野鬼超渡誦經，又使孤魂野鬼獲得施濟，不在人間作亂。

〔註68〕林章：〈掃墓日〉，《星洲日報》1958 年 4 月 6 日，第 4。
〔註69〕林凱龍：〈潮汕中元節〉，《潮商》第 3 期（2009 年 6 月），頁 74。
〔註70〕林素英：《歲時禮俗文化論略》，頁 298。

　　佛教的盂蘭盆節，則源於目連救母的傳說故事。出於目連救母的報恩故事與中國傳統重視孝道的儒家思想契合，自南北朝開始便逐漸為中國民間所接受。從《荊楚歲時記》亦可見：「七月十五日，僧尼道俗悉營盆供諸寺」〔註71〕的記錄。此後又陸續吸收道教的說法，便成為了後世儒、釋、道三教合流的中元節現象。《嘉慶澄海縣志》云：「十五日為中元節，祀先祖前後數日，各寺僧建盂蘭盆會誦經，至晚營齋於燄口，施食放水燈照冥」〔註72〕潮汕各地的寺院及家家戶戶皆在此日舉辦「盂蘭勝會」，搭起孤棚舉行施孤等活動。人們也會在街巷擺上供桌，陳列祭品，以祀孤魂野鬼使其早日投胎的儀式，俗稱「施孤」或「普度」。

　　除了祭祖、施孤外，還有搶孤、放生、放水燈等活動。根據楊琳的說明，僧家白天進行盂蘭盆會，夜間則沿河放等，謂之「照冥」，而推斷民間大行此事，則要到明代之後，又因所放的燈統稱為「蓮燈」，而蓮花與佛教關係密切，因此放水燈的活動應為佛教所倡導，且可能與佛教所說亡魂必須先渡過奈河水有關。故而，放水燈主要是為照幽冥以度鬼魂而產生的象徵活動。〔註73〕「因人為陽，鬼為陰；陸為陽，水為陰，所以，上元張燈在陸地，中元就應在水裡了，這種說法，也不無道理。」〔註74〕隨著佛教與道教活動加入七月半的中元節，信仰佛教者以盂蘭盆齋會的形式舉行法會，而道教者則以齋醮的方式進行祈福攘災的道場，至於一般不信佛道者，仍以傳統方式祭祖。

　　至此，潮汕僑批有關中元普度之例有二：

　　1. 1953年9月22日澄海冠山鄉宋嘉銳父親寄給新加坡宋嘉銳（兒）的回批寫明關聖帝君廟酬神戲之事：

　　　　謹啟者，子茲是日承接來書一片，拆讀詳矣，外並大艮四元，收信查收。另之，家計甚急難辛，目前寄些信三元、耀米五元，添去父母會10元，七月半節並與普度二事：買芋並禮物||〇元節料，惟欠敷木（目）會還汀城。知事謂落鄉中擔銃只上社五夜係開題，俺題10式郎收上社打灰埕鳴鳳門，起至新巷止。七月廿八起工，俺題去

〔註71〕〔梁〕宗懍撰，〔隋〕杜臺卿注，王毓榮校注：《荊楚歲時記校注》（臺北：文津出版社，1988年），頁198。

〔註72〕〔清〕李書吉登纂修，廣東府縣志輯：《中國地方志集成・嘉慶澄海縣志》卷6，頁64。

〔註73〕楊琳：《中國傳統節日文化》（北京：宗教文化出版社，2000年），頁312～315。

〔註74〕林凱龍：〈潮汕中元節〉，《潮商》第3期（2009年6月），頁76。

乂〇式未收，八月初九，朝與洪大妹開題，凤戲演唱，新源正興班，俺題去 10 元揭借的，關爺宮重韻議，廿七演戲又欲開題。本月中秋買芋並糕餅 10 元，現寄此四元還正利 10 元，星記 10 元，烈記 10 元，耀米無艮，又是惟賒上次 12 元無還，思之慮也。吾兒尋事有識人引進新人，吧虱亦可得就任辦事，惟餘難辛，朝金彼先不同，節食代寄四元亦是無奇不如收什回塘，另生別計才可，另行事可也。

　　父　托

　　癸捌月十五〔註75〕

2. 1954 年 5 月 16 日澄海冠山鄉宋嘉（佳）銳母親再寄一回批給新加坡兒子說明家情與各節祭拜先人與神明事宜：

　　　　自兒起機廿載，出門至今廿三載，計抵有卅月之餘，未見有一事不成。兒之小意未知若何否。家計拮据，說盡千般苦舌之語，信內言章並及無相片一字，家計不聞寸想全無不願父母剛常為重。不念妻子禮儀之名，懶食乾盛二年之餘，輕重之事剋苦有宜當肩中必有效法之力，徒惰自愧何用，如今自愧敗名之卒，到不如即速切切收什回歸。另生別策行為，家計在此十□柴米油鹽俱空，及事又到五月初五節，廿一自己永華公做忌，辦拜物件熟心取買。六月初二俊傑公忌，廿六福德生，七月初七公婆生，十五節廿普度，八月中秋又到刻下取買之物現錢交易數目無還，不能惟賒。吾兒如若不回者，可開有一路回復，如無者欲兒每月一二三元到家為少，六七元皆要是實周河雨錫高兩人下叻，諒必欲往占邊豈有到乾盛坐之，如有吾兒湏當及問或欲搭信或欲為何否。茲是月收到大艮四元，但兒出外如是無機變者，何況為父寫信並囑咐他人，亦是無益之語，勝敗及在兒身上主宰，免用為父是非言說。

　　佳銳兒收知

　　母　托

　　甲梅月拾肆日〔註76〕

雖未見有關南洋進行中元普度之例，但從以上二例得見僑鄉宋氏一家有關中元節的參與。中元節的習俗，不論家庭情況或地位高低，但凡華人所在之地皆

〔註75〕潮汕歷史文化研究中心編：《潮汕僑批集成》，第 1 輯卷 4，頁 170。
〔註76〕潮汕歷史文化研究中心編：《潮汕僑批集成》，第 1 輯卷 4，頁 183。

會參與，按照慣例焚香祭祀。「在本地（新加坡），無論是最初在中元節上演的地方戲曲或是過後取而代之的歌台，原本都是表演給好兄弟看的，所以過去第一排座位都是空的。不過七月歌台如今已成立本地中元節的娛樂焦點，第一排不再空著。另外，潮州人喜歡在中元節請潮州戲班演酬神戲，對象仍是四方遊魂。」〔註77〕

五、中秋食芋

農曆八月十五為中秋，八月為秋季第二個月，故亦稱「仲秋節」，又因次日恰值中秋之版，且月色倍明，故又稱「秋節」、「月夕」、「月節」。中秋節的起源，與古代報社與拜月習俗有關。「在它的形成、發展過程中，月宮嫦娥神話的附會、渲染，又起了直接的推動作用。先秦時代，即有帝王春天祭日、秋天祭月的禮制；漢魏以後，已有了賞月、詠月的詩賦之作。除了祭月、賞月之外，古時秋季穀熟之時，民間還有享祀土地神的『秋報』活動。與之相伴隨，自漢即已流傳的嫦娥奔月神話不斷被人加工、豐富，逐漸注進了古老的拜、祀習俗，到唐代，中秋拜月、祭月、供月、禮月、賞月、玩月已蔚成風氣，到宋代達於極盛，此後一直盛傳不衰。」〔註78〕誠如《嘉慶澄海縣志》云：「八月十五日為中秋節，士庶家以月餅相饋，有賞月之燕，用熟芋去皮食之曰剝鬼皮，以是晚顯晦卜上元陰晴，諺云：雲掩中秋月雨灑，元宵燈好事者，或竟夜露坐以待月華云。」〔註79〕說明民間於中秋節相贈月餅的習俗，且有賞月、食芋，慶賀團圓之意。有關潮人中秋之例，僑批中亦有所提及：

1. 1953年9月22日澄海冠山鄉宋嘉銳父親寄給新加坡宋嘉銳（兒）的回批寫明中元普度、中秋買芋等：

> 謹啟者，子茲是日承接來書一片，拆讀詳矣，外並大艮四元，收信查收。另之，家計甚急難辛，目前寄些信三元、耀米五元，添去父母會10元，七月半節並與普度二事，買芋並禮物Ⅱ○元節料，惟欠數木（目）會還汀城。知事謂落鄉中擔銃只上社五夜係開題，俺題10式郎收上社打灰埕鳴鳳門，起至新巷止。七月廿八起工，俺題去乂○式未收，八月初九，朝興洪大妹開題，鳳戲演唱，新源正

〔註77〕邱文學、葉寶蓮：《潮州民俗：傳統節日和禮俗》，頁46。
〔註78〕鍾敬文：《民俗學概論》，頁145。
〔註79〕〔清〕李書吉登纂修，廣東府縣志輯：《中國地方志集成‧嘉慶澄海縣志》卷6，頁64。

興班，俺題去 10 元揭借的，關爺宮重韻議，廿七演戲又欲開題。<u>本月中秋買芋並糕餅 10 元</u>，現寄此四元還正利 10 元，星記 10 元，烈記 10 元，耀米無艮，又是惟賒上次 12 元無還，思之慮也。吾兒尋事有識人引進新人，吧虱亦可得就任辦事，惟餘難辛，朝金彼先不同，節食代寄四元亦是無奇不如收什回塘，另生別計才可，另行事可也。

父　托

癸捌月十五〔註80〕

2. 1954 年 5 月 16 日澄海冠山鄉宋嘉（佳）銳母親再寄一回批給新加坡兒子說明家情與各節祭拜先人與神明和中秋之事：

自兒起機廿載，出門至今廿三載，計抵有卅月之餘，未見有一事不成。兒之小意未知若何否。家計拮据，說盡千般苦舌之語，信內言章並及無相片一字，家計不聞寸想全無不願父母剛常為重。不念妻子禮儀之名，懶食乾盛二年之餘，輕重之事剋苦有宜當肩中必有效法之力，徒惰自悮何用，如今自愧敗名之卒，到不如即速切切收什回歸。另生別策行為，家計在此十□柴米油鹽俱空，及事又到五月初五節，廿一自己永華公做忌，辦拜物件熟心取買。六月初二俊傑公忌，廿六福德生，七月初七公婆生，十五節廿普度，<u>八月中秋又到刻下取買之物現錢交易數目無還，不能惟賒</u>。……

佳銳兒收知

母　托

甲梅月拾肆日〔註81〕

當中言及「本月中秋買芋並糕餅 10 元」和中秋節買芋頭祭拜之事。潮汕舊俗中秋拜月祭品中的月餅與芋頭與抗元有關，如《民國潮州府志略》亦云：「中秋玩月，剝芋食之，謂之剝鬼皮。」〔註82〕

潮州人中秋拜月中必有芋頭，乃相傳宋末元初，胡人滅了南宋後建立元朝，並對居住於東南沿海一帶的漢族實行殘酷的統治，為了提防漢人反抗，規定每三戶人家只能用一把菜刀，漢人稱胡人為「胡頭」，而潮語中「芋頭」與

〔註80〕潮汕歷史文化研究中心編：《潮汕僑批集成》，第 1 輯卷 4，頁 170。

〔註81〕潮汕歷史文化研究中心編：《潮汕僑批集成》，第 1 輯卷 4，頁 183。

〔註82〕潘載和纂修，廣東府縣志輯：《中國地方志集成·民國潮州府志略》，頁 305。

「胡頭」同音，因而有將芋頭當祭品，剝芋頭皮指剝胡頭皮的意思。〔註83〕據民間傳說，當時餽贈的月餅餡中藏「八月十五殺韃子」的紙條，相約在吃月餅時一齊動手，殺死元兵。〔註84〕另一說法是與農事有關，潮汕諺語中有句：「河溪對嘴，芋仔食到畏」，潮人稱銀河為河溪，八月正是芋頭收成時節，故而有以芋頭祭拜之習慣。〔註85〕於此，民間廣泛流傳的抗元剝鬼皮故事與八月芋頭豐收時節的結合，以此相傳成風。現今馬來西亞民間潮人家庭仍沿襲了中秋拜月食芋之俗，除了寓意「好意頭」外，亦有去除厄運之說。〔註86〕據李永球的田野調查發現，馬來西亞現在留存的潮州月餅則有3種，一是「月餅」、二是「朥餅」，三是「朥糕」：潮州月餅是白色扁圓形狀，餡料是五香粉及糖；朥餅則是多層狀的餅皮，內餡分為雙烹、金菜雙烹、白豆蓉及烏豆沙；朥糕是黑色軟狀的，分烏豆沙、白豆蓉及無餡。北馬爪夷一帶的朥糕呈黃色，無論是味道還是形狀或顏色，均與安順有天壤之別。〔註87〕更進一步看，潮州人中秋食芋的習俗一直被保留傳承了下來，如同2020年9月29日《中國報》報導：「潮州人過中秋，除了芋泥月餅外，也少不了圓圓象徵團圓的潮州朥餅及潮州芝麻大月餅。」〔註88〕是早期中秋節食芋習俗的傳承與演變。

第三節　小結

　　此章從僑批內容考察了新馬潮人去僑鄉之間的生活習俗，包含飲品、醫藥、服飾、過番、歲時節慶之面向。從風物習俗方面而言，人們透過南洋與中國之間的跨文化交流中，展現出生活方式的「中西雜糅」之現象。除了在飲食上的變化，對於養生治病、保健食品以及中西藥的取向皆各有所好。在新馬居

〔註83〕邱文學、葉寶蓮：《潮州民俗：傳統節日和禮俗》，頁49。

〔註84〕林凱龍：〈潮汕的中秋祭月〉，《潮商》第4期（2009年8月），頁75。

〔註85〕林海莘：〈潮汕中秋食俗〉，《潮商》第4期（2011年8月），頁86。

〔註86〕受訪者：張月碹，地點：馬來西亞檳城大山腳，2021年3月1日。

〔註87〕李永球：〈中秋節談月餅〉，《星洲日報·文化空間·田野行腳》2009年10月4日。

〔註88〕廖錦榮、蔡緯楊：〈嫦娥羨，人間味〉，《中國報》2020年9月29日，網址：http://johor.chinapress.com.my/20200929/%E3%80%90%E7%AC%AC%E5%9B%9B%E7%AF%87%E3%80%91%E5%A4%A7%E9%A9%AC%E5%B0%8F%E6%B1%95%E5%A4%B4-%E6%BD%AE%E5%B7%9E%E6%9C%88%E9%A5%BC%E5%A4%84%E5%A4%84%E8%A7%81-%E6%9C%A5%E9%A5%BC/（2021年12月8日查詢）。

住的潮人對於接觸西藥的機率較高於當時僑鄉，故而在使用西藥的同時，也將
之帶到僑鄉供家人使用。簡言之，僑批的內容真實反映了當時潮人的飲食習
慣、日常用品等諸多方面的記載，同時這種生活方式的變化間接性地豐富了僑
鄉社會，如同鄭甫弘所言：「在近代中國，受西方文明衝擊是普遍存在的現象，
而非獨僑鄉如此，但在閩粵沿海僑鄉其崇洋崇僑與西化程度較之非僑鄉更深，
表現也更明顯。」〔註89〕

　　其次，在生活民俗當中的歲時節慶與其相關的禮俗活動亦是潮人民俗文
化傳承的重要內容之一。潮汕僑批中有關歲時節慶如新年、元宵、清明、中元、
中秋節慶雖然其細節描述不多，但這不妨礙我們瞭解潮人歲時習俗相關之事
跡。透過僑批中的記載，我們得以瞭解當時人們對於歲時節慶的禮俗活動，如
新正拜年的大吉，元宵節的掛燈與辦丁桌等歲時禮俗。縱觀所有歲時禮俗的活
動，主要都寓意著吉祥平安、事事圓滿、家人團圓的意義。當中還加入了人們
生活經驗的累積而產生的自我覺醒，於是強化了某些行為，使得其成為固定的
儀式，如中秋拜月食芋的傳承。這些歲時節慶的活動，還可以促進人們生活的
樂趣，加強人與人之間的互動，營造彼此的親密感。

　　整體而言，每一個節日的形成與其相關的闡釋，早已融入到民眾的日常生
活之中，形成了一種鮮明的節日文化。另外，時年八節所安排的祭祀神明以及
祖先的活動，即使無法確定其果真能獲得庇佑賜福，但它確實可以提供信仰的
力量，增強天助自助的信心，獲得精神的鼓舞與慰藉。〔註90〕隨著時間的推
移，新馬潮人的歲時禮俗融進了祭祀祖先、懷念故人等內容。再如鍾敬文所言：
「傳統歲時節日，是民眾集體創造的文化產品。它是古代信仰物化形態的一種
遺留；同時，它也是一種生活的節奏，一種逐漸形成的自我調節機制。大自然
的一切都是有節奏的，人的生活不可能沒有張弛。生活中不可無節日，節日裡
不可無活動。」〔註91〕雖然現今時代的歲時禮俗早已移風異俗，成了年輕一代
的傳統俗物，但歲時禮俗還是獨具民族特色的。

　　在潮汕僑批中，歲時節慶的內容和生活習尚方面相較之下，會發現生活方
面的比例相對較多，筆者認為這是和當時時代背景與生活環境有關。人們較在

〔註89〕鄭甫弘、熊蔚霞：〈海外移民與近代閩粵僑鄉社會觀念的變遷〉，《八桂僑史》
　　　　第2期（1995年5月），頁44。
〔註90〕林素英：《歲時禮俗文化論略》，頁103。
〔註91〕鍾敬文：《民俗學概論》，頁153。

乎的是日常生活的溫飽與維持生活，故而多以生活所需與物質方面的記載較多。此外，歲時節慶的習俗也已發生了移風易俗的情況，人們對於傳統節慶的傳承多有簡化或發生意義上的轉變。就現今新馬華人傳統節日而言，對於四季如夏的新加坡與馬來西亞，人們已無法感受舊時節令所帶來的四季變化，故而對歡慶這些歲時節慶的意義已然成為開心享樂的節日，唯老一輩至始至終仍堅持保留這些傳統習俗，是我們年輕一代更需要去積極學習與傳承的部分。這些傳統節日具有重要的社會作用，也是具有促使各個華人群體團結一致更為重要的社會效果。誠如互相拜年、慶讚中元、中秋吃芋頭的習俗傳承至今，演變為新馬華人社會獨有的民俗文化。

第伍章　潮汕僑批與潮人信仰習俗之探究

　　此章以潮人信仰為題，從民間信仰概念的界定為始，再進一步探析僑批中有關潮人的祖先崇拜與神明信仰，以期呈現新馬和潮汕僑鄉信仰習俗的傳承與延續。

第一節　華人社會的「民間信仰」

　　所謂「民間信仰」，鍾敬文認為是「具有一定的崇拜對象。它世代傳承、擁有廣泛的社會基礎，它的內容，主要包括靈魂、自然神、圖騰、生育神、祖先神、行業神等。民間信仰不僅有特有的思想活動，還伴有行為方式，從事預知、祭祀、巫術等活動。」[註1] 所涉及的對象種類繁多，有靈魂、祖先、自然、圖騰、生育、職業相關之崇拜對象。烏丙安則認為中國的民間信仰是「多民族的『萬靈崇拜』與『多神崇拜』」[註2]；其中還提及了「十大沒有」說明民俗信仰與宗教信仰的區別，如民間信仰沒有固定的信仰組織、至高信仰對象、支配信仰的權威、任何宗派、規約等，[註3] 可見他們認為的民間信仰是一種形態，而不屬於宗教範疇。

　　其次，周星認為可以將祖先祭祀，各種廟會形態的民間崇拜（關帝、媽祖、王爺等），各種形態的民間道教、佛教以及自然精靈崇拜和鬼魂崇拜等

────────────────

〔註1〕鍾敬文：《民俗學概論》，頁 188。
〔註2〕烏丙安：《中國民間信仰》（上海：上海人民出版社，1996 年），頁 4。
〔註3〕烏丙安：《中國民俗學》，頁 242～245。

在內的民間信仰，概括為「民俗宗教」。〔註4〕王銘銘認為「民間信仰」可稱之為「民間宗教」，其包括一般民眾的神、祖先、鬼的信仰；廟祭、年度祭祀和生命週期儀式；血緣性的家族和地域性的廟宇儀式組織；世界觀和宇宙觀的象徵體系。〔註5〕金澤亦認為：「中國民間信仰是深植於中國老百姓當中的宗教信仰及其宗教的行為表現」〔註6〕。李亦園則稱民間信仰為「普化宗教」，即其信仰、儀式即宗教活動都與日常生活密切混合，而擴散為日常生活的一部分。〔註7〕可見他們所認為的民間信仰是具有「宗教」本質的。美國學者喬基姆則進一步將中國傳統的宗教與信仰分類為大傳統與小傳統，其認為：「在傳統中國社會中，有四種宗教傳統，前三種是儒、釋、道，它們具有組織化宗教的一般特徵：創始人（真實的或虛構的），職業宗教領袖，清規戒律，成文經典，禮儀習俗等等，它們是中國宗教文化的『大傳統』，第四種是民間宗教，即民間信仰，它是儒、釋、道三家折衷混合的產物，它構成傳統宗教文化的『小傳統』。」〔註8〕

汪毅夫認為，民間信仰與宗教的區別主要在於世俗化與制度化的區別。任何一種宗教和佛教、道教等都具有自成體系的關於理論和制度的學說，宗教學說因宗教生活同世俗生活有相當程度的隔離，而較少受到世俗生活的影響，因而宗教在總體上具有制度化的傾向。與宗教不同，民間信仰沒有一種學說，也不合於任何一種宗教學說，是世俗生活的產物。〔註9〕

在新馬華人民間信仰研究的領域中，一般多以「華人宗教」〔註10〕或「道教」的觀念來含括華人的信仰。究其緣由，李豐楙教授在《從聖教到道教：馬華社會的節俗、信仰與文化》一書中談及：

> 學界長期以來的學術考量，所使用的名義，如「民間信仰」乃相對
> 於「國家宗教」，或使用「大眾宗教」或「民眾宗教」；根據族群則

〔註4〕周星：〈「民俗宗教」與國家的宗教政策〉，《開放時代》（2006年第4期），網址：http://www.opentimes.cn/Abstract/868.html（2021年8月18日查詢）。

〔註5〕王銘銘：《社會人類學與中國研究》（北京：三聯書店，1997年），頁231。

〔註6〕金澤：《中國民間信仰》（杭州：浙江教育出版社，1995年），頁1。

〔註7〕李亦園：《文化的圖像》（臺北：允晨文化實業股份有限公司，1992年），頁180。

〔註8〕〔美〕克里斯蒂安·喬基姆著，王平等譯：《中國的宗教精神》（北京：中國華僑出版公司，1991年），頁8。

〔註9〕汪毅夫：《閩臺緣與閩南風》（福州：福建教育出版社，2006年），頁155～166。

〔註10〕Tan Chee Beng, "The Study of Chinese Religious in Southeast Asia: Some Views", in Leo Suryadinata(ed.), *Southeast Asian Chinese: The Socio-Cultural Dimension*, (Singapore: Times Academic Press,1994),p. 139-165.

稱「漢人宗教」，方便對應於「華人社會」，也相對於友族、友教。
這些名詞各有其學理依據，乃代表學者觀點。而「道教」的名義提
出後，官方觀點與民間觀點均能接受，臺灣、港澳俱是如此，馬國
是否也採用同一經驗？建國前既處於英殖民統治下，各民系的信仰
群體各自獨立；建國後，大馬政府即為現代國家體制，多元宗教如
何納入行政管理，使之明晰化、簡易化。道教方便比較的佛教組織，
就是「馬來西亞佛教總會」──簡稱「馬佛總」，既有會址、會刊也
有會員制度，其體制相對完善。道教團體要成立「馬道總」，在名義
上可以參考香港的「道教聯合會」：同樣使用「道教」名義，關鍵也
重在「聯合」，使不相統屬的神廟、教團得以聯誼。建國後三十餘年
來馬華社會發生變化，民系既可跨越，神廟亦可跨越，此時掌握時
機即可籌組成立。……華人既需與友族友教相處，華人神廟在聯合
的名義下結合，才在拖延長久後得以突破困難，成立全國性的「馬
來西亞道教聯合總會」。神廟則需改變散漫的夙習，才能團結力量向
政府爭取應有的權益。從不願接受管理、約束到願意接受，其誘因
必須能夠帶動其行動力，此即「聯合的藝術」。在缺乏教廷式的權威
機制下，馬華經驗即可作為華人世界的案例，即先正名：以教之名
或以道為稱，早期既已揭示「聖教」之名，而後再度體會只有「道
教」之名方能聯合神廟，都是權衡內外形勢所作的決定，而非屬學
者定義下的「民間信仰」或「華人宗教」之名。在基於實質需要的
考量下，才會仿效王化以便取得資源，並因應國際化趨勢而得與臺
港澳及中國同步，方便彼此交流於相互聯誼，故唯一的選擇就是「道
教」。〔註11〕

由此可見，馬華社會為面對其他友族宗教，如伊斯蘭教（Islam）、印度教
（Hindu）、錫克教（Sikhismh）、基督教（Christian）等「教、節一體化」的節
慶活動，以及當地政府在宗教信仰政策上的實施，故而以廣義的「道教」作為
代表當地「學者觀點」與「民眾」的華人宗教或民間信仰的統稱。

　　在新加坡華人宗教與民間信仰研究方面，許原泰以專研道教的荷蘭學者
施舟人教授（Kristofer Schipper）於 60 年代在臺南進行的道教田野調查經驗，
以及丁荷生教授（Kenneth Dean）對施舟人教授的理論進行歸納，總結道教與

〔註11〕 李豐楙：《從聖教到道教：馬華社會的節俗、信仰與文化》：頁 465、517。

民間信仰之關係：

> 在曾經是一個海峽殖民地的多元種族移民社會裡，又是多元方言社
> 群的華族社群內，道教和民間宗教在這塊土地上的互相滲透和互相
> 影響之複雜度，恐怕是比中國沿海省份和臺灣等地有過之而無不及。
> 雖然我們不能完全說新加坡的民間宗教信仰可以直接等同於新加坡
> 道教，但兩者之間的模糊界線，確實無法一刀切割的。〔註12〕

基於新加坡華人宗教信仰的複雜性，許原泰進一步界定「新加坡道教」為：

1. 以信奉道教教主太上道祖（老子）和三清、玉皇等天尊神明為主
2. 或　兼信儒家聖人孔孟先賢
3. 或　兼尊崇祖先或其他華族流派的民間宗教信仰。〔註13〕

按此將三教以及歷史人物都納入「新加坡道教」的範疇。作者也意識到這種歸
納方式雖無法符合學術標準，但此種界定方式才足以反映新加坡華人宗教信
仰之複雜，「也不會變成閉門造車，與新加坡華族傳統宗教信仰的實際現象完
全脫節」。〔註14〕我們可以發現無論是政治背景或環境因素的考量，「道教」一
詞在新馬華人信仰中承載了廣義上的傳統宗教與民間信仰的範疇。本文對「信
仰」一詞的界定係潮人傳統信仰與新馬「道教」之觀念；「習俗」則指民間風
俗習慣與宗教相關之規範。

　　在早期動盪不安的時代中，移民南洋的潮人們為求心理和精神上的慰藉
與支柱，往往會藉助於信仰和宗教的幫助。誠如《新馬華人社會史》云：「中
國移民非常清楚地意識到，在新的土地上需要宗教信仰。由於前途未卜及航海
中的危險無法預料，宗教信仰便成為他們精神生活的最重要的部分。」〔註15〕
無可否認，宗教信仰在人類發展的各個階段之所以會出現，主要是因為宗教不
但能滿足大眾的心理需求，提供慰藉與協助，亦是因為共同的信仰，而成為促
成社會團結，以及整合人群的手段。〔註16〕因此，民間信仰在新馬的流傳也具
有深層的文化意義。

〔註12〕許原泰：《中華傳統宗教信仰在東南亞的蛻變：新加坡的道教和佛教研究》，新
　　　　加坡南洋理工大學中文系博士論文，2011年，頁64。
〔註13〕許原泰：《中華傳統宗教信仰在東南亞的蛻變：新加坡的道教和佛教研究》，頁
　　　　64。
〔註14〕許原泰：《中華傳統宗教信仰在東南亞的蛻變：新加坡的道教和佛教研究》，頁
　　　　64。
〔註15〕顏清湟：《新馬華人社會史》，頁10。
〔註16〕李亦園：《信仰與文化》（臺北：巨流圖書公司，1978年），頁2。

　　新馬在地所流傳的民間信仰大多源自於閩粵僑鄉，由於華人下南洋後多有接觸其他籍貫、社群、種族的機會，使得閩粵的民間信仰，尤其是神明信仰漸漸成為華僑共同的信仰。其神祇也逐漸為在地華人的心靈寄託對象，如同閩南的大伯公信仰，在傳至新馬後，也逐漸受到廣東、潮州、客家移民的崇拜。「華人開始搬遷到這塊蠻荒之地時，首先是祈求自己生命得以保存，於是，對於大部分沒有受教育的農工商來說，將家鄉固有的神祇南攜而來，似乎是必然的，而且，又是最方便的。」〔註17〕民間信仰亦可促進信眾的社會交往，藉由共同的信仰將不同地區、不曾相識的人們聯繫在一起。這種文化力量在新馬華人社會起到了相當大的影響作用，藉此增進彼此的情感。

　　除此之外，烏丙安曾作出這樣的分析：

> 按照民族學和民俗學的一般理論，信仰和儀式具有相當的心理慰藉和心理暗示作用，並因此世紀影響著民眾在現實生活中的狀態。生活中的有些問題不是「技術或組織手段」所能圓滿解決的。那麼，通過對神秘力量的祈求、控制、利用，能給自己一個解釋，給問題一個解決的辦法。〔註18〕

從原始社會到現今文明的發展過程，人類依然對許多不可預料的災禍以及未知充滿恐懼。同時，現代快節奏的生活和工作環境，使人精神處於緊繃狀態。唯有「通過對神秘力量的祈求、控制、利用」，發揮民間信仰的調適功能，為民眾提供心靈慰藉，使之消除心理上的焦慮與恐懼。現代心理學研究也表明「信仰具有影響信眾親近社會行為的傾向，這一發現也對心理健康的中介效應帶來影響。」〔註19〕基於對民間信仰觀念的探析，以下將進一步論述潮人信仰習俗的兩個面向，即祖先崇拜與神明信仰。

第二節　祖先崇拜：報本與反始

　　祖先信仰起源於靈魂（鬼魂）的崇拜，是人類對已故親人加以轉化為祖先的結果。民間一般相信靈魂不死，所以人們認為已故的親人是轉化為祖先的靈

〔註17〕鄭良樹：《馬來西亞・新加坡華人文化論叢（卷一）》（新加坡：新加坡南洋學會，1982年），頁5。

〔註18〕烏丙安：《中國民間信仰》，頁7。

〔註19〕Tung-Shan Chou, Hie-Wu Su, "An Empirical Investigation of Religious Behavior's Influence on Prosocial Behavior and Psychological Well-Being with Spirituality as a Mediating Variable", *Chinese Journal of Psychology* (2009, Vol. 51), p.273.

魂，牠們是家庭、家族的保護者。「祖先神包括不同層次：有遠古祖先或始祖、氏族祖先、部落祖先、民族祖先、家族祖先。……家庭祖先是個體家庭產生以後才興起的。如同靈魂信仰一樣，人對死者既敬畏又恐懼。前者是對其在世時恩惠的感激、留戀，恐懼是擔心亡靈不滿，把活人帶到地獄。所以人死後，既要招魂、哀悼，也要盡快送走。」〔註20〕人從初死到祭祀的層層儀式，這些操作象徵著死者存在狀態，是由人轉化為鬼魂，再由靈魂轉化為祖先身份的過程。茲將此過程做一簡要的呈現，以便於瞭解：

圖 11：人、鬼、祖先的身份轉換過程

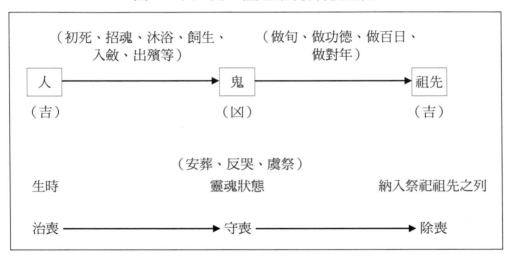

從喪禮轉化而來的祖先是家庭與家族的精神核心，也是中國傳統社會最原始的信仰之一。儒家倫理道德規範講求孝悌觀念，從父母衣食住行的奉養，到父母生老病死祭的照料，都需要真心誠意地對待，所謂「孝子之事親也，居則致其敬，養則致其樂，病則致其憂，喪則致其哀，祭則致其嚴。五者備矣，然後能事親。」〔註21〕因此，人們往往對親人過世後的祭祀儀式尤為看重，只有盡了居敬、養樂、病憂、喪哀、祭嚴的本分，才算是盡了孝，如《顏氏家訓・終制》云：「四時祭祀，周、孔所教，欲人勿死其親，不忘孝道也。」〔註22〕換句話說，祖先崇拜擺脫了人們以往對鬼魂的恐懼，以「報本」與「反始」的心情來面對已故的先人，進而肯定生命血緣相繫的傳承價值。

〔註20〕鍾敬文：《民俗學概論》，頁 191～192。
〔註21〕〔唐〕李隆基注，〔宋〕孫奭疏，李學勤主編：《十三經注疏・孝經注疏》卷 6（北京：北京大學出版社，1999 年），頁 38。
〔註22〕〔梁〕顏之推原著，程小銘譯注：《顏氏家訓》卷 7，頁 438。

　　祭祀行為起源甚早，從《禮記・禮運》記載：「夫禮之初，始諸飲食，其燔黍捭豚，污尊而抔飲，蕢桴而土鼓，猶若可以致其敬於鬼神。」〔註23〕最初祭祀以奉獻祭品和歌舞，以此向鬼神表達心中敬意。傳統祭祀的內容繁複，總體上可分為兩大類，即祭祀天地神靈和祭祀祖先，而天地神靈包括了天地、日月、星辰、山川等自然神靈。祖先崇拜是原鄉社會的精神核心，更是海外華僑最主要信仰之一。陳達提及：

> 華南僑民的社區中，對於祖先的崇奉侍十分顯然的，對於耀祖榮宗認為是人生最體面的事業之一。他們一方面相信去世的先祖，有操縱後代子孫禍福之權；一方面又相信做子孫者對於祖宗有祭祀的義務。結果，家廟的建造、墳墓的修築及祭祀的典禮，在富裕的人家，往往耗費巨金。「招贅女婿」和「買子」承繼等等風氣，大部分由於要祖宗的祭祀能永久維持，香火永久不息的意思。〔註24〕

可見人們不惜納婿買子，以求祖宗香火不斷的宗法觀念。在新馬華人家庭也多有供奉祖先牌位，於祖先忌辰、春秋二祭及時年八節等，祭祀先人的現象普遍存在。一般常見的形式是在祖先神主前供奉蔬果菜品，焚燒冥錢以行祭禮。

　　一般有單獨家庭的家祭，有祠祭、墓祭（掃墓），還有集體進行的族祭。家祭一般為先人生辰或忌日，祠祭與族祭多為春秋之大祭，而墓祭則多在清明，《馬來亞華僑志》云：

> 敬天地迎神，拜祖先，為中國數千年來遺傳之習俗，故華僑對於祭祀，亦極重視。祭祀分公祭與家祭兩種，前者由各省籍會館主持，分春秋二祭，名曰拜山，規模宏大，經費由每戶硬性分攤，場面熱烈，後者由各家自行辦理。公祭之分目及舉行日期大抵如下：一、祭一般性各該籍鄉人遠走南洋死後亡魂，分春秋二祭，在清明節及八九月間。二、祭各業祖師及創辦人，如魯班節（即水泥工匠之祖師）參與者不限省籍但限於該業同業公會。三、祭神，如盂蘭節及在神誕或其他大日子。公祭儀式隆重，主祭者均係各界僑領甚為認真。家祭之分目及舉行日期如下：一、祠祭，在清明節。二、墓祭，在清明節或前後數日內。三、家祭，在忌辰及清明、夏至、中元、

〔註23〕〔漢〕鄭玄注，〔唐〕孔穎達疏，李學勤主編：《十三經注疏・禮記正義》中冊，卷21，頁666。

〔註24〕陳達：《南洋華僑與閩粵社會》，頁133。

冬至、除夕等節。家祭由家長主祭，惟大家庭則由族長主祭一如國
內相同。〔註25〕

其中還包括了歲時節日與祖先忌日祭祀者，因此本節主要以家祭和墓祭作為
探析僑批中有關新馬潮人祖先信仰的切入點。

一、家祭做期

《嘉慶澄海縣志》云：「自忌辰外，歲時必祭，祭品豐約量其力，下至走
卒販夫無有廢而不舉者。」〔註26〕陳劍虹在其《檳榔嶼潮州人史綱》曰：「和
世界各地的潮汕人一樣，檳榔嶼潮人的時年八節習俗，都以祭拜祖先作為重要
內容，有意識的折射慎終追遠，返本溯源的傳統倫理觀念。在春節、元宵、清
明、端午、中元、中秋、冬至和除夕八個節日中，以清明和冬至的活動最能反
映潮州人知恩、崇恩和報恩的宗教和倫理觀念。」〔註27〕在歲時節慶祭祖祈年
是禮俗中的主要內容之一，而人們藉此酬謝諸神與祖先的關照，並祈願能得到
更多的福佑。

潮人為祖先或已逝父母舉行的祭祀活動稱為「做祭」或「做期」，因潮言
中「忌」與「期」同音，所以潮人多習慣稱「做期」。〔註28〕在潮人習俗中，
第一次「做期」即死者逝世後一週年（俗稱對年）視為「大日忌」，而後續一
年一次的做期稱為「常日忌」。因每年「做期」於自家廳堂設壇拜忌，故稱家
祭。家祭所參與的人員主要是近親，如逝者之兒女、媳婦與其子孫。僑批中常
見的是潮人逢父母忌日或年節寄錢回鄉以作祭祀之資，而親自回鄉者則較為
少見，茲詳列做期之例如下：

1. 1951 年 1 月 7 日馬來西亞陳茂松寄潮安東鳳鄉陳和全弟弟交代元月祭
拜祖先之事：

和全我弟知悉：

久疏通函時淰想念，諒塘中老少平安□□廸吉為頌。為祝刻固
年間（關）在即，寄去港幣叁拾元正到時查收，計抹伍元與二弟、

〔註25〕華僑志編纂委員會編：《馬來亞華僑志》，頁 238。

〔註26〕〔清〕李書吉登纂修，廣東府縣志輯：《中國地方志集成‧嘉慶澄海縣志》卷
6，頁 60。

〔註27〕陳劍虹：《檳榔嶼潮州人史綱》，頁 298。

〔註28〕陳友義：〈潮汕民間「做期」習俗述評〉，《汕頭市科學聯合會》：2017 年 8 月
25 日，網址：http://stskl.shantou.gov.cn/stskl/20172/201708/92cbc38ae8f141b7
98b1ecb0fc98021c.shtml（2021 年 8 月 19 日查詢）。

拾元與二嫂、拾元與和武弟收。所餘伍元於購金紙拜祖父母之用，
切勿湏悮為要。至愚在洋人家平安□免介懷，修出示意順問。近安

愚　陳茂松付

一九五一年一月七日〔註29〕

2. 1951年2月11日馬來西亞陳和武寄潮安東鳳鄉妻子李氏問及叔叔回塘
拜祖事宜：

李氏賢內助粧鑒：

啟者，愚在於正月份往東甲埠諸叔父處坐談。言及唐（塘）中
近況，聞悉女兒於去年七月天逝，未卜染何疾病致喪？愚對於家信
一字沒提及女兒之及諒爾不關心耶。信到之日回音來知切切勿悮矣。
另者，去年十二月份寄三叔處細叔巧勇寄信到唐（塘）中拜公媽否？
今因乘便，付上港幣叄拾元正到時查收。內中抹出伍元與二孀大人
以助茶菓之需也。餘貳拾伍元為家務之需用矣。餘言後敘肅此。

敬請　粧安

愚　陳和武手書

辛卯年正月初陸日〔註30〕

3. 1954年5月7日澄海冠山鄉宋嘉（佳）銳母親寄給新加坡兒子的回批
說明永華公做忌一事：

及尊有耳者，周李連在占邊甲行火船仔李道，在呼魯頂設做生
理。吾兒豈能機變，至此未卜。起食在於其中，謹尋下落可知，住
止（址）者即修片信達上與他收知，再之不然有友人仝往亦可做得。
此州府報有取撓頭緊稅，欲往為實有，真愁無月信可寄。為先後之
切要尋事任為謀做，為叔不知居住何名，若有可知者，一決定欲修
書即寄於此為幸。茲創永壽興會是免恆意受□，今會內空虛，家人
公議拾□月會每日銅板一占，每月皆收卅占事，是為重月皆要郎收，
經以收去三個月。三月初一起至期限按撓三年為滿會，內有艮生息
及後逢餘之事不用再題，亦是有條好路之日。見信至切寄一二元付
每月結收，有好先收│○元完去五個月之收。五月廿一是俺自己永
華公做忌，床上開拜是傍派物件，取買拜好之後，六碗物件應酧親

〔註29〕潮汕歷史文化研究中心編：《潮汕僑批集成》，第2輯卷40，頁106。
〔註30〕潮汕歷史文化研究中心編：《潮汕僑批集成》，第2輯卷40，頁46。

人。有錢買現無錢不能抵賒。見信之日至切寄有三元付做公忌買物
受拜應用為是。

佳銳男收知

慈親寄

甲梅月初五日〔註31〕

4、1954 年 5 月 16 日澄海冠山鄉宋嘉（佳）銳母親再寄一回批給新加坡
兒子說明家情與各節祭拜先人與神明事宜：

> 自兒起機廿載，出門至今廿三載，計抵有卅月之餘，未見有一
> 事不成。兒之小意未知若何否。家計拮据，說盡千般苦舌之語，信
> 內言章並及無相片一字，家計不聞寸想全無不願父母剛常為重。不
> 念妻子禮儀之名，懶食乾盛二年之餘，輕重之事剋苦有宜當肩中必
> 有效法之力，徒惰自悞何用，如今自愧敗名之卒，到不如即速切切
> 收什回歸。另生別策行為，家計在此十□柴米油鹽俱空，及事又到
> 五月初五節，廿一自己永華公做忌，辦拜物件熟心取買。六月初二
> 俊傑公忌，廿六福德生，七月初七公婆生，十五節廿普度，八月中
> 秋又到刻下取買之物現錢交易數目無還，不能惟賒。吾兒如若不回
> 者，可開有一路回復，如無者欲兒每月一二三元到家為少，六七元
> 皆要是實周河雨錫高兩人下叨，諒必欲往占邊豈有到乾盛坐之，如
> 有吾兒湏當及問或欲搭信或欲為何否。茲是月收到大艮四元，但兒
> 出外如是無機變者，何況為父寫信並囑咐他人，亦是無益之語，勝
> 敗及在兒身上主宰，免用為父是非言說。

佳銳兒收知

母　托

甲梅月拾肆日〔註32〕

5. 1955 年 10 月 7 日馬來西亞陳和武寄潮安東鳳鄉嬸母交代父母做忌一
事：

> 嬸母大人尊前：

> 敬啟者，今接到如炎叔來函，一切詳悉，諒必嬸母合家平安否？
> 外付去港幣伍拾元正，到時查收。侄現時每月日息百餘元，不過生

〔註31〕潮汕歷史文化研究中心編：《潮汕僑批集成》，第 1 輯卷 4，頁 183。
〔註32〕潮汕歷史文化研究中心編：《潮汕僑批集成》，第 1 輯卷 4，頁 183。

活得過也。順此到知。現時蓮真以去做工也，每日得利柒角，順此
到知。內抹出拾元與李大成弟，又抹拾元與真撈妹，又抹五元與二
姑母茶果。餘者大人收。另者，吾父親在九月初六日做忌，又吾母
親在拾月初五日做忌，又拾廿六日做忌，於無別言。另者，塘東情
況如何回音來知。

另者，吉隆坡厝屋每間是亞答，租銀‖8十元左右，電火及水龍。

並陳　近安

姪　陳和武托

一九五五年拾月柒號〔註33〕

6. 1959 年 10 月 6 日馬來西亞陳和武寄潮安東鳳鄉二嬸說明冬至拜祖先
與家中神主牌之事：

嬸母大人尊前：

敬稟者，固未問疾，望勿見怪，諒必合家平安否？付去港幣三
十元正，到時查收。接到回批一均知之。蓮真在金（今）年並無工
可做，固此通知。現在叻行情困難，現時叻東一家是五口，每月得
利不過如此。固此祖公墳墓在故年祖公墳墓正移，在本年也愛移，
個是做年否？在冬節，叻東愛拜公媽，順此通知。現在吾母親家神
牌名叫地個否？大人可通知。蔡氏媽家神牌名叫何名字通信來知，
餘無別言。並祝　近安

另者，家祺吾弟你愛筆頭 10 個庅下信可也。

姪　陳和武寄

1959 年 10 月 6 日〔註34〕

7. 1964 年 3 月 20 日馬來西亞林炳勤寄潮安博士林鄉林槐炎侄兒交代所
匯之款為母親忌辰事宜：

槐炎二侄收悉：

落茂尾月之回批業以接到，各事甚□並夾下立□嫂之信留照轉
告他□與查照並知刻付奉港幣貳拾元到時查收。此項以應□□□□
□及叄月初貳日吾祖母忌辰之用。此二事□照就代辦理為是。前此
有托侄告代尋藥丸之物，來知是否買到否。□□□□□□□

〔註33〕潮汕歷史文化研究中心編：《潮汕僑批集成》，第2輯卷40，頁171。
〔註34〕潮汕歷史文化研究中心編：《潮汕僑批集成》，第2輯卷40，頁180。

並祝　大安

林炳勤付

1964 年三月廿日〔註35〕

8. 1968 年 5 月 21 日新加坡李春聲（女婿）寄潮安東鳳鄉陳映松（兄長）交代母親忌辰一事：

陳映松二兄承足：

啟者，自離別後寒暑屢更，祇以天各一方未能與兄面談，中心仄莫能宣言來知你時方能握手使人能羡不已。<u>茲因先慈忌辰來臨，故特修書一扎並港幣伍拾元至希查收，將歎購辦牲禮祭拜先慈。祭別將此等物引做五份，各自收下。</u>再者，吾兄前曾向妹討物至今未有付去，但因現在來往稀疏，不便寄到，倘若寄郵郵費加重，未免可惜，郵包制定每件二磅，郵費川二元，頗略爾知，望勿見怪。原念特此告達。並祝　近安

妹　陳奉暖寄

公元 1968 年 5 月 21 日〔註36〕

9. 1981 年 5 月 23 日馬來西亞彭亨林名芳寄潮安博士林鄉祠堂巷林質彬說明父母做祭之事：

質彬胞弟如面：

兩地平安，喜之勝也。今寄去港幣貳佰元，<u>一百元祖父母祭拜之用</u>，一百元遞交大姑母，須欲大姑母手諭來知他的健康如何，餘言後申，好事後陳。平安

姊　名芳

一九八十一年農曆四月二十日〔註37〕

10. （年份不詳）農曆 3 月 23 日新加坡林亞姈（姊）寄潮安博士林鄉大宗祠巷林振賢（弟）說明代備祭品以祭祀母親忌辰之事：

振賢胞弟台鑒：

啟者，許久未接來函，時深為念。週來近況定然佳吉，諸務順遂，長幼平安可料。叨中愚等老少均安，免為遠介。來月十一日先

〔註35〕潮汕歷史文化研究中心編：《潮汕僑批集成》，第 2 輯卷 50，頁 137。
〔註36〕潮汕歷史文化研究中心編：《潮汕僑批集成》，第 2 輯卷 38，頁 337。
〔註37〕潮汕歷史文化研究中心編：《潮汕僑批集成》，第 2 輯卷 51，頁 319。

慈親忌辰，即將屆臨，茲由信局付上港幣陸拾元，到日查收。內中
抹出廿元代備禮品奠拜，略表微意；另抹出廿元送交舅妗茶粿之資，
另抹出廿元煩交細姑母收用，希為照辦。信至之日，揮音賜曉是荷，
順此修函並詢。近安

愚　林亞妗、丁寄萍頓

農曆三月廿三日〔註38〕

以上所舉僑批中有關潮人做期的事跡，如交代家眷代為購買金銀紙，準備祭品等，或是匯款囑咐家鄉親人代為拜祭都是人們心繫家鄉與盡孝之表現。第一例與第六例的歲時祭祖，除了透過家鄉代為祭祀之外，在僑居地只能透過祖先神主牌的方式進行祭祀，即第六例中提及之「家神牌」。早期過番的番客只能「背著、擔著『神主牌』，僅能依據血緣聯繫，或定居有成後才返回原鄉請祖先，這種型態可謂為『理念性移植』，卻都同樣達到追遠與收族的目的。」〔註39〕再如潮陽林炳順於民國37年（1948年）冬至在新加坡寄錢給侄孫林家榮附信寫道：「愚祖叔遠別家鄉數十年，時常（以）祖宗家庭為念。但身在外，不能年節親自奉祀為歉也。祖宗雖遠，祭祀不可不誠，惟念賢侄孫等在家，年節、忌辰須當誠心奉祀」。〔註40〕

　　其次是供品的準備，一般以五類粿品和五類菜餚為主，稱之為「五粿五宴」。〔註41〕在新加坡和馬來西亞則稱「五碗頭」，除了三牲之外還需準備豆干，以及五類粿品，如紅桃粿、豆目粿、圓粿、角粿、團粿等，而每樣粿品數量均為五個，象徵福壽綿長、子孫興旺之意。〔註42〕潮人在祭祀中多以五為整數，其實與《黃帝內經・素問》所提及的「五穀為養，五果為助，五畜為益，五菜為充」〔註43〕之觀念有關。

　　值得一提的是，馬來西亞新山柔佛的潮人在祭祀祖先方面有一獨特節日，即六月初六「過橋節」，在2018年11月20日的《中國報》中報導過相

〔註38〕潮汕歷史文化研究中心編：《潮汕僑批集成》，第2輯卷50，頁446。

〔註39〕李豐楙：《從聖教到道教：馬華社會的節俗、信仰與文化》，頁98。

〔註40〕潮汕歷史文化研究中心編：《潮汕僑批萃編》，第1輯，頁272。

〔註41〕陳友義：〈潮汕民間「做期」習俗述評〉，《汕頭市科學聯合會》：2017年8月25日，網址：http://stskl.shantou.gov.cn/stskl/20172/201708/92cbc38ae8f141b798b1ecb0fc98021c.shtml（2021年8月19日查詢）。

〔註42〕受訪者：張月碹，地點：馬來西亞檳城大山腳，2021年3月1日電話訪談。

〔註43〕叢書集成初編：《補注黃帝內經素問・藏氣法時論二十二》第2冊，卷7（北京：中華書局，1991年），頁279～280。

關的文章：

> 潮州道士告訴《中國報》，潮州籍貫家庭很重視孝道，對於逝世的成
> 年人或年長者，皆會以「過橋」儀式讓逝者在陰間好走，以免鬼差
> 不願放行，讓逝世（者）無法順利走過奈河橋。他們說，雖說是潮
> 州人士的習俗，唯其實是中國主要是澄海縣固定於每年農曆六月初
> 六的「過橋」儀式，南來人士漸漸沿襲此風俗，為祖先亡靈「造橋
> 鋪路」。他們指出，凡是家中有成年人於當年農曆六月初六以前逝世，
> 便會選在同年慶「過橋節」；而在農曆六月初六以後逝世者，則會於
> 超過百日，選在隔年農曆六月初六舉行「過橋」儀式。他們指出，
> 潮籍人士選在農曆六月初五傍晚 6 時後，也就是太陽下山後正式舉
> 行儀式，一直祭奠至過子夜，即初六日。他們說，整個儀式其實並
> 不繁雜，只是需要準備一些傳統祭品，若家書欲加入誦經儀式，就
> 需要另外再加兩個小時。「其中必定少不了冥紙、潮州傳統糕點及三
> 牲，除是要供亡靈吃飽好走外，也作為賄賂閻王和鬼差用途。」
> 過橋節必定少不了「橋粄粿」。潮州道士陳耀華（57 歲）說，過橋儀
> 式必備供品，就是米蒸製七塊的兩三寸寬，七八寸長的粿品，稱為
> 「橋粄粿」。他也指出，「橋粄粿」排列成一字型板橋狀，象徵進閻
> 王殿的奈何橋，橋呈七洲之意。……他說，相傳橋頭橋尾均有陰曹
> 官吏把守，因此供品中也要備熟白雞一隻敬橋頭官，熟滷鴨一隻敬
> 橋尾官，故有橋頭雞，橋尾鴨之稱。「過去除了過年節，就是喪禮才
> 會有雞鴨與肉祭祀，所以潮人舉行過橋儀式，也會祭拜一大片的燒
> 肉，讓祖先食飽有力過橋。」〔註 44〕

在馬來西亞新山市的潮州人仍流傳著這樣的「過橋節」習俗，主要以農曆六
月初六祭祀亡靈祖先，為祖先「造橋鋪路」，而此節乃傳承自澄海的習俗。
過橋節也會焚燒大量的冥紙，以敬獻閻王，幫助亡靈順利過橋。至今新馬潮
人社會對於「過橋節」習俗的認識與祭祀行為已不多見，也有家庭採用簡單

〔註 44〕 蔡緯楊：〈六月初六潮人獨有習俗過橋儀式讓逝者好走〉，《中國報》：2018 年
11 月 20 日，網址：http://johor.chinapress.com.my/20181120/%E3%80%90%E6
%9F%94%E4%BD%9B%E4%BA%BA%E5%A4%B4%E6%9D%A1%E3%80%
91%E5%85%AD%E6%9C%88%E5%88%9D%E5%85%AD%E6%BD%AE%E4
%BA%BA%E7%8B%AC%E6%9C%89%E4%B9%A0%E4%BF%97-%E8%BF
%87%E6%A1%A5%E4%BB%AA%E5%BC%8F%E8%AE%A9/（2021 年 8 月
19 日查詢）。

的方式進行此習俗，唯有老一輩方知此俗。簡言之，「做期」習俗乃潮人對祖先報本反始、慎終最遠的一種形式，同時也承載了人們對於逝者的追思與懷念。

二、墓祭掃墓

在墓前祭祀祖先謂之墓祭，以清明最為典型。潮人將掃墓稱為「上墳」或「掛紙」，《乾隆揭陽縣志》曾提及「清明掃墓松楸邱隴間遍懸楮錢，謂之掛紙」〔註45〕。為了與冬至掃墓進行區分，清明掃墓稱為「掛春紙」，而冬節掃墓則稱「掛冬紙」。「掛紙」義為將紙錢以土石壓於墓碑之上，並將紙錢撒於墓地四周而不需燃燒，故而得其名也。至今潮人仍保留著上墳時將紙錢壓於墓頭，並將紙錢撒於墓堆上的習俗。在上墳前都會準備祭祀祖先的供品和金銀紙。一般上掃墓的程序都是修整墓地，丹書墓碑，備三牲、粿品、紙錢等以祭祖先。除了掃墓用的紙錢和往生錢外，還會奉上紙扎的日常用品如衣物、鞋子、首飾等，甚至彩電和手機等等。有者掃墓回家後，又以家祭的形式再次表達對父母祖先的感恩心理，延續歷代祧祖之風。〔註46〕在僑批中所見墓祭為二例：

1. 1950 年 3 月 12 日新加坡陳屏周寄潮安東風鄉陳紹鏞孫兒轉交媳婦問及家鄉春節掃墓一事：

> 黃氏賢媳收閱：
>
> 　　元月初旬接讀來書，<u>內云及家祖慈、家嚴掃墓一節，都已盡悉悰</u>。余自去年臥病數月，入息毫無，前此寄去之信，係托友人東挪西湊的。窮人致此纏綿之病，日夜思之，實在坐哭無淚。本月十六日，嘔血復作，現刻已止。悰身體瘦弱，行步艱難，開刻下唐（塘）中人民幣落跌，與前金圓券一般將成廢紙。以有用之金錢寄去變作無價之廢物，實深可惜也。順付去港幣肆拾伍元，內並夾去壹裕表兄乙信，並銀 18 元至時收，切呈交。此次讀信皆以有由吾媳□去者，因郵費太重。故平收知之，餘無別囑。此示
>
> 順詢　安好
>
> 庚寅年元月廿四日　姑翁　寄〔註47〕

〔註45〕　〔清〕劉業勤修、凌魚纂，廣東府縣志輯：《中國地方志集成・乾隆揭陽縣志》民國二十六年鉛印本，卷7，頁444。

〔註46〕　陳劍虹：《檳榔嶼潮州人史綱》，頁298。

〔註47〕　潮汕歷史文化研究中心編：《潮汕僑批集成》，第 2 輯卷 42，頁 62。

2. 1980 年 3 月 17 日馬來西亞林映民（弟）寄潮安博士林鄉林名粧（姊）說明清明掃墓之事：

> 名粧姊：
>
> 　　清明時節又將來臨了，今寄上港幣陸拾元，備拜公祖之用，到時查收。我母親問起新年信內有寄鐳給必茂與映僑，但來信未有提起，是否有交他們？請來信告知。
>
> 謝！謝！
>
> 弟　映民
>
> 1980 年三月十七日〔註48〕

第一例乃春節掃墓之例，而第二例的清明「備拜公祖之用」實為家鄉親人代為祭祀之例。此外，潮人尚食粿，更有「時令做時粿」之俗，其中當然也少不了祭拜用的「墓粿」，一般上有樸籽粿、紅桃粿、酵粿（發粿）等，清明為紅桃粿、酵粿；冬至則有冬至丸（湯圓）。〔註49〕

　　整體而言，祭祀祖先是新馬潮人祖先崇拜的一種象徵，也是潮人的傳統習俗之一。從「做期」而言，一來有凝聚了家族之間的情誼，二來也滿足了人們心靈上的慰藉，進而增強人們慎終追遠的倫理觀念。在新馬華人社會，許多華人的祭祖地點不是傳統中國社會家族或宗族的祠堂及族墓，而是各個幫群墳山（義山或義塚）。針對現今新加坡華人祖先崇拜的田野調查，曾玲認為新加坡華人祖先崇拜的幾個變相：一、祖先崇拜的形態發生了變化，即祖先與先人的概念不僅僅只是與祭祀者在血緣上有親屬關係，而向非血緣非同族同姓的逝者進行祭祀，呈現出泛血緣的特徵；二、祖先崇拜的空間場所與原鄉發生變化，即新加坡華人社會在移民時代下「幫群」林立的背景下，使得大部分華人身後的喪葬和祭祀只能在所屬的「社群」範圍內進行；三、祖先崇拜的方式簡單化，同時與祖籍地以祖厝、祠堂為中心的族祭或家祭，以及祖墓的墓祭形態發生了改變，因而新加坡華人的祖先崇拜並不具備祖籍地的完整系統；四、祖先崇拜的功能從當代的社群先人崇拜成為一種蘊涵與承載著華人傳統的價值觀與精神。〔註50〕

〔註48〕潮汕歷史文化研究中心編：《潮汕僑批集成》，第 2 輯卷 50，頁 81。

〔註49〕受訪者：張月瑄，地點：馬來西亞檳城大山腳，2021 年 3 月 1 日電話訪談。

〔註50〕曾玲：〈陰陽之間——新加坡華人祖先崇拜的田野調查〉，《世界宗教研究》第 2 期卷 93（2003 年），頁 124～126。

另一方面，早期南來的華人先民在過番的過程中有不幸落水身亡者，也有不幸客死異鄉者。對於此類亡者的祭祀，人們也設法為其安置身後之事，並進行祭祀。為了使亡者能夠安息，其他同鄉便會設法替這些亡者尋找安葬之處，而墳山、義塚（公塚）、私墳便成為了第一代華僑的「入土為安」的展現。這種心態自然也加強了人們對祖宗和先人祭拜的需求，並且尤為看重同鄉與自身在「百年」之後有人為其祭祀。這種觀念使得墳山義塚成為了南洋移民社會祖先崇拜的另類展現。祖先崇拜對於節日的傳承體現在祭祖儀式上，傳統祭祖儀式中的表現形式根據祭祀地點的不同，主要有家祭、墓祭、祠祭、族祭等，不同形式的祭祀皆反映了人們崇宗敬祖的觀念。

第三節　神明信仰：精神的支柱

閩粵民間信仰具有鮮明的地域性質，而且多神崇拜更是其信仰之特點。誠如前文所言，早期下南洋的華僑已清楚地意識到在新的土地生活需要信仰，信仰也是人們在彷徨無助和承受極大壓力時，祈求心境安寧和精神寄託的重要渠道。「當移民社會去往一個新的地方時，必然透過分香儀式請神靈一同前去。有時移民所供奉的只是特殊行業的守護神，但廟宇儀式的地區性通常相當鮮明，因為行業通常是與來自特定區域的移民相一致的。」〔註51〕在新馬華人社群形成後，伴隨而來的便是宗教信仰的普及化，而神明崇拜已然成為人們生活上不可分割的一部分，如潮人崇拜的玄天上帝、三山國王、媽祖、福德正神等神明的供奉在南洋極為普遍，廟宇也如此應運而生。

潮人祭祀神明稱之為「拜老爺」，又有「營老爺」或「迎老爺」之習俗。「『營老爺』又稱『營大老爺』，是潮汕地區一種非常流行而極其隆重的民間節俗活動。『營』是遊行的意思；『老爺』是潮汕人對神的別稱。『營老爺』就是遊神，就是把神像從神廟裡請出來遊行。」〔註52〕在潮汕地區祭祀神明的活動，從年初至年終都有不同神明的祭祀活動，其中包括了神明壽誕、遊神等。「營老爺」的儀式過程主要有三個環節：首先是「請老爺」儀式，由村子裡的長者帶領眾人從廟中抬出神轎安放在「神場」（臨時搭建的神壇、供棚、戲台）；

〔註51〕〔美〕孔復禮（Philip Kuhn）著、李明歡譯：《華人在他鄉：中華近現代海外移民史》，頁74。
〔註52〕陳友義：〈潮汕「營老爺」習俗及其文化審視〉，《汕頭大學學報（人文社會科學版）》第3期（2012年6月），頁31。

其次是「拜老爺」即眾人祭拜神明並呈上供品；再者為「營老爺」即所謂的遊神，以抬神轎到全村巡遊，遊神完畢後送「老爺」歸廟。潮人認為他們的長成、家庭、身體等狀態都與神有關，因此在辭舊迎新之際必須好好答謝神明（即「酬神」）。〔註53〕換言之，「營老爺」活動以神明巡境安土、民眾迎神納福的儀式為核心，成為神、人同樂的表現形式與民俗活動。

民間相信神明掌管人的命運，從農曆臘月二十四諸神上天是向玉皇大帝匯報民間凡事，正月初九諸神下凡回歸凡間，故而隆重祀奉以求平安。據陳達的調查，在潮安某村每年所祭祀的神明包含鬼神在內計有 30 位，同時又與節令有關，如元宵、清明、中元、中秋、冬至等。雖非所有潮人家庭皆有敬奉 30 位神明，但可見潮人所祭祀之神皆與職業有關，如下表所示：

表 5-1：潮州華僑社區民間信仰的祀奉與歲時節令

	所奉祀的神明	日期（農曆）
1	諸神下凡（元旦）	正月初一（當為正月初四）
2	天公聖誕	正月初九
3	撫督聖誕（元宵）	正月十五日
4	文昌爺聖誕	二月初三日
5	三山國王聖誕	二月二十五
6	清明（掃墓）	三月
7	元天上帝聖誕	三月初三
8	太陽神	三月十九
9	天后聖母聖誕	三月二十三
10	太子爺	四月初八
11	註生娘娘	四月二十五
12	端午	五月初五
13	關公	五月十三
14	三山國王夫人	六月初六
15	慈悲娘（觀音）	六月十九
16	火帝爺	六月二十三
17	土地爺（大伯公）	六月二十九

〔註53〕陳友義：〈潮汕「營老爺」習俗及其文化審視〉，《汕頭大學學報（人文社會科學版）》第 3 期（2012 年 6 月），頁 32。

18	七聖夫人	七月初七
19	花公花媽（公婆神）	七月初七
20	魁星爺	七月初七
21	孤鬼（中元）	七月十五
22	招財爺	七月二十三
23	司令帝官	七月二十四
24	八仙過海	八月初八
25	月神（中秋）	八月十五
26	元天上帝飛升	九月初九
27	仙公	九月初九
28	火帝夫人	九月十五
29	韓文公	九月十五
30	元帥老爺	九月十九
31	冬至（祭祖）	十一月
32	五穀老爺	十一月十四
33	諸神上天	十二月三十（當為十二月廿四）

資料來源：陳達：《南洋華僑與閩粵社會》，頁 269～270。

於此可見，上表中所呈現之「老爺」名目眾多，而潮汕信奉的每一位神明皆有
其獨特的作用，所以人們在祭祀或祈求時會依據自身需求而選擇所要信奉之
神明。無論是歲時節令或神明聖誕，無不濃重地體現著潮人信神事鬼的風俗，
皆有祭祖祀神的儀式摻雜其中。

　　再者，據陳達的研究調查發現，華僑與非華僑家庭每月都有對於信仰的支
出，雖然該費用數額因各家的經濟狀況與社會地位而有所區別，但亦可得知華
僑對於信仰和生活有密切關係的認知。不但如此，有些家庭尚有比較重視信仰
的趨勢：「因家中既有人在南洋，他們的身體安全，或事業順利，對家中人的
臆想，莫非要靠神明來保佑。」〔註54〕其中就調查員對某華僑家庭的觀察如
下：

> 某華僑社區成年男子多是僑居南洋，某家中女人每存仰仗神天庇佑，
> 使男子僑外能得身體平安，且多獲財利之念；故每逢夏曆之初一、
> 事物兩日，及佛祖誕日，「大伯公」神的壽辰等，即必多辦錢紙（即

〔註54〕陳達：《南洋華僑與閩粵社會》，頁 266。

冥紙）香燭及糖餅果實等物，前往庵寺神廟禱拜許願，祝望如心所願，闔家平安。所以幾乎各家每月皆有拜神費，且所費實不止其所報之數，蓋其意以為報數太多，人將譏其迷信，故惟從少數報知，如此家本月之拜神費僅 5 毛，若按其實際當在 1 元以上，且月月如是，非特本月而已也。

對於神佛的崇奉，婦女們特別表示虔誠：

媽生拜神費 9 毛 5 分，此媽生即「天后聖母」，其誕日每年在夏曆 3 月 23 日。某華僑社區對於媽生日，人家多有備辦麵粿及牲禮、錢紙、香燭等物。往拜者，尤以婦人為甚。此家全係婦人，且以老婦主家，其對於此事當必極其誠意，揣其實在之用費，想不止此 9 毛 5 分也。〔註55〕

可見在僑鄉對於神佛信仰的重視程度非今人所能想象。這種思維觀念同樣影響著南洋華僑，他們對於家鄉親人的信仰與崇拜無不支持，而更多的是匯款回鄉以供家眷祭祀神明之用。按陳達針對華僑與其家庭在信仰之花費的調查，亦有助於我等瞭解僑批中人們對於神明信仰方面的開銷。至此，筆者將其分為謝戲酬神、迎神賽會和寺廟修繕三類，以此作為觀察僑批中有關潮人神明崇拜的展現。

一、謝戲酬神

從清代以來，「各鄉社演戲，扮台閣，鳴鉦擊鼓以娛神，更諸靡態」〔註56〕，現存縣鄉志都分別記載有節日時令、遊神賽會、紅白喜事等民俗活動期間潮汕大演其戲的事例，範圍廣至迎神、謝神、祭祖、壽誕、得子、婚嫁、封官、晉爵、喬遷、建祠，以至行鋪開張、鄉規習俗制定和施行等等方面。酬神活動在中國僑鄉或新馬華人社會是極為常見的民俗現象，而當中的酬神戲更是兩地華人在神明誕辰活動的重要組成部分。這類酬神活動的進行除了用以答謝神明之外，還常常因信眾之需或娛樂眾人而設，因此酬神戲可謂是具有娛神娛人的作用。凡一年中與神明誕辰或重要節慶，廟宇便會有遊神與酬神活動，場面壯觀。如同陳達《南洋華僑與閩粵社會》中所提及的：

〔註55〕陳達：《南洋華僑與閩粵社會》，頁 266～267。
〔註56〕中華書局編輯部：《潮劇完全觀賞手冊》（香港：中華書局有限公司，2020 年），頁 13。

　　每逢重要的節日都要演戲，以資酬神，村中男女老少，也藉此穿比較整齊的衣服，來湊熱鬧，大家歡樂一番。戲的種類不一，其號召觀眾的能力亦不同，以汕頭的鄉村論之，大別之有潮州戲，木頭戲及電影三種。（一）潮州戲：清代末年，及民國初年，華僑社區（丙）排演潮州戲劇的天數很多，每年大約能占一百天。自民國十一年「八二風災」之後，地方元氣大傷，常年的戲劇，因此大減。兩三年後，逐漸恢復戲劇，到民國十六年，才有樂觀戲院的創設（演戲無定期）。於是鄉社之戲減少，普通多在戲院開演了（指大戲而言）。……（二）木頭戲：華僑社區（丙）之木頭戲，也很普遍，每年平均排演 80 回以上。凡酬神、神誕喜慶等等，大多排演木頭戲，因取其簡單和價廉（凡發生事端，談判之後，理曲者往往被罰戲一台，此種處罰往往用木頭戲）。木頭戲的情節，多采取於潮州戲，但按照本地風俗，凡排演潮州戲，多於夜間舉行，大致要演之天亮為止（汕頭及潮州城內之戲院不守此例），而木頭戲雖是夜戲，但不演至天亮。〔註57〕

可見酬神戲之興盛與民間宗教信仰有著密切的關係，究其原因乃當時人們生活並不富裕，在娛樂活動方面不如現今這般豐富，唯有觀看免費的酬神戲以茲消遣，也屬另類的娛樂活動。所謂酬神戲，即是「答謝神恩」的戲，通常是在所謂神的「生日」而演出，或者是在「普度」的時候而演出；所謂「木頭戲」則是中國劇種之一的木偶戲，在潮州的木偶戲稱為「鐵枝木偶戲」，俗稱「紙影戲」。一般潮人請戲班出演木偶戲稱之為「酬神戲」或「老爺戲」。潮州木偶戲與潮州戲曲不同，潮劇稱之為「大戲」，而木偶戲則稱之為「小戲」，有此二種說法來加以區分。〔註58〕如此，僑批中有關祭祀神明之事跡為何，以下將詳細說明：

　　1.1926 年 6 月 11 日新加坡陳集允寄母親說明農曆十月初十日水仙尊王千秋：

　　慈親大人尊前福安：

　　　敬稟者，接來回批，云事知詳，寄喜濠叔貢葉大小貳瓶，已收到免介。年尾仙爺回饗，肖在外地有題艮貳元，廣豐公司題艮陸元□知之。大弟叔此次回塘山，諒有到俺家中坐談可知。仙洲鄉吾胞

〔註57〕陳達：《南洋華僑與閩粵社會》，257-259。
〔註58〕受訪者：吳慧玲，地點：馬來西亞檳城喬治市潮藝館，2016 年 8 月 1 日。

炽來與肖討榴□戾有便之人回塘，自曉送上應用免念耳。茲奉上洋艮貳拾元，到時查收家情之需耳。福安

肖　陳集允寄

丙五月初貳日〔註59〕

2. 1953年9月22日澄海冠山鄉宋嘉銳父親寄給新加坡宋嘉銳（兒）的回批寫明關聖帝君廟酬神戲之事：

謹啟者，子茲是日承接來書一片，拆讀詳矣，外並大艮四元，收信查收。另之，家計甚急難辛，目前寄些信三元、糴米五元，添去父母會10元，七月半節並與普度二事，買芋並禮物〢〇元節料，惟欠數木（目）會還汀城。知事謂落鄉中擔銃只上社五夜係開題，俺題10式郎收上社打灰埕嗚鳳門，起至新巷止。七月廿八起工，俺題去乂〇式未收，八月初九，朝興洪大妹開題，凤戲演唱，新源正興班，俺題去10元揭借的，關爺宮重韻議，廿七演戲又欲開題。本月中秋買芋並糕餅10元，現寄此四元還正利10元，星記10元，烈記10元，糴米無艮，又是惟賒上次12元無還，思之慮也。吾兒尋事有識人引進新人，吧虱亦可得就任辦事，惟餘難辛，朝金彼先不同，節食代寄四元亦是無奇不如收什回塘，另生別計才可，另行事可也。

父　托

癸捌月十五〔註60〕

3. 1953年12月25日澄海冠山鄉宋嘉（佳）銳雙親寄給新加坡兒子的回批說明冬至祭祖與「廿三四做平安戲請怡梨春班」之事：

啟者，茲是日得接手書一片，展誦悉矣，外並大艮四元經以收入，但兒欲乾盛幫理什務事之便，然不能望取別□欲帶乾盛防事粗工，李做力在其心能已進步不哙悞人。另者，現信囑兒寄二元來買大菜無寄，大菜經以買好入桶，上擔二元未還，此項不得久欠，現寄此項家還鋪數無還，而且再賒米數無還，甘願貼□鋪數難寬可以寬情，十一月起至初二上山祭墓三位，開買三牲粿品之乂〇元，初六演平安敬開拜〢〇元，十六做節並鰲頭祭墓粿品，此兩件事之〡〇元，廿三四做平安戲請怡梨春班之〢亠百元，派人丁每丁〢〇元，

〔註59〕潮汕歷史文化研究中心編：《潮汕僑批集成》，第2輯卷37，頁105。

〔註60〕潮汕歷史文化研究中心編：《潮汕僑批集成》，第1輯卷4，頁170。

為俺四丁半╷○元之度古事難為，無路可思。另之，朝興初四往叻，
為叔在家與他面敍，揭借他資項七八元，與兒助寄經有應允，湏當
問及若干助寄可也，此付。

佳銳吾兒收知

雙親　托

癸葭月廿日〔註61〕

4. 1954 年 5 月 16 日澄海冠山鄉宋嘉（佳）銳母親寄給新加坡兒子說明家
情與各節神明誕辰之事，如福德生（大伯公）、公婆生（花公花媽）、普度（孤
魂）：

自兒起機廿載，出門至今廿三載，計抵有卅月之餘，未見有一
事不成。兒之小意未知若何否。家計拮据，說盡千般苦舌之語，信
內言章並及無相片一字，家計不聞寸想全無不願父母剛常為重。不
念妻子禮儀之名，懶食乾盛二年之餘，輕重之事剋苦有宜當肩中必
有效法之力，徒惰自悞何用，如今自愧敗名之卒，到不如即速切切
收什回歸。另生別策行為，家計在此十□柴米油鹽俱空，及事又到
五月初五節，廿一自己永華公做忌，辦拜物件熟心取買。六月初二
俊傑公忌，廿六福德生，七月初七公婆生，十五節廿普度，八月中
秋又到刻下取買之物現錢交易數目無還，不能惟賖。吾兒如若不回
者，可開有一路回復，如無者欲兒每月一二三元到家為少，六七元
皆要是實周河雨錫高兩人下叻，諒必欲往占邊豈有到乾盛坐之，如
有吾兒湏當及問或欲搭信或欲為何否。茲是月收到大艮四元，但兒
出外如是無機變者，何況為父寫信並囑咐他人，亦是無益之語，勝
敗及在兒身上主宰，免用為父是非言說。

佳銳兒收知

母　托

甲梅月拾肆日〔註62〕

5. 1954 年 6 月 17 日澄海冠山鄉宋嘉（佳）銳母親再寄一回批給新加坡兒
子說明公忌、古廟修建、演柴頭戲與入廟拜神諸事細節：

是日接來大艮三元，經以收入。另者，你父親病未以全（痊）愈，

〔註61〕潮汕歷史文化研究中心編：《潮汕僑批集成》，第 1 輯卷 4，頁 172。
〔註62〕潮汕歷史文化研究中心編：《潮汕僑批集成》，第 1 輯卷 4，頁 183。

休愁掛慮。每日又是不思飲食，只愁公忌無拜，並重修古廟有此項諸
用。今喜得接到一信三元公忌二個有拜，你父親喜氣在面歡喜。一半
公忌從儉辦拜有存，亦可買鹽做豆醬，只愁古廟此項未使重修者，是
大修，不是小修。事之浩繁甚矣。五月初八起工，十七眾位諸神請出
廟在書院。另粧廿七陛樋又欲立陛。天燈竿題派未卜。若何六月十八
日完全欲出火演柴頭戲，然後入廟拜神，未知演戲是五夜份做者事之
小可如是。各位做者聲勢重大及俺那得有些項可用多少未知。按預五
元之度，兒有為想出有來機變，寄下諾用。你父無路設無主意，另之
及問金才兄占邊一事，兒經已有寄信入問，但李道有接此信即寫信寄
出回後，有應允可入就是。有親情之義如是，可入到位可與先借出十
餘元，先寄已度三飡口食，亦可開言提拔。在火船仔幫理一事，李道
無信寄出回復此位不可進入為要。在乾盛住者事，來到頭傷身犯景而
行，粗重工夫李做可與大舍言盼在□辦事，有欲用者必有開言與兒如
何應答，回音來知。若無欲用者，不如與他求乞船費回塘可矣。

吾兒收知

慈示

甲伍月拾柒日〔註63〕

6. 1954年7月14日澄海冠山鄉母親寄兒子宋佳銳提及古廟「營老爺」細
節乃農曆六月十八日南鯤鯓池二王爺千秋：

啟者，是日接到來書二片，披讀明悉，外並大艮捌元為信查收。
另者，古廟神事費用之項未卜，兒豈能為得，月前與李通討項，幸
得上月下旬寄來還大艮四元，不嘗發還米數預在此神事之用。今接
到兒現項有多坪數可也，但兒為常乾盛可與大舍言明，邦理少扶粗
重之工，李做宜當。另者，外口之居身份須當保養，涼物宜用取食，
炎物瘀毒此二味不可亂取其食。神事十三夜閣受二王爺出遊，在書
院起馬，十七夜十一點鐘起遊至天明，卯時落馬入廟陛上殿。俺連
工顧一名去１○元，標紅題去１８元，戲金題去川○元，鼓首題去
１８元，三牲一付１○元，大鑼鼓題去10元，神錠錢節並什用□禮
香燭８○元，列明在此，尚付。

佳銳兒收知

〔註63〕潮汕歷史文化研究中心編：《潮汕僑批集成》，第1輯卷4，頁185。

母　沩

甲六月十五日〔註64〕

7. 1993 年 9 月 2 日潮陽縣谷饒鎮張合順寄馬來西亞張家回批說明清明節祭祀宋朝大元帥之事：

胞弟弟婦及賢侄如晤：

舉筆之際，恭祝弟等合家男女老少平安廸吉、納福添財、門添五福、及納三多、家業日興、財□月盛。代向合嬌、合端倆位胞妹並向合坤、合盛各位胞弟拜候問好，願眾位身體安好，內外順利。愚兄因文化關係，亦因性情疏懶，而少來信拜候，萬勿見怪！過年來信，得知弟妹們將在農曆四月間再次回唐（塘）省親，兄嫂侄兒女都無限歡喜，只候捷報佳音早達，未知何因而失悞，使人操掛枕不安寧！因各侄兒女都因旅居兩地，素未相識更為想念，只望各侄莫忘祖家盡期內回來團圓。彼取胞互相聯繫，振興家聲，此乃天下最大樂事，但求允諾至盼！明年敬拜宋朝大元帥值年，現一切均復古例，十分隆重熱鬧，屆時清明佳節，切切回唐（塘）共敬祭社公，同度快樂，至盼！進來情況如何，只候福音告知，見信猶如見人。

兩地平安！翹首盼候佳音。順祝　安康

附：各侄兒女特附箋向叔父母大人、姑丈母大人請安祝萬壽無疆，並向各兄弟姐妹問好！現住宅寬大多餘，多少人都能滿足住房，免掛心。

胞兄　合順

1993.9.2〔註65〕

8. 1994 年 4 月 9 日（農曆二月廿九）潮陽縣谷饒鎮張合順再寄一回批說明祭祀宋朝大元帥之事：

各位胞弟弟婦及賢侄如晤：

時值仲春，唯祝平安廸吉、納福添財！萬事如意！財如冬梅生白玉，利似秋菊吐黃金！代向其他各位弟妹問好。合寄來馬幣 400 元由鄉友亞振轉達收到。助清明佳節奉敬宋朝元帥之用，皆大歡喜，多謝關懷，謹致敬意！侄兒弟婦一片好本心。這次敬祭公、祭祖豐

〔註64〕潮汕歷史文化研究中心編：《潮汕僑批集成》，第 1 輯卷 4，頁 187。
〔註65〕筆者收藏之僑批。

厚，各色俱全，願神恩浩蕩，保佑在外昌盛、發財！順風得利！

　　清明佳節，弟等未能回來歡聚，實覺遺憾，農曆冬至最後一次敬大元帥，弟妹們籌備，屆時切切回鄉團圓，勿悞！這次來款由兄長本人發落給各房每人人民幣 200 元順告。

兩地平安！代轉告合嬌○月前寄來 250 元人民幣至今沒收到，追回後切回信至要。順祝　安樂！

胞兄　合順

1994.4.9〔註66〕

通過以上的僑批文書得見，潮人在家鄉所涉及的信仰花費，並說明家鄉神明誕辰以及酬神戲相關費用的情況。如同第一例所提及的水仙爺即為大禹，因潮州多沿海地區，故而多設有水仙爺宮祀奉禹王，民間尊稱水仙聖王；第二例至第六例宋嘉銳的父母所信奉的神明，當中包括關聖帝君、福德老爺、公婆神、二王爺，尚有古廟十七眾位諸神等，尤以第六例的南鯤鯓池二王爺千秋的遊神過程最為詳細，「二王爺出遊，在書院起馬，十七夜十一點鐘起遊至天明，卯時落馬入廟陞上殿」皆有所說明。

　　有意思的是，宋嘉銳父母的批信中所提及的「公婆神」與閩南信仰中的「花公花媽」不同，《廣東民俗大觀》曾收錄一則公婆神傳說故事與祭拜過程，詳細如下：

　　祭公婆神在潮汕地區非常普遍。每年農曆七月初七日為祭期，稱公婆生。公婆神，潮陽縣稱「床腳婆」，揭陽縣稱「公婆母」。它的由來，民間有這樣的傳說：「從前有一婦人，丈夫經常外出謀生，她卻在家與人通姦。一次被她丈夫回家撞見，怒不可遏，便把她和姦夫一齊殺死，因怕被人發覺，便把他們的屍體埋於眠牀下的土中，那知死者陰魂不散，常常在家中作祟，把他續娶的妻子所生的幾個孩子都弄死了。後來，丈夫只好設立一個死者的神位，虔誠拜祭以贖前愆，這一天剛好是農曆七月初七日。從此，以後生下的孩子便平安無事地長大了。」此事傳開後，家家效尤，以祈公婆神庇佑孩子健康成長。公婆神也從惡鬼變成了小孩的保護神。

　　公婆神的設置很特別，每一戶人家不止設一個神位，而是在一個家庭中分輩序和房份設立若干神位。父母要設立一位，已婚而又生男育女

的兒輩有多少房份要分別再設若干位，再下一代人成家後，一房份也要設一位。當老夫婦亡故以後，那位公婆神才可撤去，爾後不再祭拜。家祭的公婆神不立偶像，只用一個瓷碗作香爐，放置在房裡舊式四腳眠牀的牀下或牀裡的木架上。祭拜時在眠牀上放一個大筐葫，爐和祭品都放在「葫」裡，目的是為了不弄髒眠牀。祭品有飯、湯圓、果品和三碗菜，計一碗魚，一碗煮紅糖的油煎豆腐，一碗豆粉絲煮蛋、豬肉。由這間住房的主婦焚香禱祝，保護孩子們平安，然後燃蠟燭、火化紙錢，祭拜禮儀便告結束。有些家庭，除每年七月七日祭公婆神外，還要在元宵與除夕再祭，表示從年頭到年尾都對公婆神敬重與虔誠。哪家的孩子患麻疹或出天花，也要祭拜公婆神庇佑平安。〔註67〕

於此可見潮人「公婆生」之傳說與祭拜之習俗。據筆者訪談人表示：「在馬來西亞祭拜公婆神稱『拜阿婆』或『拜床母』。一般人家第一個小孩出生之後就要為公婆神設立神位，此後凡逢年過節或三災六難都要設祭祈求平安。祭品為三牲或雞蛋、果品、豆乾（高中當官）、魚、蒜仔、芹菜等（精明、能算、勤勞），均擺在父母的睡床上，兒童必須虔誠祭拜，一切儀式結束後才將香爐置於父母床下。這個習俗一直延續到家中最年幼的小孩年滿15歲，稱『做十五』舉行『出花園』儀式後才可把香爐撤走。」〔註68〕現今馬來西亞有關「出花園」的習俗已不多見，但人們尚保留此傳統習俗，如檳城大山腳韓江公會館，馬六甲潮州會館與柔佛潮州八邑會館於2019年至2021年皆舉辦了潮人「出花園」活動。〔註69〕

〔註67〕劉志文主編：《廣東民俗大觀》，頁823。

〔註68〕受訪者：張月碹，地點：馬來西亞檳城大山腳，2021年3月1日電話訪談。

〔註69〕〈25少男少女潮州傳統成人禮「出花園」轉大人〉，《中國報》2019年8月11日，網址：https://penang.chinapress.com.my/20190811/25%E5%B0%91%E7%94%B7%E5%B0%91%E5%A5%B3-%E6%BD%AE%E5%B7%9E%E4%BC%A0%E7%BB%9F%E6%88%90%E4%BA%BA%E7%A4%BC%E5%87%BA%E8%8A%B1%E5%9B%AD-%E8%BD%AC%E5%A4%A7%E4%BA%BA/（2021年10月28日查詢）；李永球：〈大馬潮州人的七夕：七月初七「出花園」〉，《星洲日報》2020年8月27日，網址：https://www.sinchew.com.my/20200827/%E3%80%90%E6%B5%85%E8%B0%88%E4%B8%83%E5%A4%95%E4%B9%A0%E4%BF%97%EF%BC%8F03%E3%80%91%E5%A4%A7%E9%A9%AC%E6%BD%AE%E5%B7%9E%E4%BA%BA%E7%9A%84%E4%B8%83%E5%A4%95%EF%BC%9A%E4%B8%83%E6%9C%88%E5%88%9D%E4%B8%83/（2021年10月28日查詢）；〈8月14日全國首創線上出花園潮州成人禮〉，《柔佛潮州八邑會館官網》2021年8月8日，網址：http://www.teochewjb.com.my/2021%e7%ba%bf%e4%b8%8a%e5%87%ba%e8%8a%b1%e5%9b%ad/#page-content（2021年10月28日查詢）。

另者，第七及第八例中所提及的「宋朝大元帥」乃與南宋末年文天祥抗元之事有關。據明代隆慶《潮陽縣志·壇廟志》載，「大忠祠在靈威廟左桐陰亭之西祠，祀宋故丞相信國文公天祥之神。其事始邑人前給事中蕭龍者，謂公當顛沛之際，駐師潮陽，敬謁雙廟，其孤忠大節於張、許無異禮宜並祀于東山。因白之知縣姜森分巡僉事王相，創建斯祠列為三忠，而相為之記時。」〔註70〕即祥興元年（1278）趙昺即位，封文天祥為少保、封信國公。文天祥上表剷除潮州叛將陳懿（都統）、劉興（知州），並於同年十一月到達潮陽。當時降元叛將陳懿、劉興勾結張弘范，追趕文天祥的部隊。文天祥從海門西征路上，經過蚝坪得當地百姓相助，於小北山麓與元軍展開一場激戰。當時戰死之將士不計其數，而當地民眾就把戰死之士葬於小北山麓，從和平一直延伸到赤寮（今谷饒），臨崑山坡的「五穴合共三十八位」即當時戰死之將士合葬之地。據中國「潮陽民間藝術學會」的〈古縣治旁元帥墓〉一文提及：

> 在古縣治旁，原有一處元帥墓，1969年因政府建設需要，鄉眾把墓遷往原墓龍畔山坡，碑刻「宋大元帥老爺墓」，上款「原葬狗肚山重修五穴合共三十八位」，下款「公元一九六九年五月十二吉日修」。墓前建有拜亭、雨亭、石盆景、芳名榜等配套。2017年秋，鄉民在墓前塑宋大元帥像，時有兩巨型蝴蝶飛來護爐，至祭祀結束才飛走，雖是巧合，卻顯神奇。……在進墓園的和穀公路邊，建有門牌坊，橫額為「宋大元帥墓園」，兩側石刻對聯：「精忠報國，宋帥丹心昭日月；赤膽抗元，英名浩氣壯山河。」此聯詞性工整，平仄協調，內涵正義，氣勢雄渾，堪稱佳聯。然而，此聯所表達的「宋帥」是誰呢？這就必須從文天祥抗元談起。……文天祥犧牲後，和平鄉民為了紀念他，便在小北山僻壤處德秋風嶺暗中設壇祭奠英靈，因懼元朝官府問罪下來，便假借造伯公廟以掩人耳目。在潮汕地區的伯公廟中，這裡寫著「萬古英靈」，雖看起來與伯公身份不甚相稱，卻寄託了老百姓對文天祥那撼天動地故事的讚頌。至明太祖朱元璋推翻元朝政權後，他懷念當年抗元英烈，遂下旨追封陣亡將士為元帥，並要求當地貴山都毗鄰村莊造「宋大元帥墓」，臨時崑山坡的元帥墓就是其中之一，這便是前面聯中提到「宋帥」的由來。明太祖還要

〔註70〕〔明〕林大春著，黃一龍修：《天一閣藏明代方志選刊·潮陽縣志》明隆慶刻本，卷10（臺北：新文豐出版公司，1985年），頁400。

> 求當地鄉民定期祭祀犧牲的將士，於是赤寮等地開始有了祭屬壇之
> 禮，這種活動演變至現在，便成了潮陽部分鄉村的祭社信俗。此信
> 俗尤以今之谷饒為盛。〔註71〕

上文可見潮陽民間為紀念南宋末年與元兵血戰之文天祥部將，故而有此祭祀之舉，與潮陽縣谷饒鎮張合順之僑批對照，證明谷饒鎮祭祀宋朝元帥之習俗，於重要節慶「共敬祭社公」，並由人轉神的形式，形成當地民間信仰的一部分。

第一至第四例當中也談及了酬神戲的部分，如「關爺宮重韻議，廿七演戲又欲開題」、「廿三四做平安戲請怡梨春班」、「六月十八日完全欲出火，演柴頭戲，然後入廟拜神」之事。筆者推斷在第一例中所提及的「新源正興班」，當屬於 1930 年至 1958 年改組後成立的潮州戲班──「老源正興班」的別稱。究其緣由，可從王妍婷《日治時期老源正興班研究（1919～1929）》的考證中得知：

> 老源正興班創立於 1907 年（清代光緒三十三年）的廣東省潮陽縣，
> 於 1919 年（大正八年）5 月賴台首演，巡演數年後被在台發展的潮
> 陽人洪烏靖買下，改名為『源正興班』，一直在台發展直到 1937 年
> 間才終止所有在台灣的演出活動。在此需作釐清的是，老源正興班
> 雖在日治時期來台演出期間被台人所購，但依照潮州地區戲班的常
> 規看來，已確定被買斷的戲班，且將不會再出現於該地，那麼當然
> （潮州）是有權利再組一個同名的戲班，因此在大陸除了 1907 年成
> 立的老源正興班外，於 1930 年以前又成立了一個班名同為老源正興
> 班的潮州戲班，而該班一直到 1958 年才又納入廣東省潮劇院，成為
> 潮劇院的二團。〔註72〕

其次，潮劇班的命名多圖吉利，一般首字以「老」、「中」、「新」字，末字常押「香」、「春」、「興」、「豐」字，〔註73〕故而筆者推測僑批中所提及的「新源正興班」應是為了與當時臺灣之「源正興班」進行區分而以「新」稱之，但具體詳細尚待日後的考證。

〔註71〕際雲：〈古縣治旁元帥墓〉，《潮陽民藝》2018 年 7 月 12 日，網址：http://www. cymy.org/html/fengwuzhanggu/201807/12-2789.html（2021 年 10 月 29 日查詢）。

〔註72〕王妍婷：《日治時期老源正興班研究（1919-1929）》，國立臺灣藝術大學表演藝術研究所碩士論文，2009 年，頁 11。

〔註73〕中華書局編輯部：《潮劇完全觀賞手冊》，頁 248。

二、迎神賽會

　　潮汕的許多民俗活動，如迎神賽會、鬥鑼鼓、擊鼓競猜等，都重在「賽」、「鬥」、「競」等字眼上。各地遊神祭祖，遊藝中的賽豬鵝、賽雞鴨以至賽戲，其實都是在賽產品、賽文化、賽聰明才智，賽手藝精巧。舊地方志說潮人「農勤耕作，工趨淫巧」，大都是這樣賽出來的。〔註74〕迎神賽會是潮人尊神文化活動中最具特色的儀式活動。在潮汕地區的遊神賽會活動，主要集中在農曆新年期間舉行，故有「營神正、二月」之說。〔註75〕這是從傳統農業社會發展而來的習俗活動，是忙碌了一年的潮人在冬末春初的農閒季節對地區神明的祈福活動。在潮汕的遊神賽會，有的只有賽會，有的是遊神、賽會兼而有之；有的只是祈福活動，有的是度厄、驅邪和祈福、招財兼而有之。〔註76〕在僑批中也反映了新馬潮人對僑鄉地區神明崇拜與游神賽會的重視，茲陳述如下：

　　1. 1948 年 10 月 30 日新加坡陳錫梅（母）寄潮安縣東鳳鄉詩陽村張茂幹（兒）說明家人欲題款參與家鄉游神賽會之事：

　　茂幹吾兒收悉：

　　　　遲遲接來覆信，內容詳悉，鄉中遊神膜拜甚為熱烈，你二位妹妹參加豬會四份，每人二分已附去，吾兒緣何耽擱許久才來郵。他人之信來回不到廿天就到達，此郵寄發同日，由新加坡中國銀行匯去人民幣壹佰元正，匯款是你細妹英仙所出的，匯款如有收妥，應即寄郵來新告知。切切勿誤，餘言後續。順詢　近好

　　母　陳錫梅字

　　公元一九八四年十月三十日〔註77〕

　　2. 1948 年 11 月 15 日新加坡鄭炳清寄潮安禮陽村鄭松嘉說明新加坡題豬會款項參與家鄉迎神賽豬之事：

　　松嘉胞兄□祝鑒：

　　　　諸位端局多吉、福禮日隆是祝，茲者，叻中題豬會一事，眾人在叻証議知諸位素來對於公務一節辦理老成，固勞義務執辦，敢勞費神。惟叻中所題豬會之欵，以在是月十二日滙去港幣叁佰叁拾元

〔註74〕葉春生等編：《中國民俗知識：廣東民俗》，頁118。

〔註75〕陳福刁：〈潮汕民俗遊神賽會的現代意義──以揭陽市揭東縣鋪社村的遊神賽會為例〉，《韓山師範學院學報》第1期（2011年2月），頁54。

〔註76〕陳漢初：〈潮人酬神游神風俗〉，《潮商》第2期（2009年4月），頁90。

〔註77〕潮汕歷史文化研究中心編：《潮汕僑批集成》，第2輯卷53，頁78。

正，該書屆時可帶匯單前到汕市永南興號領取，憑單內曾批匯票水計算，免致為誤。屆時松嘉前去□於盤纏私費則在公欵抹出開公，當然另除匯去港幣之後，尚存叻幣陸元，今通郵批之期，寄去金圓券叁佰元，到日檢收為盼。但神前之禮品，俟諸位從中調理不必盡表。茲將叻中諸人所題豬會之名列下：

炳清君　題川○元，榮清君　題川○元，□松君　題川○元，木泉君題川○元，木芝君　題川○元，松嘉君　題川○元，弟仁君　題川○元，為泉君　題川○元，集莫君　題川○元，集通君　題川○元，清添君　題川○元，秋記君　題川○元，梧榜君　題川○元，錦省君題川○元，義永君　題川○元，秋潮君　題川○元，秋猶君　題川 8 元，錫永君　題川○元，祝神君　題川○元，春為君　題川 8 元，源泉公司君　題川○元，林標君　題川 8 元，賽何君　題三元，錫乾君、秋祺君　題川○元，速通君、亞半君　題川○元，總數叁佰肆拾陸元屆時就名分拆。

　　另者公司叁佰拾元，其中參加五百元者，或貳佰元，係學然搭寄與松嘉、壁蕩兩人均分，又壹佰元係祝神叔搭寄與松嘉八十元，銳鴻貳拾元各上。

叻　鄭炳清緘

中華民國叁拾柒年拾貳月拾伍日〔註78〕

3. （年份不詳）陳同人寄饒邑隆都居美後陳鄉陳木升的批信中提及農曆正月二十一福德老爺夫人出遊之事：

　　　元月之廿一日，正值我鄉福德老爺夫人聖駕出遊吉時也，敝同人等曾籌備數十金購禮酬神恩，並應鬧會。今春得沐鴻恩而治雨露，虔誠之心豈忘之耶！故複籌項，無敢煩諸位費神料理。現刻塘中物價珠桂，同人之意以為宜購豬首一面約二三十斤左右，大吉三四十斤，串燒、齋菜、神錠、絲鋼約三五元。余項悉購糖方一塊，彩些花面，亦有可觀。祈照行料理為荷。……屆時傳集各家人等同往敬神，各務諸勞眾人協力相助幫理，惟善惟美，為祝為禱。〔註79〕

由上述三例可見，第一例與第二例皆是題款參與家鄉迎神賽豬之事。所謂「賽

〔註78〕潮汕歷史文化研究中心編：《潮汕僑批集成》，第 2 輯卷 48，頁 163。
〔註79〕潮汕歷史文化研究中心編：《潮汕僑批萃編》，第 1 輯，頁 70。

大豬」是潮汕民間拜神祈求五穀豐登、六畜興旺之意。相傳在明代潮汕地區常有鼠疫發生，為了擋災，潮汕民間便將大豬當作祭品，用以除厄，以保平安。第三例則提及了僑鄉對於福德老爺夫人聖誕酬謝神恩之事，其中提及所需之供品以及祭拜後供品的分派寫得具體明確，信末還寫道「屆時傳集各家人等同往敬神」，反映了人們對於神明的敬畏與誠心。從祭祀神明的祭品，如豬頭、蔬果、麵花、神錠、香燭等的準備，還有請戲班演出酬神戲的籌備，都展現了僑批中有關潮人信仰習俗中的重要組成部分。

　　遊神賽會作為潮人神明崇拜的展演儀式，表現的是一種時間性的節慶活動，能調動不同社區，包括海內外的民眾共同參與，也能調動人們的某種「競賽關係」，從而達到加強對村落的控制與整合、豐富村落文化生活、增強村落內部凝聚力的功能。誠如李豐楙所言：「在農業時代從鄉到城，甚至進入工商業社會後，廟宇也仍是大小群落的中心，其建築高聳而壯觀本就是地標，而慶典期間牌樓及張燈結彩、鑼鼓喧天的氣氛，在視覺所見、聽覺所及的區域內都屬共同體，讓居民具有一體感共榮感。因此凡在慶典中的活動實兼具有競賽（相拚）、遊戲（交陪）等性質，彼此都有『輸人不輸陣』、『愛拚才會贏』的愛面子心理，激發並刺激其、誇耀的節慶同樂氣氛，使其共樂而深深沉入生活中。」〔註80〕

　　有關潮人迎神的習俗，柔佛新山古廟每年正月二十日至二十二日的眾神出遊，是新山華人社會的年度盛事，其中分別由潮州、客家、福建、海南「五幫」會館認識負責。游神隊伍中還有潮州大鑼鼓的精彩表演，在裝飾著介紹潮州文化的花車上，穿著全套「唐裝」（漢服）的樂手悠然自得的演奏潮樂，更讓人感受到潮州人對傳統文化的執著與那份自信。〔註81〕「古廟游神也是將神明綁在轎子抬出巡行，一路旗燈龍獅，花車鑼鼓，在神廠也是有 5 個戲台，供潮州、福建、客家、廣府及海南之戲劇或歌舞表演，這就是『營大老爺』，與潮州的習俗大同小異。」〔註82〕所以，古廟游神是潮州民間信仰的傳統習俗活動，亦是民間對神明祈求一切順利平安。游神是群眾文化，它可滿足群眾現實心理的祈求，人們以自身特色的民間文藝在游神中呈獻，游神也成為民間文藝隊伍的表演場地，更在娛神娛人的前提下，方得以世代相傳下來。

〔註80〕李豐楙：〈由常入非常——中國節日慶典中的狂文化〉，《中外文學》第 3 期（1993 年 8 月），頁 147。

〔註81〕安煥然：〈潮汕文化的精細〉，《東方日報》2007 年 2 月 19 日。

〔註82〕李永球：〈營老爺的祈求〉，《星洲日報・星洲周報》2009 年 2 月 8 日。

三、寺廟修繕

　　從明清時期潮州地區對於廟宇修繕的記載著手，陳春聲教授考察潮州地區三山國王信仰的部分，其提及「三山國王信仰在潮州地區具有特別的地位，儘管明清時期三山國王未曾被王朝正式承認，但歷次『毀淫祠』中都未見有衝擊三山國王廟的記載。」〔註83〕同時，陳春聲教授還考究了潮州當地士大夫對於三山國王廟宇重修的記載，如《東里志》中錄有陳理所寫《重建明貺三山國王廟記》，嘉靖時期官至禮部和工部尚書的饒平人盛端明，重寫了《三山明貺廟記》更被許多地方志收錄，流傳甚廣。〔註84〕於此可見，當時人們對於修繕廟宇的記載雖是為了論證其廟宇之「正統性」，但我們亦可從中觀察人們對於神明信仰之態度，以及地方社會對神明崇拜的運作模式。

　　有關廟宇修繕的討論，美國紐約市立大學雷曼學院的吳克強（Chuck Wooldridge）教授於 2020 年 7 月 17 日出席中央研究院明清推動委員會所舉辦的學術活動演講中，以「以清代新竹為中心，探討寺廟修繕活動與宗教實踐的關係」為題，探討了寺廟修繕與人之關係。從紀要中得見：

　　　　吳教授指出，碑文、地方志顯示，重修寺廟給予信徒一個展示他們
　　　　對神明虔誠尊奉的機會，翻修、擴建寺廟等工程，同時也標誌著信
　　　　徒與神明的長期關係。……總的來說，重修廟宇具有象徵性的作用，
　　　　重修的碑文載明了神明與社群關係的變遷，宗教信仰與建物物質性
　　　　的結合。此外，重修廟宇的活動，亦涉及地方社會權力關係的運作，
　　　　信徒參與寺廟的重修、管理，同時也是一種象徵性權力的表現：例
　　　　如執行修繕活動的維護者（maintainer），當中哪些在碑文中特別得
　　　　到稱賞，哪些受到忽略。另外，吳教授亦提到，瞭解這些維護者的
　　　　多元性和互動關係，就可以進一步瞭解地方宗教社群的結構和運
　　　　作。〔註85〕

此觀念的提出有助於我們在探析寺廟修繕與宗教實踐的關係，從而將空間、族群等背景納入考量之中，而在地方社會發展上的時間脈絡與信徒世代傳承的

〔註83〕陳春聲：〈地方神明正統信的創造與認知──三山國王來歷故事分析〉，《潮州學國際研討會論文集》（廣州：暨南大學出版社，1994 年），頁 145～160。

〔註84〕陳春聲：《地方故事與國家歷史：韓江中下游地域的社會變遷》，頁 160～162。

〔註85〕黃宇晨：〈吳克強（Chuck Wooldridge）教授演講「以清代新竹為中心，探討寺廟修繕活動與宗教實踐的關係」紀要〉，《中央研究院明清推動委員會》，網址：http://mingching.sinica.edu.tw/Academic_Detail/893（2021 年 10 月 30 日查詢）。

因素皆是廟宇修繕背後的社會文化意義。然而，僑批中有關廟宇修繕的部分是怎麼樣的情況，以下舉例一二進行觀察：

1. 1925 年 5 月 7 日新加坡陳集允寄潮安東鳳鄉雙親言明家鄉新建三山王爺廟一事：

> 家雙親大人尊前：
>
> 　　敬稟者，於本月拾柒日承接來函諭壹札，內頌諸情經拜讀領悉。元月初伍日嘗寄集義帶烏工□貳粒並雜物□□□□到收妥可知。囑肖於八月間厚寄俺鄉新建三山王廟，俟到期之日自知為命就是。及執亮、執祥二弟現年定在守和書屋入學可知。此幫肖亦嘗寄一信貳元遞集義收，此亦已抹其耳目。茲因郵輪之便，付上壹信洋銀伍元到日查收。餘及後談。
>
> 並祝　福安
>
> 兒　陳集允托
>
> 乙肆月十九日〔註86〕

2. 1954 年 6 月 17 日澄海冠山鄉宋嘉（佳）銳母親之回批說明古廟修建之事：

> 　　是日接來大艮三元，經以收入。另者，你父親病未以全（痊）愈，休愁掛慮。每日又是不思飲食，只愁公忌無拜，並重修古廟有此項諸用。今喜得接到一信三元公忌二個有拜，你父親喜氣在面歡喜。一半公忌從儉辦拜有存，亦可買鹽做豆醬，只愁古廟此項未使重修者，是大修，不是小修，事之浩繁甚矣。五月初八起工，十七眾位諸神請出廟在書院。另粧廿七陞楹又欲立陞。天燈竿題派未卜。若何六月十八日完全欲出火，演柴頭戲，然後入廟拜神，未知演戲是五夜份做者事之小可如是。各位做者聲勢重大及俺那得有些項可用多少未知。按預五元之度，兒有為想出有來機變，寄下諾用。你父無路設無主意，另之及問金才兄占邊一事，兒經已有寄信入問，但李道有接此信即寫信寄出回後，有應允可入就是。有親情之義如是，可入到位可與先借出十餘元，先寄已度三飧口食，亦可開言提拔。在火船仔幫理一事，李道無信寄出回復此位不可進入為要。在乾盛住者事，來到頭傷身犯景而行，粗重工夫李做可與大舍言盼在

〔註86〕潮汕歷史文化研究中心編：《潮汕僑批集成》，第 2 輯卷37，頁 33。

□辦事，有欲用者必有開言與兒如何應答，回音來知。若無欲用者，
不如與他求乞船費回塘可矣。吾兒收知

慈示

甲伍月拾柒日〔註87〕

通過以上二例僑批得見，新加坡陳集允寄給雙親的僑批自然地與遠在故鄉的
父母談及家鄉興建三山國王廟一事，「囑肖於八月間厚寄俺鄉新建三山王廟，
俟到期之日自知為命就是。」；另一例為冠山鄉宋嘉銳父母向兒子說明家鄉修
建古廟之事以及相關費用的情況，「愁古廟此項未使重修者，是大修，不是小
修，事之浩繁甚矣。五月初八起工，十七眾位諸神請出廟在書院。」

　　從廟宇的建置與修繕方面而言，無論是新建或重修都需要足夠的資金才
能進行，因此多有向海外家人索取相關費用金額的現象，以作建廟、修廟之
資。作為海外之潮人而言，以家族一員的身份捐資修繕乃光榮之事，更是展
現其對於家鄉神明的虔誠與尊奉的機會。其次，筆者認為修繕廟宇也是僑眷
得以彰顯身華僑經濟富裕與提升當地社會地位的另類目的。因為透過修繕的
過程，往往是街坊鄰里都看得見的，所以親友與鄰里都可以產生羨慕之心，
而修繕者也藉此表示在南洋發財的虛榮。當然，這也是少數人家修繕廟宇的
動機，而最主要的依然還是出於對神明的崇敬與虔誠，祈求神明庇佑的心態
最為重要。

　　再者，經筆者查證僑批中所提及之「書院」與「古廟」應當是現今之「澄
海冠山書院」與「冠山古廟」。冠山古廟位於現今汕頭市澄海區毓秀路澄海實
驗高中興華校區西側約 230 米，與冠山書院相鄰。茲將冠山書院與冠山古廟圖
呈附如下〔註88〕：

〔註87〕潮汕歷史文化研究中心編：《潮汕僑批集成》，第 1 輯卷 4，頁 185。

〔註88〕資料來源：《百度地圖》，冠山書院網址：https://map.baidu.com/poi/%E6%BE%
84%E6%B5%B7%E5%86%A0%E5%B1%B1%E4%B9%A6%E9%99%A2/@129
95034.44520602,2674088.9153286293,19.41z?uid=d341bd3d36ee28f3901fc974&
info_merge=1&isBizPoi=false&ugc_type=3&ugc_ver=1&device_ratio=1&compa
t=1&pcevaname=pc4.1&newfrom=zhuzhan_webmap&querytype=detailConInfo&
da_src=shareurl；冠山古廟網址：https://map.baidu.com/poi/%E5%86%A0%E5
%B1%B1%E5%8F%A4%E5%BA%99/@12995086.752530493,2674074.239172
843,19.41z?uid=6658558d02adfb7ad8131844&info_merge=1&isBizPoi=false&ug
c_type=3&ugc_ver=1&device_ratio=1&compat=1&pcevaname=pc4.1&newfrom
=zhuzhan_webmap&querytype=detailConInfo&da_src=shareurl（2021 年 10 月 30
日查詢）。

圖 12：澄海冠山書院

圖 13：冠山古廟

從上圖可見冠山書院與冠山古廟之樣貌。神廟系統在潮汕僑鄉的宗族社會中有著一定的控制與責任，如組織慈善事業，傳播和維繫海內外群體認同的觀念，推行鄉紳社會倫理等。至此，我們從僑批中看到海外移民社會與家人和家鄉對於神明信仰互動關係的具體描述，就討論的內容而言，可見宋氏一家對於信仰習俗的重視比一般家庭來得高。從僑批中也具體反映了人們對神明信仰的行為，這種自然的交流中得以深刻呈現僑鄉與南洋潮人的信仰文化。

在潮汕僑批中也常見「神天庇佑」、「幸神天保佑」、「兩地平安」的字眼，如以新加坡楊氏一家為例，楊振宜與妻子許玉梅從 1956 年至 1986 年所寄給兒子楊錦田與孫兒楊永安的 55 封批信中，就有 23 封出現上述字樣。這用以報

平安的話語，如「神天」是指神靈祖宗在天之靈，保佑這些鋌而走險出洋謀生，在異國他鄉生活的華僑們的心理反映。他們一般認為這是神明的庇佑，更不忘將血汗錢寄回故鄉，叮囑親人要誠心誠意地祀神，報答神靈。這種兩地的牽掛之情和心理需求所產生對超自然力量的神明崇拜正是人們透過祭祀的禮俗文化來達到心靈的精神寄託。

第四節　小結

　　本章節以民間信仰之概念為始，從學界對於民間信仰的界定與說明進一步探析潮人對於祭祀祖先與神明崇拜的部分。祭祀乃是一種賄賂鬼神的行為，所謂「『人神交際術』，祭祀者通過它認定自己已被鬼神『接納』，并將得到鬼神的『幫助』。這樣，人們就什麼都『不怕』了，心理上得到了加強」〔註89〕。祖先崇拜跳脫了人們對死亡的畏懼，從而轉變為對亡者的思慕於懷念，並以歲時節令的祭祀接收祖先的庇佑。早期南來的潮僑，雖身在異域卻始終惦念著家鄉的祖宗，是因華人社會尤為重視家庭親族的倫理關係。無論是透過何種形式祭祀，個人對祖先的祭拜是慎終追遠的表現，起著維持傳統家庭與凝聚血緣意識的作用，更是鞏固家庭和諧的關鍵。

　　對於人們祭祀行為的意義，李豐楙指出：「節慶、祭典除了是調節生活的實用行為，也是此界（人間）與彼界（非人間）的溝通行為，更是俗界凡人對聖界諸神的崇奉行為。為了要與另一個世界相互溝通、或表達崇敬，就需要在平常凡俗的時間內，按照宇宙運行的時間秩序，尋找出一些較具有神聖、神秘意義的日子，賦予特殊的意義，中國的節氣與曆法中剛好提供選擇一些時日的機會；而在神祇的崇拜中，每一聚落所建的廟宇，其中所奉祀的神明，或每一行業所祭拜的行神，也都在歲時節日外增加另一系統的節日。」〔註90〕在面對不熟悉的環境，為了讓自己內心得以安定，轉而求向未知的超自然力量，是民間信仰心靈調適的基本特質。

　　潮人的民間信仰在新馬多有流傳，除了大伯公、三山國王、關帝等普遍奉祀的神祇外，還有極富潮汕特色的大峰祖師。雖在僑批中未見有關大峰祖師之事跡，但一般潮汕地區皆有崇奉，在新馬各處的潮人善堂皆有奉祀其像。在神

〔註89〕 王夫子：《殯葬文化學》，頁470。
〔註90〕 李豐楙：〈由常入非常──中國節日慶典中的狂文化〉，《中外文學》第 3 期（1993 年 8 月），頁 146～147。

明聖誕、民俗節日等特定日子，潮人都會備足三牲五果、糖塔金山、酬神戲等，隆重答謝神恩。在宗教行為上，對廟宇的修繕也是展現對神明敬畏之心的形式，而地區性廟宇供奉的神明也僑鄉與海外潮人神明信仰的崇拜。對於潮汕社會神明的奉祀，也縮短了僑居地與故鄉之間的精神距離，亦可促進兩地的鄉土情懷。

此章所舉僑批中有關潮人祭祀祖先和神明之事跡，見證了僑鄉與新馬的祭拜活動，同時也折射了潮人對祖先與神明的祈求與報答，而諸如此類的行為，是來自於他們對傳統民間信仰意識的瞭解和認知。儘管人不在家鄉，往往卻少不了心意，其背後的意義跟華人傳統社會與家族的聯繫有關。在 1987 年的《聯合晚報》曾如此敘述：

> 在拜神這回事上，除了上廟宇，不少華人也把神「請」回家中以長期供奉香火，其中最常見的神是大伯公、關帝、媽祖等幾位。其他數以百計的神，有的是歷史名人，有的是神話傳說人物和得道之士，說句不是開玩笑的話，有一些朋友對於平日虔誠膜拜的神明，也許連它們的來歷亦不清楚，原因之一可能是，一些人的「信仰」只是「家傳習俗」的一部分，老人家吩咐要拜，小輩就上香叩頭，至於拜的是什麼神，倒反而是其次了。〔註91〕

從中可見「家傳習俗」四字說明傳承的重要性，雖然一些民眾或許不清楚所崇拜的神明之來歷，但對於神靈的敬意與虔誠是毋庸置疑的。「山不在高，有仙則靈；滿天神佛，在乎誠心」，民間信仰正是最為繁細和隆重的崇拜活動，至於信奉什麼神明皆因人而異，講求的就是一個誠心誠意而已。

在都市化發展快速的現代社會，或許沒有降低人們對於神明崇拜的虔誠，但有關信仰習俗的變遷與淡化現象是難以避免的。誠如黃文車指出：「所謂民間信仰的淡化表現在新加坡年輕世代對於傳統宗教的接受程度逐漸低落，和台灣宗教信仰或陣頭文化一般，參與者多是長輩或有興趣之年輕人，一般群眾即便參與宗教活動，但對於本身的信仰神祇之文化源流或宗教目標便多不甚了解。……東南亞的社會本有其當地特殊性，華人在那生活數百年，也已開枝散葉好多世代，傳統的原鄉文化只是往昔來時的珍貴記憶，就新加坡華人而言，『新加坡人』是他們現在的身份認證，因此傳統信仰的淡化只是宗教世俗化的一個必經過程，新加坡華人用他們可以認知或願意接受的概念去維繫他

〔註91〕〈拜神祭祖・婚葬禮俗〉，《聯合晚報》1987 年 9 月 13 日，第 13 版。

們的信仰文化，即便老中青三代出現溝通阻礙或記憶斷層，信仰在地化自然會為當地華人的年輕世代找到可以依循或前進的方向」〔註92〕。筆者認為民間信仰的淡化在現今馬來西亞華人社會亦是如此，而華人社會的年輕一代又如何找尋其信仰的方向及其背後的諸多面向，尚需日後更為深入的調查方可瞭解一二。

以酬神戲而言，從早期娛神娛人之活動到現代人觀念中屬於老一輩的「玩意」，甚至與迷信掛上等號。隨著時代的演變與進步，加上現今娛樂活動的多樣化、多元化，人們對酬神戲不再感興趣，酬神戲的市場也將隨著時間的流逝逐漸走向凋零。雖然如此，在神明慶誕的部分依然維持部分傳統的形式與習俗，如柔佛古廟五尊主神的神誕仍按例出演酬神戲，但其宗教色彩並不濃，反倒像是一個承載和復興潮州文化的「文化節」。〔註93〕透過廟會與美食義賣會形式的結合，藉以推廣潮州傳統文化的戲曲和潮州小食，同時還保留了祭祀神明的意義，更顯意義非凡。

〔註92〕黃文車：《閩南信仰與地方文化》（高雄：春暉出版社，2013年），頁151～152。
〔註93〕孫彥彬：〈從神誕延伸到民族文化節〉，《星洲日報》言路版，2008年4月3日，網址：https://www.sinchew.com.my/20080403/%E4%BB%8E%E7%A5%9E%E8%AF%9E%E5%BB%B6%E4%BC%B8%E5%88%B0%E6%B0%91%E6%97%8F%E6%96%87%E5%8C%96%E8%8A%82/（2021年11月7日查詢）。

第陸章　結　論

　　潮汕僑批作為僑鄉與南洋獨有的民間文獻，其獨特的產生背景與發展歷程被譽為「僑史敦煌」的崇高地位。僑批的價值，不僅限於經濟學、社會學、史學的研究領域，更是民俗學的「瑰寶」。雖然不少僑批殘破不堪或受水浸的問題，批信文字潦草，錯別字與標點等問題，造成閱讀上的困難，但這些現象卻真實反映了潮僑華僑們歷經「烽火連三月，家書抵萬金」的大移民時代。隨著社會的進步、資訊的發達，僑批這一載體已然完成了它的使命，而僑批局的創始到沒落也見證了一代人的生命軌跡與故事。伴隨僑批而來僑匯，更是養活了無數僑眷，也豐富了僑鄉的生活、文化、教育、娛樂等建設與發展。

　　潮汕僑批的徵集與《潮汕僑批集成》的出版，正好為潮汕華僑華人研究提供了豐富的資料。僑批的數量理應非常龐大，但因為各種因素的關係，絕大多數的僑批早已散佚，所以在研究上依然存在困難性。如同潮汕歷史文化研究中心名譽理事長劉峰所言：「儘管收進《潮汕僑批集成》的可能是『滄海一粟』，但依然不失為『潮汕幫』移民史、創業史的證物和縮影。」〔註1〕無論是在社會或經濟方面，潮汕僑批都發揮了巨大的作用，且具重要意義。僑批這種包含僑匯與家書的載體，對於研究經濟學、社會學、歷史學、人類學、民俗學等相關的研究者而言是非常可貴的文獻。在每一次家庭信件的往返，不斷地提醒與強調這些民俗事例，更可以印證潮州民俗的傳承與在地化，這也是其他史料所無法呈現的面貌，也是僑批的價值所在。有關海外華僑移民與中國僑鄉的跨國互動，更展現了僑批的價值所在。

〔註1〕潮汕歷史文化研究中心編：《潮汕僑批集成》，第1輯卷1，頁4。

透過本文的研究，我們對新加坡和馬來西亞潮幫批局的發展有了基礎的認識。潮籍華僑自移民南洋以來，大部分為文盲或勞工群體，於是水客、寫批先生、批局即以承包辦理通信匯款的方式應運而生，以僑批業務發家的商號不在少數。凡有華人聚居之地，便有專屬批局之出現，此類批局除少數專營者外，分別以雜貨店、商號、客棧、錢莊為中心，透過水客穿行於僑鄉及南洋之間，建立早期的通訊體系。從水客的職業到商號的兼營僑批服務，以及後來專營僑批局的出現，是僑批發展史上的一大重點。當中涉及的社會、經濟、金融、政治等諸多方面甚廣，如中國政府與南洋政府對於僑批局經營的政策實施，以及特殊時代（中日戰爭、馬來亞日據時期）批局發展的方向和經營。從當地華僑與各幫僑批同業公會的成立，以及爭取自身利益的過程中，我們看見的是華人的團結精神和行動，從而不斷加強華人社會的認同感與集體意識。

作為往來潮汕與南洋的兩地書，潮汕僑批擁有其草根文化之價值在於其乃由庶民所撰寫關於家鄉與居住地之生活敘述。這些庶民生活的記敘，創造了無數潮籍人士的日常生活和民俗節慶之經驗與回憶。正是藉由僑批的途徑，我們發現僑批中記載了諸多潮人民俗的歷史記憶，同時也加強了人們的集體意識，使「我是潮汕人」的文化認同更加強烈。潮汕僑批裡的民俗記敘不單只是個人的回憶，也是潮人家庭乃至是潮汕族群的共同回憶。就此而言，這些僑批提供了馬來西亞與新加坡潮籍移民共同的回憶，更是其後代子孫思念與緬懷先輩的載體。在僑批中所涵蓋的內容都反映了移民社會的民間生活，而其內容圍繞的都是物質和精神生活居多。從中國遷移到南洋，將原鄉的生活習慣、生活方式帶到新的地方，為了適應南洋的地理和氣候環境，華僑先民們不畏艱難的付出，養活了無數的家眷。在整理和分析僑批內容的過程，筆者發現新馬潮人對於婚喪嫁娶，衣食住行的種種體現皆傳承自原鄉，再藉由地域環境等因素的影響，逐漸演變為新馬潮人的民俗文化。

從生命禮俗方面而言，潮人生命禮俗中的出生禮、結婚禮、喪葬禮都傳承自傳統的禮俗。對於家庭倫理觀念的執著與堅持，多子多福的觀念被強調，為了家庭傳宗接代的責任，華人社會唯有通過過繼、收養的方式延續香火，因而產生潮汕僑鄉普遍存在各種形態的習俗，如螟蛉子、嫁公雞、兩頭家等現象。這種以結婚生子的人生觀，是大部分華僑固有的傳統觀念，最主要的目的就是子嗣的傳承，得以在百年之後有人為其祭祀。因此，人們尤為重視喪葬禮俗，透過喪葬儀禮中的操作，將逝者做妥善的處理，從而讓逝者入土為安。

　　從早期農耕社會勞動的時代，人們生活習慣也伴隨著農業勞作的養成，而與傳統農業社會密不可分的歲時節令，不只影響著潮汕人的生活習慣，各種思想、信仰也與之有關。生活必需品的使用習慣，以及醫藥養生食俗，展現出飲食、醫藥的「南洋化」。不同地域的人們有著不同的生活方式，這也造就了僑批中所展現的「中西雜糅」的現象。一些人偏愛中式，而一些人偏愛西式的取向都是因人而異的，其最主要的目的與功能就是維持生活與生命的健康。在年節習俗部分，僑批中所提及的過年、元宵、清明、端午、中元、冬至等節日，都是撰寫者記憶深刻的節日，因此他們或有意或無意地記敘了當時華僑如何過年過節的景象。這些僑批不同於文學作品，雖然缺乏故事性的鋪陳或華麗的辭藻修飾，但大體上還是紀錄了華僑們年節風俗與再現了家鄉年節的情景，如新正拜年帶大吉、元宵節辦丁桌、清明掃墓掛春紙、中元普度放水燈、中秋拜月食芋頭等習俗。在民俗傳承的過程中，一些意義都會有所變化，如中國民俗學家肖亭說：「新加坡華人慶讚中元的活動，已從「信仰民俗」漸漸演變成「社會民俗」，它的意義已不單單是孤魂的拜祭，而且還具有民眾聯誼的性質，更值得注意的是，人們也借中元節宴會來為文教福利事業籌款，這樣一來，傳統節日就具有新的社會意義」。〔註 2〕從傳統意義轉變為當代社會的另一重社會價值。

　　再者，信仰方面的民俗傳承與記憶，往往是新馬潮人最容易形成共鳴的部分，各家僑批中所書寫的祭祀習俗，以及傳承至今的祖先崇拜與神明信仰，進而達到建構集體記憶的模式。透過僑批資料的發現，潮人對於祖先與神明的祭祀尤為重視，表現出人們在心靈上的迫切需求，對於親人的掛念與關懷，在批信中更是表露無遺。面對著遙遠家鄉的距離感以及自身滯留他鄉的無奈，除了一封封寄往家鄉的家書之外，或許能安慰心靈的做法就是祈求神明的庇佑。潮人的神明崇拜亦可透過謝戲酬神、迎神賽會以及修繕寺廟的面向得以觀察。其中包含了眾多的神明，如三山國王、王爺、福德正神、公婆神、宋朝大元帥等。相較於生活習俗與生命禮俗的異化現象，信仰習俗的變動性是相對較低的。除了形式上的不同之外，大部分仍依然保留了傳統文化的意涵。

　　民俗研究固然涉及歷史，但是民俗並非只存在於過去，它亦是正發生於生活，因此民俗往往出自於實際的生活需求，即使成為過去，民俗依然保有其價

〔註 2〕韓山元：〈華人慶中元活動行程新加坡社會民俗〉，《聯合晚報》1989 年 8 月 2日，第 7 版。

值。民俗的價值，可以從過往延續至現在，也可以從現在延續至未來。「民俗有其過去、現在與未來。也因此，民俗研究就是針對民俗的過去、現在與未來所做的研究」〔註3〕。從生命當中的生到死，甚至是死後的世界都有其應對之道，透過潮汕僑批的研究，筆者重新認識對於潮汕民俗文化故有的印象，從而對潮汕與新馬潮人民俗文化的傳承有了更深入的瞭解與認識。然而，民俗如何得以傳承或保留，完全仰賴人們、社會、環境與時代的種種因素。關於保留民俗的要訣的議題，《聯合晚報》中曾有一篇文章如此寫道：

> 保留民俗的要訣是給它注入新的內容，賦予它新的生命，就拿中元節來說，這個節日原來具有迷信色彩，但今天新加坡人已經神不知鬼不覺地把中元節的聯歡宴會變成了社交活動，平時少見面暢談的舊鄰居、老同事藉此機會開懷暢飲，歡聚一堂，增進感情，這已跟鬼神無關。更值得一提的是：人們還利用這個機會為福利及文教事業募義款。這樣一來，中元節宴會就有了新的意義。〔註4〕

反觀，現今新馬華人社會文明和文化的變遷，可能忽略了禮俗原有的民俗形式，但民俗不會消失，而它會逐漸演化來迎合現代人的生活。禮俗是文化的一部分，也是族群共同的文化認同，各民族、各地區都有其禮俗風尚，新馬潮人亦不例外。因此，看待禮俗活動的重要性，是要認清民俗是文化中無法缺少的一部分，然後以正面的態度去了解它甚至是參與它。現今新馬地區的廟宇活動都以慈善福利為主，這便是在民俗之後在地化的部分，將各個籍貫的華人聚集起來，如同從傳統節氣的中元節演變為中元會，亦或是新山古廟的游神活動，從僑批中所記載的迎神賽會到現今，反倒更像是一個承載和復興潮州文化的「文化節」〔註5〕，不僅推動了潮州文化的傳承，更重要的是為華人民俗文化開啟了一個新的道路，體現了華人社會神話傳統民間文化的實踐。

經歷 1957 年馬來亞獨立，1965 年新加坡脫離馬來西亞聯邦政府宣告獨立，馬來西亞華人與新加坡華人雖在國家認同、身份認同上有所差異，但華人的主體意識非常強烈，對於自身文化認同亦是如此。在華人移民史上的分期以 1949 年為分水嶺，1949 年前為落葉歸根，1949 年後為落地生根，此種分類方式歸根究底屬於民族國家的研究方式，即把華人設定於某個國家範圍，而他們

〔註3〕廖仁義：〈台灣民俗學的文化資產價值與美學價值·推薦序〉，《台灣民俗學的建構》，頁 7。

〔註4〕曉彤：〈給舊習俗注入新內容〉，《聯合晚報》1989 年 8 月 5 日，第 2 版。

〔註5〕孫彥彬：〈從神誕延伸到民族文化節〉，《星洲日報》2008 年 4 月 3 日。

的認同只能是單一的，只能從屬於一個國家的方式是不當的。在華人移民與其家鄉的關係上其實是模糊不清的，若硬性將華僑與非華僑，海外華人與僑鄉社會截然對立起來，從而強調他們之間的差異性，似乎有些不正確。因此，在考察僑批中潮僑或潮人的文化認同或身份認同上，尚需多加留意與小心處理。誠如陳春聲教授對陳子昭家批的解讀，指出「作為外在的研究者，我們不應過分強調所謂『華僑』與本地居民的差別，也不應片面強調僑鄉對海外文化的被動接受，更沒有理由以『近代』和『傳統』之類的簡單的二分法理念去對應地看待海外與故鄉的文化環境，如果回到僑批所呈現的具體的社會歷史場景，自然不難發現，當時人在面對日常生活時，並未表現出後來的研究者所可以描述的這種『緊張』，我們更多的是感受到社會內在的某種和諧的法則。」〔註 6〕

其次，在現今新馬華人社會的民俗文化已趨向模糊，各個籍貫對於自身文化意識的部分日益減弱，加上全球化所帶來的影響，新馬華人如何面對自身傳統民俗與文化的建構與意識是值得深入剖析的部分。如是，「我是馬來西亞潮州人」或「我是新加坡潮州人」的命題，試圖凸顯自己籍貫的傳統文化，是我們需要深思的課題。當然，本文重點不在於政治立場的解讀，而是基於理解、文化、民俗的考量下，對於馬來西亞獨立後的今天，重新解讀潮汕僑批所留存的內容作為潮州人在新馬的種種事蹟、經驗與集體記憶，也許可以為第一代或第二代潮籍先輩在新加坡和馬來西亞保存歷史的見證。是故，潮汕僑批的成功出版並不代表「僑批文化工程」的結束，而是僑批研究邁向更高的階段。筆者認為仍有數量眾多的僑批珍藏於新馬各地，而若有心人能無私捐獻，以供學人查探乃至是研究，更屬嘉惠眾人之舉。當然，此亦有助於我等更加深入地了解獨立前後新馬兩地潮人的生活、歷史與文化。

潮汕僑批中所涉及的民俗層面極廣，藉由僑批的閱讀也可以回憶起自身的生活經歷，從而感受當時的生活點滴。雖然潮汕僑批的撰寫者皆來自不同地域，甚至有者是他人代為書寫的，但其記錄家鄉事蹟與書寫當地生活的內容成為了一種連環效應。若他們有機會看見同鄉寫下的生活點滴，自然也會引起共鳴。潮汕僑批顯示出僑鄉文化的獨特性，對於年輕世代具有良好的教育與推廣作用，也促使他們認識祖籍地的民俗文化與祖父輩的歷史事蹟，藉由這集體記憶的建構，加強文化認同感。潮州文化在新馬的傳承和傳播，其內容主要包含了潮人的宗教信仰、民風民俗、生活習慣、傳統道德觀念和價值觀等，通過與

〔註 6〕陳春聲：《地方故事與國家歷史：韓江中下游地域的社會變遷》，頁 384。

潮汕原鄉的雙向交流來傳承潮州文化。

　　整體而言，本文深入整理了潮汕僑批的內容，並透過初步整理的僑批原件加以分析，特別整理了潮人民俗中的三大主題，即生命禮俗、生活民俗、信仰習俗的內涵，以及潮汕僑批局在中國與新馬的發展歷史。筆者希望透過本文的研究成果，對於現今潮汕僑批民俗研究之部分起到補充的作用。值得說明的是，確實有不少僑批難以辨認其字，錯別字以及標點符號的缺失，閱讀起來頗為費力，而僑批中的特殊用詞，即內容涉及大量的潮汕方言，對於不諳潮語的研究者而言是具有挑戰性的。此文尚有很多未盡善之處，因礙於篇幅有限，加上材料收集的困難與技術上的種種限制。許多內容如泰國、印尼、越南地區的僑批，閩南僑批與潮汕僑批的相關比較等等，是尚待處理的部分。於此，希望有待來日能進一步呈現東南亞與潮汕僑批的民俗研究，展現完整的潮汕僑批民俗內涵，以及潮汕文化研究的價值。

參考文獻

一、傳統文獻

1. 〔漢〕司馬遷撰、裴駰等三家注:《史記‧孫叔敖傳》,臺北:宏業書局有限公司,1987 年。

2. 〔漢〕班固撰、〔唐〕顏師古注:《漢書》,北京:中華書局,1997 年。

3. 〔漢〕鄭玄注,〔唐〕孔穎達疏,李學勤主編:《禮記正義》上、中、下冊,北京:北京大學出版社,1999 年。

4. 〔梁〕宗懍撰,〔隋〕杜臺卿注,王毓榮校注:《荊楚歲時記校注》,臺北:文津出版社,1988 年。

5. 〔梁〕顏之推原著,程小銘譯注:《顏氏家訓》,臺北:臺灣古籍出版社,1996 年。

6. 〔唐〕李隆基注,〔宋〕孫奭疏,李學勤主編:《孝經注疏》,北京:北京大學出版社,1999 年。

7. 〔宋〕歐陽修、宋祁等撰:《新唐書》宋嘉祐刊本,臺北:臺灣商務,1986 年。

8. 〔明〕林大春著,黃一龍修:《天一閣藏明代方志選刊‧潮陽縣志》明隆慶刻本,臺北:新文豐出版公司,1985 年。

9. 〔清〕李書吉登纂修,廣東府縣志輯:《中國地方志集成‧嘉慶澄海縣志》嘉慶二十年刻本,上海:上海書店,2003 年。

10. 〔清〕李鍾珏著、許雲樵校註:《新嘉坡風土記》,新加坡:南洋書局,1947 年。

11. 〔清〕劉業勤修、凌魚纂，廣東府縣志輯：《中國地方志集成・乾隆揭陽縣志》民國二十六年鉛印本，上海：上海書店，2003 年。

12. 〔清〕黃元御撰：《玉楸藥解》中國科學院圖書館藏清同治七年成都刻黃氏醫書八種本，收入四庫全書存目叢書編纂委員會編：《四庫全書存目叢書・子部・醫家類》，臺南：莊嚴文化事業有限公司，1995 年。

二、近人論著

（一）中文專著

1. 中華書局編輯部：《潮劇完全觀賞手冊》，香港：中華書局有限公司，2020 年。

2. 王夫子：《殯葬文化學》，長沙：湖南人民出版社，2007 年。

3. 王朱唇、張美寅：《閩南僑批史話》，北京：中國廣播出版社，2006 年。

4. 王琛發：《馬來西亞華人民間節日研究》，雪蘭莪：藝品多媒體傳播中心，2001 年。

5. 王貴民：《中國禮俗史》，臺北：文津出版社，1993 年。

6. 王煒中：《潮汕僑批》，廣州：廣東人民出版社，2007 年。

7. 王煒中等編：《潮汕僑批簡史》，香港：公元出版有限公司，2007 年。

8. 王銘銘：《社會人類學與中國研究》，北京：三聯書店，1997 年。

9. 石滄金：《海外華人民間宗教信仰研究》，吉隆坡：學林書局，2014 年。

10. 交通部年鑑編編纂委員會編輯：《交通年鑑》，南京：交通部總務司，1935 年。

11. 何海鳴纂輯：《華僑彙編・馬來半島之勞動者》第 1 集，北京：僑務旬刊社，1922 年。

12. 吳以湘主編：《潮州鄉訊》，新加坡：潮州鄉訊社，1948 年。

13. 李亦園：《文化的圖像》，臺北：允晨文化實業股份有限公司，1992 年。

14. 李亦園：《信仰與文化》，臺北：巨流圖書公司，1978 年。

15. 李宏新：《潮汕華僑史》，廣州：暨南大學出版社，2020 年重印版。

16. 李志賢主編：《海外潮人的移民經驗》，新加坡：新加坡潮州八邑會館、八方文化企業公司，2003 年。

17. 李長傅等著：《南洋史地與華僑華人研究》，廣州：暨南大學出版社，2001 年。

18. 李豐楙:《從聖教到道教:馬華社會的節俗、信仰與文化》,臺北:臺大出版中心,2018 年。

19. 〔泰〕許茂春(Choon Koshpasharin):《東南亞華人與僑批》,泰國曼谷:許茂春出版,2008 年。

20. 杜松年:《潮汕大文化》,北京:中國科學技術出版社,1994 年。

21. 杜桂芳:《潮汕僑批》,廣州:花城出版社,1999 年。

22. 汪毅夫:《閩臺緣與閩南風》,福州:福建教育出版社,2006 年。

23. 周鎮豪等編輯:《南洋中華滙業總會年刊》,新加坡:南洋中華滙業總會,1947 年。

24. 林水檺、何啟良、何國忠、賴觀福編:《馬來西亞華人史料新編》第 1 冊,吉隆坡:馬來西亞中華大會堂總會,1998 年。

25. 林承緯:《台灣民俗學的建構》,臺北:玉山社,2018 年。

26. 林倫倫主編:《潮汕民俗漫話》,廣州:廣東高等教育出版社,1997 年。

27. 林家勁、羅汝材:《近代廣東僑匯研究》,廣州:中山大學出版社,1999 年。

28. 林素英:《歲時禮俗文化論略》,臺北:國立臺灣師範大學出版中心,2020 年。

29. 林凱龍:《潮汕古俗:四海潮人的精神家園》,香港:香港中和出版有限公司,2017 年。

30. 林朝虹、林倫倫編著:《全本潮汕方言歌謠評注》,廣州:花城出版社,2014 年。

31. 邱文學、葉寶蓮:《潮州民俗:傳統節日和禮俗》,新加坡:新加坡潮州總會,2019 年。

32. 金澤:《中國民間信仰》,杭州:浙江教育出版社,1995 年。

33. 南方學院華人族群與文化中心編:《潮人拓殖柔佛原始資料彙編》,新山:南方大學學院,2003 年。

34. 姚曾蔭:《廣東省的華僑匯款》,上海:商務印書館,1943 年。

35. 柯木林主編:《新加坡華人通史》,福州:福建人民出版社,2017 年。

36. 胡樸安:《中華全國風俗志》上、下冊,臺中:精華書局,1959 年。

37. 烏丙安:《中國民俗學》,瀋陽:遼寧大學出版社,1992 年。

38. 烏丙安:《中國民間信仰》,上海:上海人民出版社,1996 年。

39. 高維廉：《馬來亞僑匯及中馬貿易之展望》，新加坡：中南聯合出版社，1950 年。

40. 張美生：《僑批檔案圖鑒》，廣州：中山大學出版社，2020 年。

41. 張惠虹：《喪葬禮俗》，臺北：聲鴻建設公司，1998 年。

42. 許雲樵：《星馬通鑑》，新加坡：世界書局，1959 年。

43. 陳卓坤、王偉深：《潮汕民間禮儀》，香港：公元出版有限公司，2006 年。

44. 陳春聲：《地方故事與國家歷史：韓江中下游地域的社會變遷》，北京：三聯書店，2021 年。

45. 陳烈甫著：《華僑學與華人學總論》，臺北：臺灣商務印書館，1987 年。

46. 陳益源：《民俗文化與民間文學》，臺北：里仁書局，1997 年。

47. 陳達：《南洋華僑與閩粵社會》，北京：商務印書館，2011 年再版。

48. 陳碧笙：《世界華僑華人簡史》，福建：廈門大學出版社，1991 年。

49. 陳劍虹：《檳榔嶼潮州人史綱》，檳城：檳榔嶼潮州會館，2010 年。

50. 陳翰笙主編，盧文迪、陳澤憲、彭家禮編：《華工出國史料彙編：關於華工出國的中外綜合性著作》第 4 輯，北京：中華書局，1981 年。

51. 彭瀛添：《民信局發展史──中國的民間通訊事業》，臺北：中國文化大學出版部，1992 年。

52. 曾旭波：《潮汕僑批業研究》，廣州：暨南大學出版社，2020 年。

53. 焦建華：《福建僑批業研究（1896～1949）》，廈門：廈門大學出版社，2017 年。

54. 華僑志編纂委員會編：《馬來亞華僑志》，臺北：華僑志編纂委員會，1959 年。

55. 郵政總局編：《民國十年郵政事物總論》，北京：郵政總局，1923 年。

56. 黃文車：《閩南信仰與地方文化》，高雄：春暉出版社，2013 年。

57. 黃定文：《僑匯的研究》，臺北：僑務委員會研究發展考核處，1960 年。

58. 楊琳：《中國傳統節日文化》，北京：宗教文化出版社，2000 年。

59. 葉春生等編：《中國民俗知識：廣東民俗》，蘭州：甘肅人民出版社，2008 年。

60. 葉國良：《中國傳統生命禮俗》，臺北：五南圖書出版股份有限公司，2014 年。

61. 鄒金盛：《潮幫批信局》，香港：藝苑出版社，2001 年。

62. 廖文輝主編：《2019 年馬來西亞華人民俗研究論文集》第 2 卷，吉隆坡：策略咨詢研究中心、新紀元大學學院，2019 年。

63. 廖文輝主編：《2021 年馬來西亞華人民俗研究論文集》，吉隆坡：策略咨詢研究中心、新紀元大學學院，2021 年。

64. 廖文輝主編：《馬來西亞華人民俗研究論文集》第 1 卷，吉隆坡：策略咨詢研究中心、新紀元大學學院，2017 年。

65. 廖文輝編著：《馬來西亞：多元共生的赤道國度》，新北：聯經，2019 年。

66. 臺灣總督府熱帶產業調查會編：《海南島志》，臺北：臺灣總督府熱帶產業調查會，1936 年。

67. 劉土木、徐之圭編：《華僑概觀》，北京：中華書局，1935 年。

68. 劉志文主編：《廣東民俗大觀》上、下冊，廣州：廣東旅游出版社會，1993 年。

69. 劉登翰等編制：《過番歌文獻資料輯注‧福建卷》，廈門：鷺江出版社，2018 年。

70. 廣東省地方史志編纂委員會編：《廣東省志‧華僑志》，廣州：廣東人民出版社，1996 年。

71. 廣東省汕頭市地方志編纂委員會編：《汕頭市志》，北京：新華出版社，1999 年。

72. 廣東省集郵協會、汕頭市集郵協會編：《潮汕僑批論文集》，北京：人民郵電出版社，1993 年。

73. 廣東省銀行經濟研究室編輯：《廣東省銀行月刊》，廣州：廣東省銀行經濟研究室，1947 年。

74. 潘載和纂修，廣東府縣志輯：《中國地方志集成‧民國潮州府志略》民國二十二年鉛印本，上海：上海書店，2003 年。

75. 潘醒農：《新加坡指南》，新加坡：中華書局，1932 年。

76. 潘醒農編著：《馬來亞潮僑通鑑》，新加坡：南島出版社，1950 年。

77. 潮汕歷史文化研究中心：《潮汕僑批萃編》第 1 輯，香港：公元出版有限公司，2003 年。

78. 潮汕歷史文化研究中心：《潮汕僑批萃編》第 2 輯，香港：公元出版有限公司，2004 年。

79. 潮汕歷史文化研究中心：《潮汕僑批萃編》第 3 輯，香港：公元出版有限

公司，2004 年。

80. 潮汕歷史文化研究中心編：《潮汕僑批集成》第 1 輯，桂林：廣西師範大學出版社，2007 年。

81. 潮汕歷史文化研究中心編：《潮汕僑批集成》第 2 輯，桂林：廣西師範大學出版社，2012 年。

82. 潮汕歷史文化研究研究中心、僑批文物館編：《潮汕僑批檔案選編》，香港：天馬出版有限公司，2011 年。

83. 蔡少明：《中國抗戰期間的僑批郵史》，廣州：中山大學出版社，2018 年。

84. 鄭志明：《民俗生死學》，臺北：文津出版社有限公司，2008 年。

85. 鄭良樹：《馬來西亞‧新加坡華人文化論叢（卷一）》，新加坡：新加坡南洋學會，1982 年。

86. 賴惠美：《新加坡華人社會之研究》，臺北：嘉新水泥公司文化基金會，1979 年。

87. 賴觀福、孟沙、鍾澤才編撰：《馬來西亞華人節日風俗》，吉隆坡：馬來西亞中華大會堂總會，1997 年。

88. 謝雪影：《潮梅現象》，汕頭：汕頭時事通訊社，1935 年。

89. 謝謙：《中國古代宗教與禮樂文化》，成都：四川人民出版社，1996 年。

90. 鍾敬文：《民俗學概論》，上海：上海文藝出版社，2003 年重印版。

91. 叢書集成初編：《補注黃帝內經素問》，北京：中華書局，1991 年。

92. 辭海編輯委員會編：《辭海》第 6 版，上海：上海辭書出版社，2010 年。

93. 關楚璞：《星洲十年》，新加坡：星洲日報社，1940 年。

94. 蘇慶華：《節令、民俗與宗教》，吉隆坡：華社資料研究中心，1994 年。

95. 饒宗頤纂修：《潮州志》，收入饒宗頤編集：《潮州志匯編》第 4 部，香港：龍門書店，1965 年。

（二）中文譯著

1. 〔美〕孔復禮（Philip Kuhn）著、李明歡譯：《華人在他鄉：中華近現代海外移民史》，新北：臺灣商務，2019 年。

2. 〔英〕巴素（Victor Purcell）著、郭湘章譯：《東南亞之華僑》，臺北：國立編譯館，1966 年。

3. 〔美〕克里斯蒂安‧喬基姆著，王平等譯：《中國的宗教精神》，北京：中國華僑出版公司，1991 年。

4. 〔日〕福田亞細男著，於芳、王京、彭偉文譯：《日本民俗學方法序說——柳田國男與民俗學》，北京：學苑出版社，2010 年。

5. 顏清煌著，粟明鮮、陸宇生、梁瑞平、蔣剛譯：《新馬華人社會史》，北京：中國華僑出版公司，1991 年。

（三）外文專書

1. 〔日〕柳田國男著：《柳田國男全集·民間傳承論》第 8 集，東京：筑摩書房，1998 年。

2. Choo Woon Hock，*Teochew Traditions : Tradition Festivals and Customs* (Singapore: Teochew Federation, 2020).

3. Gregor Benton，Hong Liu, *Dear China：Emigrant Letters and Remittances，1820～1980*（California：University of California Press, 2018）.

4. Marjorie Topley, *The Great Way of Formal Heaven: A Chinese Semi-Secret Religion in Malaya*(The New Malayan, Singapore, 1957).

5. Maurice Freedman, *Chinese family and Marriage in Singapore* (London: HMSO, 1957).

6. Song Ong Siang, *One Hundred Years' History of the Chinese in Singapore*, (Singapore, University of Malayan Press, 1967).

7. Tan Chee Beng, "The Study of Chinese Religious in Southeast Asia: Some Views", in Leo Suryadinata (ed.), *Southeast Asian Chinese: The Socio-Cultural Dimension*, (Singapore: Times Academic Press,1994).

8. Vaughan J. D., *The Manners and Customs of the Straits Settlement* (Singapore: The Mission Press, 1879).

9. Victor Purcell, *The Chinese in Malaya* (Kuala Lumpur: Oxford University Press , 1967).

10. Victor Purcell, *The Chinese in Southeast Asia* (Kuala Lumpur: Oxford University Press, 1965).

三、期刊論文

（一）中文

1. 王元林、鄧敏銳：〈近代廣東僑鄉生活方式與社會風俗的變化——以潮汕和五邑為例〉，《華僑華人歷史研究》第 4 期（2005 年 12 月），頁 56～62。

2. 王煒中：〈海外潮人文化初探〉，《閩臺文化交流》第 23 期（2010 年 3 月），頁 124～130。

3. 冷東：〈論東南亞潮人的文化特點〉，《汕頭大學學報（人文科學版）》第 6 期（1997 年 12 月），頁 82～88。

4. 李玉茹、黃曉堅：〈潮汕僑鄉文化概論〉，《八桂僑刊》第 1 期（2017 年 3 月），頁 56～76。

5. 李志賢：〈從宗教儀式看新加坡潮人善堂信仰的文化內涵〉，《馬來西亞柔佛新山潮州八邑會館七十週年紀念特刊》（新山：柔佛潮州八邑會館，2004 年），頁 128～134。

6. 李志賢：〈新加坡潮州文化研究概況〉，《汕頭大學學報》（2003 年），頁 153～158。

7. 李湘：〈潮州「禮佛度靈」習俗的文化功能〉，《藝術文化交流》月刊（2014 年 3 月），頁 320～321。

8. 李福光：〈僑批文化工程啟動紀實〉，《僑批文化》第 1 期（2003 年 10 月），頁 21～25。

9. 李豐楙：〈由常入非常——中國節日慶典中的狂文化〉，《中外文學》第 3 期（1993 年 8 月），頁 116～150。

10. 李豐楙：〈嚴肅與遊戲：從蜡祭到迎王祭的「非常」觀察〉，《民族學研究所集刊》第 88 期（2000 年 6 月），頁 135～172。

11. 林丹、陳凡凡：〈僑批命名來源考〉，《汕頭大學學報（人文社會科學版）》第 11 期（2018 年 11 月），頁 31～40。

12. 林倫倫，王偉深：〈潮汕歲時風俗散考〉，《嶺南文史》第 3 期（1993 年 10 月），頁 44～46。

13. 林海莘：〈潮汕中秋食俗〉，《潮商》第 4 期（2011 年 8 月），頁 86～88。

14. 林素娟：〈喪禮儀式中的空間象徵、遞變與倫理重整——以三禮書之喪禮空間象徵、轉化為核心進行探討〉，《漢學研究》第 4 期（2015 年 12 月），頁 1～36。

15. 林凱龍：〈潮汕中元節〉，《潮商》第 3 期（2009 年 6 月），頁 74～76。

16. 林凱龍：〈潮汕的中秋祭月〉，《潮商》第 4 期（2009 年 8 月），頁 74～75。

17. 邵岑、洪姍姍：〈「少子化」與「老齡化」：馬來西亞華人人口發展特點與趨勢預測〉，《華僑華人歷史研究》第 2 期（2020 年 6 月），頁 11～23。

18. 陳子:〈海外潮人與潮汕僑鄉的跨國互動研究〉,《蘭臺世界》第 1 期（2014 年 1 月）,頁 87～88。

19. 陳友義:〈潮汕「營老爺」習俗及其文化審視〉,《汕頭大學學報（人文社會科學版）》第 3 期（2012 年 6 月）,頁 31～36。

20. 陳友義:〈潮汕民間生育習俗及其文化審視〉,《南方職業教育學刊》第 5 期（2013 年 9 月）,頁 71～78。

21. 陳友義:〈潮汕婚姻禁忌習俗與其流變簡論〉,《汕頭大學學報（人文社會科學版）》第 1 期（2007 年 2 月）,頁 83～88。

22. 陳春聲:〈近代華僑匯款與僑批業的經營——以潮汕地區的研究為中心〉,《中國社會經濟史研究》第 4 期（2000 年）,頁 7～66。

23. 陳訓先:〈論僑批的起源〉,《華僑華人歷史研究》第 3 期（1996 年 9 月）,頁 76～80。

24. 陳漢初:〈潮人酬神游神風俗〉,《潮商》第 2 期（2009 年 4 月）,頁 90～92。

25. 陳福刁:〈潮汕民俗遊神賽會的現代意義——以揭陽市揭東縣鋪社村的遊神賽會為例〉,《韓山師範學院學報》第 1 期（2011 年 2 月）,頁 54～57。

26. 陳澤芳、楊映紅:〈潮汕「出花園」習俗調查〉,《清遠職業技術學院學報》第 2 期（2014 年 4 月）,頁 47～51。

27. 陳麗園:〈抗戰時期的僑匯政策與僑批網絡:以潮汕地區為中心〉,《汕頭大學學報（人文社會科學版）》第 6 期（2020 年 6 月）,頁 47～53。

28. 陳麗園:〈近代跨國華人社會建構的事例分析——1929～1930 年新加坡保留民信局與減輕民信郵費全僑大會〉,《華僑華人歷史研究》第 3 期（2010 年 9 月）,頁 60～67。

29. 陳麗園:〈僑批公會的建立與跨國僑批網絡的制度化（1911～1937）——以潮汕為例的研究〉,《華僑華人歷史研究》第 2 期（2012 年 6 月）,頁 36～43。

30. 陳麗園:〈潮汕僑批網絡與國家控制（1927～1949）〉,《汕頭大學學報（人文社會科學版）》第 1 期（2003 年 12 月）,頁 2～11。

31. 陳麗園:〈戰后華南與東南亞僑批網絡的整合與制度化——以南洋中華匯業總會為中心〉,《東南亞研究》第 3 期（2014 年 7 月）,頁 68～74。

32. 曾玲:〈陰陽之間——新加坡華人祖先崇拜的田野調查〉,《世界宗教研究》

第 2 期卷 93（2003 年），頁 124～126。

33. 黃清海：〈金門僑批與金門學研究〉，《閩臺文化研究》第 1 期（2015 年 3 月），頁 12～19。

34. 黃清海：〈閩幫僑批業網絡發展初探〉，《華僑大學學報(哲學社會科學版)》第 4 期（2012 年 12 月），頁 51～61。

35. 黃綺文：〈近代海外潮人與中西文化交流〉，《汕頭大學學報（人文社會科學版）》第 4 期（2008 年 1 月），頁 71～74。

36. 蔡錫鵬：〈潮汕新民俗文化述略〉，《韓山師專學報》第 1 期（1992 年 3 月），頁 32～37。

37. 鄧達宏、鄧芳雷：〈僑批與僑鄉民俗文化探析〉，《東南學術》第 6 期（2015 年 11 月），頁 251～257。

38. 鄭甫弘、熊蔚霞：〈海外移民與近代閩粵僑鄉社會觀念的變遷〉，《八桂僑史》第 2 期（1995 年 5 月），頁 41～45。

39. 謝琳：〈潮汕人鬧元宵〉，《中華文化畫報》第 3 期（2016 年 3 月），頁 120～123。

40. 顏清湟：〈新加坡早期的潮州人與福建人：海外華人權力結構和權力關係的比較研究〉，《華人研究國際學報》第 1 期（2010 年 6 月），頁 21～50。

41. 羅堃：〈潮汕清明節習俗〉，《潮商》第 1 期（2016 年 2 月），頁 87～89。

42. 羅涼萍：〈生命禮俗的理論與實踐——以漢人傳統為主的研究〉，《全人教育學報》第 8 期（2011 年 8 月），頁 70～89。

（二）外文

1. Marjorie Topley, *Chinese Religious Institutions in Singapore*（Journal of the Malayan Branch Royal Asiatic Society, Vol.29, 1956）.

2. Marjorie Topley, *Chinese Woman's Vegetarians House in Singapore*（Journal of the Malayan Branch Royal Asiatic Society, Vol.26, 1954）.

3 Marjorie Topley, *Ghost Marriages among the Singapore Chinese*（Man, Vol.55, 1955）.

4. Tung-Shan Chou, Hie-Wu Su, *An Empirical Investigation of Religious Behavior's Influence on Prosocial Behavior and Psychological Well-Being with Spirituality as a Mediating Variable* (*Chinese Journal of Psychology*, Vol. 51, 2009).

四、會議論文與單篇論文

1. 〔日〕濱下武志：〈傳統社會與庶民金融——新加坡、馬來西亞華人社會的「會合」與「銀信匯兌」〉，《華僑華人歷史國際研討會論文集》，廣州：中山大學東南亞歷史研究所出版，1985 年。

2. 〔日〕濱下武志：〈南洋僑批史：僑匯的經濟因素、社會因素、文化因素〉，收入於李志賢主編：《南洋研究回顧、現狀與展望》，新加坡：南洋學會、八方文化創作室，2012 年。

3. 李志賢：〈19～20 世紀期間新加坡各幫民信局的營運與同業組織〉，收入陳荊淮主編：《海邦剩馥：僑批檔案研究》，廣州：暨南大學出版社，2016 年。

4. 李志賢：〈華僑特有的專遞服務——各幫信局及其行業組織〉，收入於柯木林主編：《新加坡華人通史》，福州：福建人民出版社，2017 年。

5. 柯木林：〈新加坡僑匯與民信業研究〉，收入柯木林、吳振強編：《新加坡華族史論集》，新加坡：南洋大學畢業生協會，1972 年。

6. 柯木林：〈僑匯‧僑批‧民信業——新加坡僑匯與民信業〉，收入柯木林主編：《新加坡華人通史》，福州：福建人民出版社，2017 年。

7. 馬楚堅：〈潮幫批信局之創生及其功能的探索〉，收入李志賢主編：《海外潮人的移民經驗》，新加坡：新加坡潮州八邑會館、八方文化企業公司，2003 年。

8. 陳文德：〈民族醫藥學在潮汕地區的發展與運用〉，《中國民族醫藥學會首屆研討會論文匯編》，北京：中國民族醫藥學會，1996 年。

9. 陳春聲：〈地方神明正統信的創造與認知——三山國王來歷故事分析〉，收入《潮州學國際研討會論文集》，廣州：暨南大學出版社，1994 年。

10. 陳春聲：〈從家書到公共文獻——從陳子昭書札看海外潮人與家鄉的聯繫〉，收入於李志賢主編：《海外潮人的移民經驗》，新加坡：新加坡潮州八邑會館、八方文化企業公司，2003 年。

11. 陳春聲：〈僑批分析：近代韓江流域「僑鄉」的形成〉，收入於卞利、胡中生主編：《民間文獻與地域中國研究》，合肥：黃山書社，2010 年。

12. 陳春聲：〈僑批檔案對中國區域社會史研究的挑戰〉，收入於陳荊淮主編：《海邦剩馥：僑批檔案研究》，廣州：暨南大學出版社，2016 年。

13. 陳漢初：〈僑批投遞：獨特的「海上絲綢之路」——以海峽殖民地時期新

加坡批局與汕頭等地的往來為例〉，收入陳荊淮主編：《海邦剩馥：僑批檔案研究》，廣州：暨南大學出版社，2016 年。

14. 黃青海：〈閩南僑批及其記憶遺產價值〉，《2012 閩南文化國際學術研討會論文集》，臺南：國立成功大學閩南文化研究中心，2012 年。

五、學位論文

1. 亓延坤：《中華文化在新加坡的傳承與發展——以華族春節為個案》，暨南大學碩士論文，2010 年。

2. 王妍婷：《日治時期老源正興班研究（1919～1929）》，國立臺灣藝術大學表演藝術研究所碩士論文，2009 年。

3. 吳詩興：《福德正神的傳說與信仰研究——以馬來西亞華人社會為例》，國立政治大學中文系碩士論文，2012 年。

4. 李秀萍：《族群、社會、信仰：三山國王崇拜從粵東到新馬的傳播》，新加坡國立大學中文系博士論文，2015 年。

5. 徐之敏：《傳統文化的流失與交融：新加坡潮州人婚嫁禮俗的個案研究》，新加坡國立大學中文系學士論文，2012 年。

6. 袁福棠：《馬來西亞華人傳統節日的儀式化傳播》，南京大學碩士論文，2014 年。

7. 張曉彤：《潮州文化在馬來西亞的傳播》，廣東外語外貿大學碩士論文，2020 年。

8. 張馨頤：《華人喪禮中「功德法事」初探——以吉北潮州喪禮之觀察為例》，拉曼大學中文系學士論文，2016 年。

9. 莫光木：《馬來西亞華人新年習俗研究》，暨南大學碩士論文，2010 年。

10. 許原泰：《中華傳統宗教信仰在東南亞的蛻變：新加坡的道教和佛教研究》，新加坡南洋理工大學中文系博士論文，2011 年。

11. 陳晶芬：《馬來西亞華人的年節習俗與神話傳說——以檳榔嶼華裔族群為主》，國立政治大學中文系碩士論文，2011 年。

12. 黃澤純：《潮汕僑批業探析》，廣州：暨南大學碩士學位論文，2004 年。

13. 楊佳佳：《移民與發展：古晉潮州人之研究（1864～1964）》，拉曼大學中文系學士論文，2007 年。

14. 劉詠亭：《馬六甲潮州「出花園」成年禮的習俗演變——以沈俊城口述訪

談對象》，拉曼大學中文系學士論文，2015 年。

15. 韓筱賢：《華人民俗節慶在多元文化社會之轉型及其影響——以馬來西亞柔佛古廟遊神為個案》，國立臺北藝術大學碩士論文，2018 年。

六、報章雜誌

（一）中文報紙

1. 〈汕頭郵局不准華僑銀信總包付郵〉，《南洋商報》1928 年 12 月 5 日，第 11 版。

2. 〈關於廢止民信總包議案之文件（一）〉，《南洋商報》1929 年 5 月 16 日，第 6 版。

3. 〈反對我國郵政局廢止民信總包之來件〉，《星洲日報》1929 年 5 月 17 日，第 6 版。

4. 〈請願保留民信局（一）〉，《南洋商報》1929 年 7 月 22 日，第 6 版。

5. 〈交通部及中央僑務委員會覆新嘉坡各團體請願民信減郵僑民大會電民信郵費已經解決〉，《南洋商報》1930 年 4 月 4 日，第 7 版。

6. 〈保留民信局全僑大會接國民政府文官處函〉，《南洋商報》1930 年 4 月 28 日，第 7 版。

7. 〈國府對南洋羣島郵資加價與水客及僑民家屬的生活之影響〉，《南洋商報》1933 年 3 月 1 日，第 9 版。

8. 〈馬來亞郵政局附設之郵政滙兌部更郵滙規章〉，《南洋商報》星期刊 1934 年 1 月 14 日，第 3 版。

9. 〈馬來亞郵務司考慮郵遞發展郵務邀請華僑民信局要員詢問僑批投遞及買賣滙水二事該司希望民信局向郵局購買滙水〉，《南洋商報》1936 年 5 月 2 日，第 7 版。

10. 〈華僑銀行有限公司民信部今日開幕通滙處遍設閩粵桂各地〉，《南洋商報》1938 年 9 月 12 日，第 11 版。

11. 〈華僑銀行民信部各地滙款從未間斷〉，《南洋商報》1938 年 12 月 9 日，第 7 版。

12. 〈潮汕金融活躍南僑滙款破紀錄〉，《南洋商報》1939 年 3 月 27 日，第 17 版。

13. 〈潮僑滙欵歸國將繞道揭陽轉遞，潮僑滙兌公局昨開緊急會議〉，《南洋商

報》1941 年 8 月 23 日。

14. 〈本坡改稱昭南島〉,《昭南日報》1942 年 2 月 21 日，第 2 版。

15. 〈潮汕方面僑滙問題〉,《南洋商報》1949 年 12 月 24 日，第 5 版。

16. 〈陳禎祿對美記者談話謂華人係馬來亞建國第一等材料〉,《星洲日報》1954 年 8 月 11 日，第 7 版。

17. 〈吉打福利部主任蘇菲氏談買賣兒女乃屬犯法螟蛉子女須依合法手續〉,《南洋商報》1955 年 8 月 25 日，第 12 版。

18. 梅井:〈研究民俗與種族情誼〉,《南洋商報·副刊》1957 年 7 月 17 日，第 14 版。

19. 鄭秀民:〈中國民俗婚姻的法律問題〉,《南洋商報》1957 年 10 月 6 日，第 5 版。

20. 林章:〈掃墓日〉,《星洲日報》1958 年 4 月 6 日，第 4。

21. 蕭明:〈「華人通」——畢麒麟〉,《南洋商報》1958 年 12 月 31 日，第 16 版。

22. 〈財長頒佈「匯兌莊准証發給條件」〉,《星洲日報》1959 年 5 月 16 日，第 9 版。

23. 巫漢明:〈賣子添丁〉,《南洋商報》1967 年 3 月 13 日，第 8 版。

24. 巫漢明:〈海陽縣元宵舊俗〉,《南洋商報》1967 年 3 月 13 日，第 8 版。

25. 冰谷:〈酬神的夜晚——大年印象之久〉,《星洲日報》1970 年 7 月 8 日，第 20 版。

26. 孔言:〈閒話「命名」〉,《新明日報》1971 年 9 月 3 日，第 8 版。

27. 吳華:〈華人民信局〉,《星洲日報》1972 年 11 月 15 日，第 24 版。

28. 〈最早的郵政局〉,《星洲日報》1973 年 1 月 4 日，第 15 版。

29. 〈喪禮不宜靡費舖張〉,《南洋商報》1974 年 11 月 28 日，第 25 版。

30. 陳鴻洲:〈東馬土著民的甕葬習俗〉,《南洋商報》1982 年 5 月 19 日，第 38 版。

31. 〈拜神祭祖·婚葬禮俗〉,《聯合晚報》1987 年 9 月 13 日，第 13 版。

32. 韓山元:〈華人慶中元活動行程新加坡社會民俗〉,《聯合晚報》1989 年 8 月 2 日，第 7 版。

33. 曉彤:〈給舊習俗注入新內容〉,《聯合晚報》1989 年 8 月 5 日，第 2 版。

34. 侯偉生報導：〈汕頭僑批文物館開館迎客〉，《人民日報海外版》2004 年 4 月 26 日，第 5 版。

35. 李永球：〈游神是宗教文化〉，《星洲日報·星洲廣場·田野行腳》2006 年 3 月 19 日。

36. 安煥然：〈潮汕文化的精細〉，《東方日報》2007 年 2 月 19 日。

37. 孫彥彬：〈從神誕延伸到民族文化節〉，《星洲日報》2008 年 4 月 3 日。

38. 李永球：〈營老爺的祈求〉，《星洲日報·星洲周報》2009 年 2 月 8 日。

39. 李永球：〈中秋節談月餅〉，《星洲日報·文化空間·田野行腳》2009 年 10 月 4 日。

40. 李永球：〈中秋節談月餅〉，《星洲日報·文化空間·田野行腳》2009 年 10 月 14 日。

41. 李永球：〈土葬和火化〉，《星洲日報·文化空間·田野行腳》2010 年 1 月 17 日。

42. 李永球：〈打城破地獄〉，《星洲日報·文化空間·田野行腳》2010 年 5 月 9 日。

（二）外文報紙

1. Remittances To China (20 November 1941), Morning Tribune, p. 4.

2. Controller of Foreign Exchange Explains Freezing Order (28 July 1941), *The Singapore Free Press and Mercantile Advertiser*, p. 7.

七、網路資源

1. UNESCO, *Qiaopi and Yinxin: Correspondence and Remittance Documents from Overseas Chinese.* Accessed June 2013, http://www.unesco.org/new/en/commun ication-and-information/flagship-project-activities/memory-of-the-world/regis ter/full-list-of-registered-heritage/registered-heritage-page-7/qiaopi-and-yinxin- correspondence-and-remittance-documents-from-overseas-chinese/。

2. 王琛發：〈故土情結、異地認同與族群意識：當玄帝信仰應化為馬來西亞潮州人的開拓意象〉，《孝恩雜誌》，網址：https://www.xiao-en.org/magazine _doc_info.php?lang=tra&category=14&articleid=b1-278。

3. 王琛發：〈從北馬「萬世安」玄帝祖廟籤詩看南洋華人的中華認同〉，《孝

恩雜誌》，網址：https://www.xiao-en.org/magazine_doc_info.php?lang=tra
&category=14&articleid=b1-391。

4. 同德善堂念心社官網：http://www.beokeng.com/disptemple.php?temple=
thong-teck-sian-tong。

5. 李豐楙：〈做功德〉，《臺灣大百科全書》，網址：https://nrch.culture.tw/
twpedia.aspx?id=4462。

6. 周星：〈「民俗宗教」與國家的宗教政策〉，《開放時代》（2006 年第 4 期），
網址：http://www.opentimes.cn/Abstract/868.html 。

7. 陳漢初：〈潮汕僑批的檔案文獻價值〉，《汕頭市社會科學聯合會》，網址：
http://stskl.shantou.gov.cn/stskl/20093/201001/be4e466c5d9a48a99d5d9212b
8caebb0.shtml。

8. 黃宇晨：〈吳克強（Chuck Wooldridge）教授演講「以清代新竹為中心，探
討寺廟修繕活動與宗教實踐的關係」紀要〉，《中央研究院明清推動委員
會》，網址：http://mingching.sinica.edu.tw/Academic_Detail/893。

9. 《百度地圖》，冠山書院網址：https://map.baidu.com/poi/%E6%BE%84%E6
%B5%B7%E5%86%A0%E5%B1%B1%E4%B9%A6%E9%99%A2/@1299
5034.44520602,2674088.9153286293,19.41z?uid=d341bd3d36ee28f3901fc9
74&info_merge=1&isBizPoi=false&ugc_type=3&ugc_ver=1&device_ratio=
1&compat=1&pcevaname=pc4.1&newfrom=zhuzhan_webmap&querytype=
detailConInfo&da_src=shareurl。

10. 《百度地圖》，冠山古廟網址：https://map.baidu.com/poi/%E5%86%A0%
E5%B1%B1%E5%8F%A4%E5%BA%99/@12995086.752530493,2674074.
239172843,19.41z?uid=6658558d02adfb7ad8131844&info_merge=1&isBiz
Poi=false&ugc_type=3&ugc_ver=1&device_ratio=1&compat=1&pcevanam
e=pc4.1&newfrom=zhuzhan_webmap&querytype=detailConInfo&da_src=sh
areurl。

11. 光明山善覺禪寺官網：https://www.kmspks.org/about-kmspks/。

12. 孫彥彬：〈從神誕延伸到民族文化節〉，《星洲日報》言路版，2008 年 4 月
3 日，網址：https://www.sinchew.com.my/20080403/%E4%BB%8E%E7%A5
%9E%E8%AF%9E%E5%BB%B6%E4%BC%B8%E5%88%B0%E6%B0%
91%E6%97%8F%E6%96%87%E5%8C%96%E8%8A%82/。

13. 吳奎信：〈積澱在潮汕僑批中的民俗文化〉，《僑批文化》：2010 年 10 月 11 日，網址：http://www.chaorenwang.com/qiaopi1/content.asp?id=1854。

14. 〈談東西馬華人民俗與文化 26 日學術交流會〉，《詩華日報》：2016 年 3 月 7 日，網址：https://news.seehua.com/?p=148098 。

15. 陳友義：〈潮汕民間「做期」習俗述評〉，《汕頭市科學聯合會》：2017 年 8 月 25 日，網址：http://stskl.shantou.gov.cn/stskl/20172/201708/92cbc38ae8 f141b798b1ecb0fc98021c.shtml。

16. 方偉杉編輯：〈「潮汕僑批數據庫」在廣東汕頭開通〉，《中國新聞網》：2018 年 5 月 4 日，網址：http://www.gd.chinanews.com/2018/2018-05-04/2/395 936.shtml。

17. 際雲：〈古縣治旁元帥墓〉，《潮陽民藝》2018 年 7 月 12 日，網址：http:// www.cymy.org/html/fengwuzhanggu/201807/12-2789.html。

18. 蔡緯楊：〈六月初六潮人獨有習俗過橋儀式讓逝者好走〉，《中國報》：2018 年 11 月 20 日，網址：http://johor.chinapress.com.my/20181120/%E3%80% 90%E6%9F%94%E4%BD%9B%E4%BA%BA%E5%A4%B4%E6%9D%A 1%E3%80%91%E5%85%AD%E6%9C%88%E5%88%9D%E5%85%AD% E6%BD%AE%E4%BA%BA%E7%8B%AC%E6%9C%89%E4%B9%A0% E4%BF%97-%E8%BF%87%E6%A1%A5%E4%BB%AA%E5%BC%8F% E8%AE%A9/。

19. 國家出版基金規劃管理辦公室：〈2012 年國家出版基金〉：2019 年 7 月 12 日，網址：https://www.npf.org.cn/web/zzxmList.html?id=1854&categoryId =52。

20. 國家出版基金規劃管理辦公室：〈2014 年國家出版基金〉：2019 年 7 月 12 日，網址：https://www.npf.org.cn/web/zzxmList.html?id=1856&categoryId =52。

21. 〈25 少男少女潮州傳統成人禮「出花園」轉大人〉，《中國報》2019 年 8 月 11 日，網址：https://penang.chinapress.com.my/20190811/25%E5%B0% 91%E7%94%B7%E5%B0%91%E5%A5%B3-%E6%BD%AE%E5%B7%9E %E4%BC%A0%E7%BB%9F%E6%88%90%E4%BA%BA%E7%A4%BC% E5%87%BA%E8%8A%B1%E5%9B%AD-%E8%BD%AC%E5%A4%A7% E4%BA%BA/。

22. 〈單身男女看過來！拋柑好去處覓良緣〉,《星洲日報》2020 年 1 月 31 日，網址：https://www.sinchew.com.my/20200131/%E5%8D%95%E8%BA%AB%E7%94%B7%E5%A5%B3%E7%9C%8B%E8%BF%87%E6%9D%A5%EF%BC%81%E6%8A%9B%E6%9F%91%E5%A5%BD%E5%8E%BB%E5%A4%84%E8%A7%85%E8%89%AF%E7%BC%98/（2022 年 1 月 19 日查詢）。

23. 李永球：〈大馬潮州人的七夕：七月初七「出花園」〉,《星洲日報》2020 年 8 月 27 日，網址：https://www.sinchew.com.my/20200827/%E3%80%90%E6%B5%85%E8%B0%88%E4%B8%83%E5%A4%95%E4%B9%A0%E4%BF%97%EF%BC%8F03%E3%80%91%E5%A4%A7%E9%A9%AC%E6%BD%AE%E5%B7%9E%E4%BA%BA%E7%9A%84%E4%B8%83%E5%A4%95%EF%BC%9A%E4%B8%83%E6%9C%88%E5%88%9D%E4%B8%83/。

24. 廖錦榮、蔡緯楊：〈嫦娥羨，人間味〉,《中國報》2020 年 9 月 29 日，網址：http://johor.chinapress.com.my/20200929/%E3%80%90%E7%AC%AC%E5%9B%9B%E7%AF%87%E3%80%91%E5%A4%A7%E9%A9%AC%E5%B0%8F%E6%B1%95%E5%A4%B4-%E6%BD%AE%E5%B7%9E%E6%9C%88%E9%A5%BC%E5%A4%84%E5%A4%84%E8%A7%81-%E6%9C%A5%E9%A5%BC/。

25. 〈8 月 14 日全國首創線上出花園潮州成人禮〉,《柔佛潮州八邑會館官網》2021 年 8 月 8 日，網址：http://www.teochewjb.com.my/2021%e7%ba%bf%e4%b8%8a%e5%87%ba%e8%8a%b1%e5%9b%ad/#page-content。

八、其他

（一）中文檔案資料

1. 汕頭市檔案館藏偽汕頭市商會檔案，全宗號 12，目錄號 9，案卷號 270。
2. 汕頭市檔案館藏偽汕頭市商會檔案，全宗號 12，目錄號 9，案卷號 412。
3. 廣東省檔案館藏民國檔案，全宗號 4。
4. 廣東省檔案館藏郵政廳管理局檔案，全宗號 29，目錄號 2，案卷號 382。

（二）外文檔案資料

1. E. M. Merewether, Report on the Census of the Straits Settlements 1891（Singapore Government Printing Office，1892.

2. S.C. CHUA, *Report on the Census of Population 1957*（State of Singapore: Government Printer, 1964.

（三）訪談記錄

1. 一僮師父，地點：檳城威南爪夷華都村金德堂，時間：2020 年 2 月 8 日。
2. 吳慧玲，地點：馬來西亞檳城喬治市潮藝館，時間：2016 年 8 月 1 日。
3. 張月碹，地點：馬來西亞檳城大山腳，時間：2020 年 1 月 10 日。
4. 張月碹，地點：馬來西亞檳城大山腳，時間：2021 年 3 月 1 日。

附錄一

表 1-2：1881～1891 年海峽殖民地各方言群男女人口普查統計

區域	新加坡						檳城						馬六甲					
年份	1881			1891			1881			1891			1881			1891		
籍貫	男	女	總計	男	女	總計	男	女	總計	男	女	總計	男	女	總計	男	女	總計
廣東	9699	5154	14853	15750	7647	23397	8594	3508	12102	12726	4683	17409	939	337	1276	818	384	1202
福建	23327	1654	24981	41776	4080	45856	14322	2246	16568	21212	3034	24246	4371	556	4927	4230	427	4657
海南	8266	53	8319	8596	115	8711	2490	21	2511	2783	67	2850	4743	18	4761	4353	24	4377
客家	5561	609	6170	6558	844	7402	6239	664	6903	6345	871	7216	2566	252	2818	1793	325	2118
海峽僑生	4513	5014	9527	6084	6721	12805	4875	5602	10477	8047	8934	16981	2430	2834	5264	2226	2745	4971
潮州	20946	1698	22644	21682	2055	23737	18331	462	18793	18458	762	19218	672	23	695	806	30	836

資料來源：E. M. Merewether, *Report on the Census of the Straits Settlements 1891* (Singapore Government Printing Office，1892)，p.46～47, p.94～95, p.134～135.

表 1-3：1911～1980 年西馬華族的籍貫組合（%）

方言群	1911 年	1921 年	1931 年	1947 年	1957 年	1970 年	1980 年
福建	25.80	28.40	27.90	28.60	31.70	34.20	36.70
客家	25.20	23.80	23.20	25.70	21.80	22.10	21.80
廣東	23.60	29.60	25.10	21.10	21.70	19.80	19.20
潮州	10.00	9.00	9.80	11.00	12.10	12.40	12.30
海南	7.60	6.30	6.00	5.60	5.50	4.70	3.90
廣西	—	0.10	3.50	3.80	3.00	2.50	2.30
福州	—	1.00	2.00	2.00	2.00	1.80	1.90
興化	—	—	—	0.50	0.50	0.50	0.30
福清	—	—	0.50	0.30	0.40	0.30	0.20
其他	5.20	1.90	1.90	1.40	1.50	1.70	1.60
總計（%）	100.00	100.00	100.00	100.00	100.00	100.00	100.00
總人口	693,694	855,863	1,284,888	1,884,500	2,333,800	3,122,350	3,630,542

資料來源：鐘臨杰著：〈西馬華族人口變遷〉，見林水檺、何國忠、何啟良、賴觀福編：《馬來西亞華人史料新編》第 1 冊（吉隆坡：馬來西亞中華大會堂總會，1998 年），頁 215。

表 1-5：潮汕僑批研究論文彙整表

年份	主題	作者	論文標題	期刊/學位論文	備註
1990	僑批和僑批業的起源、發展歷程之綜合研究	李夫錫 王夫居	僑批業初探	《華僑大學學報》	主體為僑批業，年代最早
1995		杜桂芳	僑批——潮汕歷史文化的奇觀	《東南亞研究》	因年代較早，較像是作者心得與經驗之談，主要利用原始批信分析華僑的權利與義務。
1996		陳訓先	論僑批的起源	《華僑華人歷史研究》	其中所論之僑批起源之見解獨到
1997		李天錫	也談僑批的起源及其他	《華僑華人歷史研究》	針對陳訓先〈論僑批的起源〉一文提出質疑與「僑批」概念的討論
2003		馬楚堅	潮幫批信局之創生及其功能的探索	《海外潮人的移民經驗》	詳細探討潮幫批信局的產生、數量、分佈、功能和作用。
2003		曾旭波	僑批列字探析	汕頭大學學報	以二戰後僑批業的恢復，談論東南亞政府對僑匯的控制以及暗批產生的歷史背景進行解說。
2004		黃少雄	潮籍僑批歷史探源	《首屆僑批文化研討會論文集》	補足筆者對於潮汕僑批之歷史背景幫助甚大
2004		徐光華	淺述揭陽僑批業	《首屆僑批文化研討會論文集》	以針對揭陽僑批業之發展深入探析
2004		黃澤純	潮汕僑批業探析	暨南大學碩士學位論文	較早以潮汕僑批業為文的碩士學位論文，其中以歷史角度為主
2004		陳景熙	潮汕僑批與近現代汕頭貨幣化	《首屆僑批文化研討會論文集》	探究潮汕僑批之貨幣史的發展與變化

年份	作者	篇名	出處	說明
2004	馬明達 黃澤純	潮汕僑批局的經營網絡	《暨南學報》	僑批局之經營與制度發展
2004	楊群熙	試論潮幫僑批局經營的特點	《首屆僑批文化研討會論文集》	論及潮汕批局之經營
2005	陳訓先	清代潮幫僑批業對我國原始金融市場的貢獻	《汕頭大學學報（人文社會科學版）》	重心在於 1755～1890 年清代僑批業之制度與貢獻
2005	麥國培	四邑僑批與潮汕僑批之比較	《五邑大學學報》	通過僑批封比較四邑僑批與潮汕僑批的差異，說明二者來源地、經營模式、寄款方式等處理之不同。
2006	焦建華	近百年來中國僑批業研究綜述	《華僑華人歷史研究》	屬概括式的方式介紹僑批業
2007	王煒中	話說潮汕僑批	《潮商》	屬個人對僑批之認識，學術價值不高
2007	徐魯航	潮汕僑批業信用隆盛成因探析	《守望與傳承——第四屆海峽兩岸閩南文化學術研討會論文集》	談及僑批業務的信用問題
2008	馬楚堅	潮幫批局與僑匯流通之發展初探	《韓山師範學院學報》	詳細探討潮幫批信局的產生、數量、分佈、辦理營運、功能等
2008	林立	淺析潮汕僑批業對華僑社會的歷史貢獻	《僑批文化》	主要在於說明華僑批與僑鄉社會的貢獻
2008	陳麗園	僑批經營的網絡組織形態研究	《第二屆僑批文化研討會論文選》	從跨國理論分析僑批網絡與華人社會的存在與發展
2011	邵仰東	潮汕僑批文獻著錄	《圖書館建設》	以圖書館學對潮汕僑批進行著錄，編排提供檢索途徑、建立目錄體系，並對僑批文獻著錄問題進行研究

年份	作者	篇名	出處	說明
2012	陳麗園	僑批公會的建立與跨國僑批網絡的制度化(1911～1937)——以潮汕為例的研究	《華僑華人歷史研究》	主要針對汕頭僑批公會與新加坡僑批組織進行個案研究
2013	路曉霞、陳勝生	潮汕僑批行業制度研究——以20世紀三四十年代的潮汕僑批檔案為資料	《檔案》	主要在於釐清潮汕僑批商業制度與動因，局限於20世紀三四十年代
2014	晏露蓉	僑批及僑批業略考	《福建金融》	偏向福建僑批業為主
2014	胡少東、陳斯燕	近代僑批業與制度的共同演化——以潮汕地區為例	《汕頭大學學報》	對於潮汕僑批業之制度與演化進行探究，但與其他文章頗有重複之感
2014	焦建華	淪陷前的潮汕戰時僑批業研究	《僑批文化》	討論潮汕地區淪陷前後的僑批業發展，重點分析日本軍隊對淪陷區僑匯區的控制
2015	曾旭波	僑批定義芻議	《僑批文化》	多方面引申各學者對僑批的定義，進而梳理僑批一詞的定義
2016	王煒中	潮汕僑批與四邑民紙之異同	《福建金融》	屬比較性文章
2016	吳榕青、李利鵬、王麗莎	潮安東鳳張捷謙家族的僑批與口述史研究（1906～1986年）	《海邦剩馥：僑批檔案研究》	以尚存於民間張氏家族之僑批為案例，將口述歷史資料與僑批結合，凸顯了此篇文章的可貴之處。
2016	蔡少明	中華郵政處理海外批信欠資及補資郵封研究——兼談經汕頭轉寄國內各地的僑批郵封	《海邦剩馥：僑批檔案研究》	以僑批封在傳遞中產生的郵費欠資問題，探討僑批業與郵政局之間的業務以及兩者的關係
2017	陳海忠	歷史記憶中的近代潮汕僑批與鄉村社會——基於陳四合批局腳陳順榮的口述資料	《僑批文化》	針對性強、田野調查與訪談方式值得借鑒

年份	作者	篇名	出處	說明
2018	楊群熙	近代潮汕僑批對當時潮汕經濟發展的重大作用	《僑批文化》	近年之研究文章，補充有關近代僑批業對中國經濟的發展
2018	林丹 陳凡凡	僑批命名來源考	《汕頭大學學報》	學術參考價值高，以僑批之名為考據
2021	胡少東	近代潮汕僑批網絡的關系構成與派系	《華僑大學學報》	以《汕頭郵局檔案》以汕頭郵局為中心，呈現近代潮汕僑批局的分佈情況，從重化分析潮汕僑批網絡的關系
2000	潮汕僑批與華僑匯款之研究　陳春聲	近代華僑匯款與僑批業的經營——以潮汕地區的研究為中心	《中國社會經濟史研究》	資料豐富，全面探討廣東僑匯的流通、政策、功能與影響
2002	鐘運榮	近代僑匯與國家控制——以民國郵政與廣東批信局的關係為中心（1928~1945）	中山大學碩士學位論文	透過1928至1945年國民政府對僑匯的控制，探討國家與社會關係的演變。
2004	張慧梅	戰爭狀態下之金融與傳統人文網絡——1939~1945年潮汕與東亞間僑匯流通研究	潮學研究	僑批網絡中所利用傳統人文關係形成的地方化，進而分析東南亞與潮汕的僑匯流通與空間關係
2009	曾旭波	近論華僑匯款中的禮儀性匯款	《第七屆潮學國際研討會論文集》	以僑批中的匯款談論華僑禮儀性之匯款
2015	王煒中	僑批對潮汕金融業發展的推動作用略考	《福建金融》	主要重心在於僑批與僑批所帶來的經濟
2017	張釗	略論20世紀30、40年代旅運潮僑瞻家性僑匯的受惠者及親屬網絡——基於《潮汕僑批集成》的分析與解讀	《暨南史學》	按父母、兄弟、姊妹、祖輩、父系親屬、母系親屬、姻親、朋友類別分析僑匯之別
2017	張釗	略論20世紀30、40年代旅運潮僑瞻家性僑匯的類別與功能——《潮汕僑批集成》的分析與解讀	《華人研究國際學報》	基於物質生活支出、家鄉習俗支出、償務支出的匯款類別進行討論，習俗支出部分可參閱，但主要局限於泰國。

年份	作者	篇名	出處	主要重心
2018	吳肇霖	淺談金融信用體系構建——基于潮汕僑批視角	《吉林廣播電視大學學報》	主要重心在於僑匯
2020	張釗	潮汕僑批中所見的民國年間暹羅國潮家庭債務問題	《八桂僑刊》	針對民國時期泰國潮國籍人士寄回潮汕之僑批債務問題
1972	柯木林	新加坡僑匯與民信業研究（1945～49）	《新加坡華族史論集》	以歷史學鬥的角度論述新加坡早期的僑批業之發展概況
1985	〔日〕濱下武志	傳統社會與僑匯金融——新加坡、馬來西亞華人社會的「會合」與「銀信」匯兌」	《華僑華人歷史國際研討會論文集》	分析華人金融的特點，其認為僑批局是傳統社會對外聯系的金融組織，具有傳統社會的特質。
1999	〔日〕濱下武志	移民與商業網絡——泰國潮州幫與僑匯	《華僑華人經濟的透視》	比較分析亞洲地區僑匯的發展並以泰國潮州幫僑批網絡的運作為中心
2002	焦建華	19世紀20年代至20世紀前10年的新中經貿關係——以新加坡網絡為中心的華南商業網絡研究	廈門大學碩士學位論文	分析新加坡僑匯網絡的構成與運作，探討民間經營的僑批業與國家控制的關係
2004	柯木林	戰後初期的新加坡僑匯與民信業	《首屆僑批文化研討會論文集》	針對新加坡戰後之經營與運作
2005	羅則揚	試論日本在「二戰」中對東南亞僑批業的扼殺和掠奪	《僑批文化》	屬抗戰時期的僑批研究，另類視角的參考
2005	曾旭波	東南亞僑批信局經營方式初探	《第六屆潮學國際研討會論文集》	其中包含泰國、馬來西亞、新加坡僑批業之運行、經營方略之論述
2006	焦建華	試析僑匯網絡之構建與運作——以新加坡為中心	《僑批文化》	以僑批網絡的空間形態、特點和缺陷分析新加坡的僑批網絡
2007	陳麗園	華南與東南亞華人社會的互動關係——以潮人僑批網絡為中心(1911～1949)	國立新加坡大學博士論文	深入探究馬來西亞與僑鄉之僑批業與跨國網絡之制度與運作方式

年份	作者	篇名	出處	說明
2009	李小燕	新加坡民信業的興衰	《五邑大學學報》	專注於新加坡僑批業之發展歷程
2010	陳麗園	近代跨國華人社會建構的事例分析——1929～1930 年新加坡保留民信局與減輕民信郵費全僑大會	《華僑華人歷史研究》	從跨國角度分析潮汕僑批網絡的影響和 1929 至 1930 年代新加坡潮批信局的運作方式
2010	曾旭波	東南亞潮幫批信局的經營方式	《第三屆僑批文化研討會論文選》	涉及東南亞潮幫批信局之論述
2012	吳孟顯、歐俊勇	東南亞地區潮幫批信局的歷時性特徵析論	《汕頭大學學報》	針對性不強，但均涉及東南亞潮幫批信局之論述
2014	李志賢	新加坡潮人僑批局探析	《中國僑批與世界記憶遺產》	主要專注於新加坡潮幫幫批業之經營與發展
2014	陳漢初	從「尺素雅牘」到世界遺產——略論潮人對僑批歷史文化價值逐步深化認識的漫長之路	《韓山師範學院學報》	以《潮州志》所談論的僑批業為始，說明潮汕僑批的整理、研究以及申遺過程以及
2015	Lane J. Harris	Overseas Chinese Remittance Firms, the Limits of State Sovereignty, and Transnational Capitalism in East and Southeast Asia, 1850s～1930s	The Journal of Asian Studies Vol. 74, No. 1	針對東南亞僑批局之經營與發展進行探析，特別是新加坡批信局方面亦有所涉及
2016	[泰]許茂春	關於僑批的深入研究與思考	《海邦剩馥：僑批檔案研究》	從作者個人的僑批緣到僑批申遺後的思考以及未來的展望
2016	李志賢	19～20 世紀期間新加坡各幫民信局的營運與同業組織	《海邦剩馥：僑批檔案研究》	以新加坡民信局起源談起，並討論民信局之發展與郵政和銀行的推動關係
2016	陳漢初	僑批投遞：獨特的「海上絲綢之路」——以海峽殖民地時期新加坡批信局與汕頭等地的往來為例	《海邦剩馥：僑批檔案研究》	從僑批業之產生到新加坡批信局的生存業態、經營方略以及汕頭批局往來的有細緻探析

潮汕僑批之文化與文學研究				
年	作者	篇名	出處	說明
1995	杜桂芳	潮汕僑批：義務與權利——以強烈的心理需求為特徵的家族觀念	《華僑華人歷史研究》	透過心理需求觀察僑批中家族的的觀念
2003	杜桂芳	潮汕僑批的文化內蘊	《僑批文化》	探究僑批之文化，是較早談論僑批文化之文
2004	李福光	試析潮汕僑批例俗	《首屆僑批文化研討會論文集》	僑批地址、稱謂、寄批時間之寫法，以及順風批、平安批、捷寄、厚寄之解說
2004	羅則揚	僑批文化與海洋文化	《首屆僑批文化研討會論文集》	利用僑批跨國際的海洋文化進行探討
2004	許建平	僑批·僑批學·僑批文化	《首屆僑批文化研討會論文集》	屬概括性文章
2004	陳麗園	情繫家計——以澄邑山邊鄉陳宅家批為例論僑批本質	《首屆僑批文化研討會論文集》	以家族和故事性的方式，延伸至家族歷史方面的研究
2005	杜式敏	從潮汕僑批看海外潮人的女性觀	《汕頭大學學報》	以女性主義的角度入手
2007	吳潤填	僑批——潮汕文化底蘊的折射	《廣東廣播電視大學學報》	從家族乃至是宗族分款協調、寄件者與收件者之心理以及奇妙心理探析、觀點有趣。
2008	吳二持	僑批文化內涵芻論	《汕頭大學學報》	此文以僑批和僑批業歷史根源為始，進一步解說僑批業之本質特徵及商業相關之探究，屬概括性之作
2008	王煒中	初析潮汕僑批的傳統文化基因	《僑批文化》	探究潮人傳統文化的家風，並以新加坡等地之實例為證
2010	鄭松輝	口述歷史：僑批研究的新視角——以潮汕僑批文化研究為例	《廣東技術師範學院學報》	另類研究視角，以口述歷史入手，配合僑批文獻為佐證資料，值得學習

2010	王漢武	僑批文化生態意識初探	《僑批文化》	以生態學之角度探析僑批中潮汕人對於人、神、自然之崇拜與關懷
2010	陳璇珠	僑批文化二則	《第三屆僑批文化研討會論文選》	論述有關僑批的文化，如平安批、順風批、回批，書寫僑批之文化等
2010	王煒中	僑批文獻——海外潮僑文化研究不可或缺的史料	《東方收藏》	屬報章式之論述
2012	鄧達宏	從僑批史料解讀華僑子女教育	《海峽教育研究》	從華僑子女的教育入手，是另類的研究視角
2013	鄧達宏	潮汕僑批史料：原生態「草根」文獻——兼論僑鄉教育	《發展研究》	從華僑教育入手，兼論僑鄉教育
2014	陳麗園	論跨國僑批互動的雙重性——以潮汕僑批為中心	《汕頭大學學報》	主要探究僑批的跨國文化，參考價值值高
2014	陳麗園	論潮汕僑批的節律變化	《汕頭大學學報》	主要以節氣變化，考察華僑寄送僑批之節律
2014	黃素龍	從潮汕僑批看海外華人的進步思想	《廣東檔案》	主要傾向續寫中國思想的美好與美德
2015	[泰]許茂岳	僑批文化詩化	《僑批文化》	主要探究以僑批為詩的文學研究
2016	石恩宇	試論潮州僑批的經濟文化功能	《中國商論》	僑批之經濟文化所帶來的經濟價值
2016	林長華	僑批上的俗文化	《華人時刊》	以僑批類型與寄批習價為主的解說，屬概念性、非深入探討
2016	陳嘉順	藝術史視野下的潮汕僑批書法	《海邦剩馥：僑批檔案研究》	以僑批書法與名家書法之比較探析僑批書法對中國當代書法的啟發

年份	類別	作者	題目	期刊	說明
2016		李炳炎	潮州的傳統家風——以李兆興家族為例	《海邦剩馥:僑批檔案研究》	以個案研究探析僑批中有關潮人傳統家風,如拜祖、祝賀、喪義、祭祀等習俗,展現潮人所繼承和創新的家風
2016		陳友義	僑批:潮人優秀傳統家風的歷史見證	《海邦剩馥:僑批檔案研究》	以馬來亞、泰國等地僑批探析華僑傳統家風的內涵
2017		劉釗	試論海外潮汕移民的傳統家庭身份在潮汕僑批中的反映	《僑批文化》	對於海外華僑對傳統家庭制度與家族關係之研究
2018		謝靜	潮汕僑批中的親屬稱謂研究	《韓山師範學院學報》	以僑批親屬的稱謂作為研究視角,但局限過小
2019		張洪林 朱騰偉	家族文化構築的潮汕僑批糾紛調處方式探析	《廣東社會科學》	透過僑批中家族文化的奠定基礎,探討僑批糾紛的調處以及家族文化中商業理念和規則
2020		張釗	近代旅暹潮僑的家鄉土地觀念管窺——以《潮汕僑批集成》為中心的解讀	《暨南史學》	以旅居泰國潮籍華僑對家鄉土地的歸屬、種植、買賣、典當等問題進行討論,視角新穎
2010	潮汕僑批與民俗之研究	吳奎信	積澱在潮汕僑批中的民俗文化	《僑批文化》	與本文關注重點類似,但稍有差異
2015		鄧達宏 鄧芳蕾	僑批與僑鄉民俗文化探析	《東南學術》	論及神明崇拜、婚嫁習俗、僑鄉建築等,但所用資料較早,故可探究空間頗大

表 2-1：清道光至光緒年間（1829～1908）之潮汕批局概況表

	批局名稱	創立時間	開設地點
1	有余莊	道光九年（1829）	汕頭
2	致成	道光九年	澄海東湖鄉
3	德利	咸豐六年（1856）	汕頭延壽街九號
4	德利	咸豐八年（1858）	潮州潮言開元街
5	常豐泰	咸豐八年	汕頭
6	鄭鐘記	光緒二年（1876）	汕頭德里街七號
7	裕興	光緒三年（1877）	汕頭打錫街三巷九號
8	曾錦記	光緒八年（1882）	澄海上華渡頭
9	萬裕祥	光緒九年（1883）	澄海溪南鎮
10	太古盛	光緒十一年（1885）	汕頭永順街二號
11	興康	光緒十一年	汕頭至平路十號
12	興泰	光緒十一年	汕頭
13	和合興	光緒十一年	澄海蓮陽鎮
14	全昌仁	光緒十二年（1886）	汕頭至平路十號
15	老興	光緒十二年	汕頭至平路十四號
16	協興昌	光緒十二年	汕頭永順街二號
17	陳源記	光緒十三年（1887）	汕頭打錫傑五號
18	森昌號	光緒十三年	汕頭仁和街
19	茂昌	光緒十三年	汕頭至平路
20	全泰洽	光緒十三年	汕頭仁和街
21	新合順	光緒十三年	汕頭德里街
22	太古昌	光緒十四年（1888）	汕頭吉安街二號
23	廣利順	光緒十四年	澄海外砂鎮
24	松興公	光緒十五年（1889）	汕頭鎮邦街
25	陳炳春	光緒十九年（1893）	汕頭潮安街
26	許泰萬昌	光緒十九年	澄海隆都鎮前埔鄉
27	潮順興	光緒二十年（1894）	汕頭打索街

28	廣泰祥	光緒二十年	汕頭育善街
29	廣合興	光緒二十年	汕頭仁和街
30	益昌	光緒二十三年（1897）	汕頭永安街
31	振盛興	光緒二十五年（1899）	汕頭永和街
32	振興盛	光緒二十五年	澄海上華渡頭
33	捷發	光緒二十六年（1900）	澄海上華鎮風嶺鄉
34	利合祥	光緒三十一年（1905）	汕頭打索街三十一號
35	潘合利	光緒三十二年（1906）	澄海隆都鎮
36	廣順利	光緒三十四年（1908）	汕頭
37	廣順莊	光緒三十四年	澄海隆都鎮

資料來源：1. 廣東省檔案館藏，民國檔案，全宗號 4。
　　　　　2. 馬楚堅：〈潮幫批信局之創生及其功能的探索〉，《海外潮人的移民經驗》，頁 64～65。

表 2-3：二戰前新加坡潮幫批局統計表

	批局名稱	地　　址	創始人
1	再和成	鈕吻呸芝路（大坡二馬路）	李偉南
2	萬益成	盒巴士球勝路（大坡馬車街）	陳大源
3	孔明齋	披士街（大坡近新巴杀）	吳勵堂
4	有信莊	鈕吻呸芝路（大坡二馬路）	餘功良
5	公發祥	鈕吻呸芝路（大坡二馬路）	曾廣琦
6	永德盛	潮州街（大坡近新巴杀）	許順潔
7	祥泰隆	大坡二馬路	張禎美
8	萬順成	大坡二馬路	鄭炳宋
9	永安祥	大坡二馬路	周壽昌
10	洪萬成	大坡奉教街	洪賢炎
11	永吉祥	大坡奉教街	陳銘松
12	滙通	大坡十八間後	曾子聞
13	華益	余街（小坡天成巷）	劉炳岳
14	大信	大坡怡園腳	陸璧臣
15	萬豐隆	大坡戲館街	林秋月

16	李福利	大坡敬昭街	李明初
17	普通莊	梧槽路（小坡鐵巴杀巷）	陳謙鳴
18	榮盛	大坡渥街	陳清溪

資料來源：1. 潘醒農：《新加坡指南》（新加坡：中華書局，1932 年），頁 275～280。
　　　　　2. 吳華：〈華人民信局〉，《星洲日報》1972 年 11 月 15 日，第 24 版。
　　　　　3. 柯木林主編：《新加坡華人通史》，頁 664～665。
　　　　　4. 陳漢初：〈潮汕僑批的檔案文獻價值〉，《汕頭市社會科學聯合會》，網址：
　　　　　　 http://stskl.shantou.gov.cn/stskl/20093/201001/be4e466c5d9a48a99d5d921
　　　　　　 2b8caebb0.shtml （2021 年 3 月 15 日查詢）。

表 2-5：二戰後（1947 年）新加坡潮幫批局統計

	批局名稱	地　　址	負責人
1	萬益成	盒巴沙球拉律一號	李偉卿
2	鄭綿發	盒巴沙球拉律十六號	鄭則光
3	永吉祥（盛記）	盒巴沙球拉律三五號	陳銘松
4	公發祥	鈕米芝律十八號	曾廣沂
5	萬順成	鈕米芝律三十二號	鄭炳宋
6	再和成偉記	鈕米芝律三十三號	李毓寬
7	有信莊	鈕米芝律三十八號	李秉衡
8	永安祥	鈕米芝律三十九號	周壽昌
9	聯和公司	鈕米芝律六十三號	王雨田
10	鼎盛	鈕米芝律六十五號	蔡炳順
11	利華興	鈕米芝律七十七號	林裕江
12	祥利	鈕米芝律七十九號	張壽仁
13	鴻生	鈕米芝律八十一號	房永欽
14	裕生	嗎真律六號	盧卓生
15	大信	嗎真律二十七號	陸國瑞
16	裕豐利	嗎真街五十六號	潘梓彬
17	萬豐隆公司	振興街十六號	陳潮勤
18	裕泰	振興街二十號	李春培
19	洪萬成	鈕嗎吉律八十五號	洪賢炎
20	李福利	敬昭街二十七號	李明初
21	祥泰隆	潮州街八號	張禎美

22	永德盛	潮州街十三號	沈觀光
23	元發利	吻基一百二十五號	曾一鳴
24	許順記	奉教街十一號	許崇銘
25	孔明齋	新吧殺腳四一五號	吳驪堂
26	同記	漆木街四十七號	吳桂榮
27	光德棧	沙球拉律七號	楊如山
28	復源	沙球拉律八號	曾昭明
29	華益禮記	沙球拉律三十五號	辜崇禮
30	匯通	沙球拉律三十八號	曾子聞
31	茂興利	沙球拉律八八—八九號	陳子吉
32	新發	哨嘉拿律六號	許義鄰
33	普通莊	梧槽律二百一十七號	陳謙鳴
34	再成	怒米芝律六〇四號	李壽年
35	達華	三馬路	蔡建侯
36	中南	漳宜律吧剎內	陳一中
37	榮盛	渥律三號	陳業基
38	永萬源	吻基一一六號	黃賽芝 房汝英
39	萬德祥	大馬路新街五九七號	鄭覺生
40	耀華成	大坡二馬路十四號	黃耀初
41	新興	淡賓尼士律二〇八一三	蔡培枝
42	成興	大馬路三二號	蔡樹聲
43	光和成	加賓打律六號	王遠泉 陳韻琴
44	萬和成	馬真律九號	鄒銳釗
45	信通	戲館街卅九號	林仰韓

資料來源：周鎮豪等編輯：《南洋中華匯業總會年刊》（新加坡：南洋中華匯業總會，1947 年），頁 98～101。

附錄二

《保護銀信公告》

我潮地狹人稠，謀生以南洋各港為尾閭，故居民口食，多賴華僑批款贍給，批款誠大眾之共同生機也。故地方遼闊，批夥分送，隻身攜帶鉅款，出入于窮鄉僻壤之間，非賴所到鄉村，盡力保護，何足以策安全，而維持此多數人寄託生活之業務，是以向例批款遇劫，附近鄉村皆應立即救護，否則應受究追處分，數十年來，相沿弗替，僅因戰事影響，批款阻隔多年，且無價高貴，從前所定獎賞恤金數額太低，值茲批匯重通，本會為維護僑匯起見，特將獎恤數額酌量提增，並將舊例重行申明，願吾各地鄉村父老昆弟積極注意，隨時認真保護，使批款分發，暢達無虞，有厚望焉。

計開獎恤辦法如左：

一、批款出發分送，遇有盜匪搶劫，無論附近鄉民過往行人，以及警兵團對，能立即盡力救護者，本會有下列之獎恤，（甲）每獲盜一名，經送官訊實治罪後，獎給花紅國幣十萬元。（乙）獲盜而奪回已被劫去之批款者，照奪回數額，提出十分之二為獎賞。（丙）僅奪回批款而無獲盜者，則照情形酌量給獎。（丁）被盜傷害斃命者，給恤金國幣二十萬元。（戊）被盜重傷者，給醫藥費國幣五萬元，為傷屬輕微，則就情形酌給。（己）傷後醫治致殘廢者，給恤金國幣十萬元。

二、批款出發分送，遇有盜匪搶劫，附近鄉村不行盡力救護，即由本會呈請官廳，就該鄉村究追，治其庇眾之咎，若在追究而未破獲期間，該鄉再有劫批事件發生，又仍舊不予救獲，則除加緊究處外，並通知外洋批局停止收寄該

鄉批款，以至劫案皆行破獲為止。

　　三、批局在各地解運款項，以備分發批款之用，無論在路在水，或乘搭公用舟車，遇有盜劫發生，所有救護人等，對於獎賞撫恤各事項，概照第一條所定辦法發給。

　　四、出發分送批款及押解批款之批夥，被盜搶劫而致死傷者，照第一條救護人之撫恤辦法，發給恤金醫藥等費，至被盜虜去，本會不負贖回之責，若因被擄而致死傷時，經查實後，亦得援照前例，予以撫恤。

　　民三十五年六月一日

資料來源：汕頭市檔案館藏偽汕頭市商會檔案，全宗號 12，

目錄號 9，案卷號 412，頁 9。

附錄三

〈關於廢止民信總包議案之文件（一）〉

　　民國十五年十月八日本坡郵政局發出通告，謂據吾國郵政當局之請求，因信包制度與萬國郵局公約抵觸，自明年（即十六年）一月一日起，停止按收信包。凡寄批信須逐封付郵不得彙為一包。每信收費一角二仙等。因自宣佈後，羣情譁駭僉以僑民大多苦力之輩，郵費往時由叨寄華，每封僅收三仙。今若驟增三倍，則一信往返為費不少，實難負擔。至批信彙包來往實為杜遺失起見，歷行無弊，每月僑民寄信為數甚鉅，若必分開寄郵，則手續既屬繁冗，轉遞亦覺困難，不特往來遲滯，甚或有遺失之虞。

資料來源：《南洋商報》1929 年 5 月 16 日，第 6 版。

〈反對我國郵政局廢止民信總包之來件〉

　　新加坡中華總商會，呈為汕頭郵局欲行廢止批包制度，推翻無限展期成案，僑民極感困難，詳述理由五則，僉請代達下情，懇准飭汕郵局維持舊例，以安民生，仰祈鈞鑒事。案據本坡潮州銀信局總團體暨各字號信局二十家蓋章領銜函投內開，竊閩粵僑民謀生南洋，所得汗資，均藉信局函匯，而信局則列號彙包郵付內地代理處，飭伴按址分發，並收回覆信彙包寄回原信局，交還寄批人，歷行有年，久稱便利。詎民國十五年十月八日，本坡郵政局發出通告，謂據我國郵政當局之請求，因信包製度，與萬國郵局公約抵觸，自明年（即十六年）一月一日起，停止按收信包。凡寄批信須逐封，郵局不得彙為一包，每信收郵費壹角二仙等因。自宣佈後，群情驊駭，僉以僑民大多苦力之輩，郵費

往時由叻寄華，每封僅收三仙，今若驟增三倍，則一信往返，為費不少，實難負擔。至批信匯包來往，實為杜遺失起見，歷行無弊，每月僑民寄信，為數甚鉅，若必分開寄郵，則手續既屬繁冗，轉遞亦覺困難，不特往來遲滯，甚或有遺失之虞，內地代理，憑信交銀，倘有遺失，無從憑交，勢必致僑民家屬，衣食不繼，倚閭盼望，情何以堪，苛法病民，孰甚於此，故當時即請貴會代求中外當道，准予保存慣例，幸荷中外當道，俯念僑艱，對於廢止信包，允許無限展期，免予取締在案。去年國內統一，實行訓政，方期與民更始，苛例從此永不復生，不料汕頭郵局復頒新章，不准荷屬批信合英屬批信來往總包附郵，並定荷屬批信須獨封加貼郵費，又轉付詔安信件到汕，經郵局拆包查驗蓋戳後，另再貼轉詔安郵費，否則均加處罰。似此苛章，妨礙僑胞生計至巨。蓋荷批逐件計費，僑民殊苦負擔，詔安同屬本國版圖，批信到汕，由代理領發，似不宜歧視，再徵郵費，至荷小島紛繁，接近英屬，從無直通華海郵舶，所有來往批信，必轉星坡，在英郵既准合包，計費一律看待，即荷屬亦不加禁制提出反對，是我國郵局亦不能以荷華兩郵直接無可通融而論，且總包製度，原杜遺失，外國郵局，尚有體恤優待，矧在本國，詎可立法自縛而無通融乎。此中委屈，業蒙貴會據情電京，請求保存慣例在案，近閱上海總商會致汕商會函，謂奉交通部批示，郵政總局已飭新汕郵長樂思光就閩粵郵區實地調查具報，以便統籌辦法等語，同人接此尚以為政府當能俯念僑艱，而有以便吾僑也，乃旋接汕批業公會寄來汕郵局引言一紙，知汕郵局大有推翻前交通部所許廢止批包無限展期之成案。披讀之餘，不勝驚駭，且聲明郵遞係政府專利，無非謂華僑來往銀信，非寄郵局不可。惟目前形勢有所困難，竊以信局為輔郵政所不及，而總包製度，實屬萬難廢除，茲將緣由再為貴會詳陳：

（一）華僑多屬勞動界，每次所寄信款，不過零星少數，所有寄款及郵費，多由信局先行墊出，所貼甚微，倘為郵局辦理，當然責令獨封貼寄，增收郵費，則既須即付現款，又驟增數倍之郵資，有時或須負擔單雙保險等費，何能勝任，勢必至於不能匯寄，或少寄，而令家屬起無窮之恐慌。

（二）華僑勞動界，大多不識漢文，更少曉英文，若照郵例，則所匯信款，必須親自簽字，且須將各項字樣謄寫，不特多增一切負擔，或因困難而生誤，以致消息不通，且數千百萬僑胞家屬，皆仰給華僑每月所寄之款為口贍，負擔過重，有時勢必少寄，消息斷絕，勢有必致立見斷炊之虞。

（三）我國內地水陸交通，諸多不便，郵局之設立，大都在繁盛市鎮間，

稍僻遠鄉村，即為郵差所不到之地，且每一鄉村，相距數里至數十里，或一村僅有銀信一封，或數封，既非少數郵差所能遍為送達，而照郵局規章，信到而款不到，亦未能即收得其回信，而接信之人必須再歷若干路程，執原信與圖章到郵局領款，圖耗川資，若所寄僅二三元之數，將不足以抵往返之費，遑望其所得此款，又無親戚可以付任者，其困難更不堪言狀。

（四）內地鄉村，多無門牌數可以查問，只有鄉名里名及地方土名而已。鄉村大同小異類似者甚多，寫信者既難於詳寫，在郵差交信者自難於照遞。況華僑向來書信稱呼至為簡單，大抵信面多寫交父母收（、）妻子收（，）或叔伯嬸姆收等字樣，並無詳細名稱。此等信函，非根據寄信者之人名，無從遞送，在批局所用遞信之人，每屬土人，尚易於查問，若普通郵差，必至難於分別，勢將因人面生疏，而有種種無從投交及誤交緩交之弊。

（五）查國際郵政互換包裹協定第二十一條第一節內開，訂立章程之國，得維持其原有協約，或訂立新約，及保持或另締結嚴格之聯郵，以便核減郵費，及擴充郵務。本章程概不干涉等語，是批信總包制，雖與萬國郵政會議協定規條有所抵觸，然依照上項條文，實尚得有變通維持之餘地。

以上所陳，俱是實在情形，國家立法，旨在利民，革命成功，華僑不無微勞，今所求便於我僑者，僅此批包問題，乃竟未蒙政府之體恤，揆之情理，似有未平，因思貴會為僑民喉舌，故在陳請迅予代呈南京交通部，飭汕郵局收回原議，沿用舊例，以維僑艱。倘當局未有明瞭僑民對於寄批之特別情形，則貴會前任總理林君義順，早晚將到京參加孫總理奉安大殿，則當局亦可就近詢問，以明僑民之非撫病呻吟也，等情過會，查民信包其制度。自民國十六年四月間，獲蒙鈞部批准無限展期明令之後，此案已告一結束。詎至去年十一月，汕頭郵局忽頒新章，從事挑剔，扣留荷屬銀信，不准與英屬銀信總包，僑民方在呼籲請求之中，乃汕頭郵局均置諸不恤，變本加厲，大有推翻成案之意。當此統一訓政時期，國為民國，民為國民，民生國計，互相維繫，凡有舉廢，最宜兼籌並顧，若但藉口國計可裕，而輕視民生之艱，未免遺憾盡多矣。所有困難情形，經詳文列舉五則之中，理合據情具呈，懇請鈞部俯賜察核，體恤僑艱，飭行汕頭局准照無限定之展期，沿用英荷總包封舊制度以安民生，而慰僑望，迫切待命之至，謹呈南京國民政府交通部。正副會長簽押

資料來源：《星洲日報》1929 年 5 月 17 日，第 6 版。

〈保留民信局全僑大會接國民政府文官處函〉

逕啟者，奉主席交下行政院呈，據交通部呈復，南洋一帶民局信件郵費，為俯順僑情起見，批予酌量變通，每封每重二十格蘭姆，收費五分，轉祈鑒核一案，奉諭，函知各僑商團體等因，除由政府指令外，相應抄同原呈，函達查照，轉知各僑胞，為荷，此致，林君義順，國民政府文官處啟，四月十一日，附原呈如左

呈為呈復事，竊查前准鈞府文官處，第一七〇〇，一六九四，一七二三，二〇三九等號公函以檳榔嶼中華總商會，中央僑務委員會，新嘉坡請願保留民信局全僑大會，蔴坡僑眾請願大會，先後函呈，請減輕民信郵費，奉諭交院函達查照，各等由，准此，茲據復稱，查南洋一帶，民局信件，英屬郵政，聲加請費一案，辦理經過詳細情形，業經職部於三月十一日，函達文官處核轉，在案，奉交前案，復查僑民團體，對於此案，文電呼籲，絡繹不絕，職部體察情形，深知僑民方面，確有困難，為俯順僑情起見，應予酌量變通，凡民局遞寄南洋英屬各地信件，按照聯郵公約，每封收費一角者，改為每封每重二十格蘭姆，收費五分，以示體恤，而慰僑望，除飭郵政總局，與英屬郵政切實洽商外，理合呈復，伏祈鈞院鑒核，並轉呈國民政府備案，實為公便，等情前來，理合備文呈請鈞府鑒核備案，謹呈國民政府主席蔣，行政院院長譚延闓，十九年四月八日。

資料來源：《南洋商報》1930 年 4 月 28 日，第 7 版。

附錄四

圖 14：馬來西亞檳城張合葵所藏張合順批信（一）

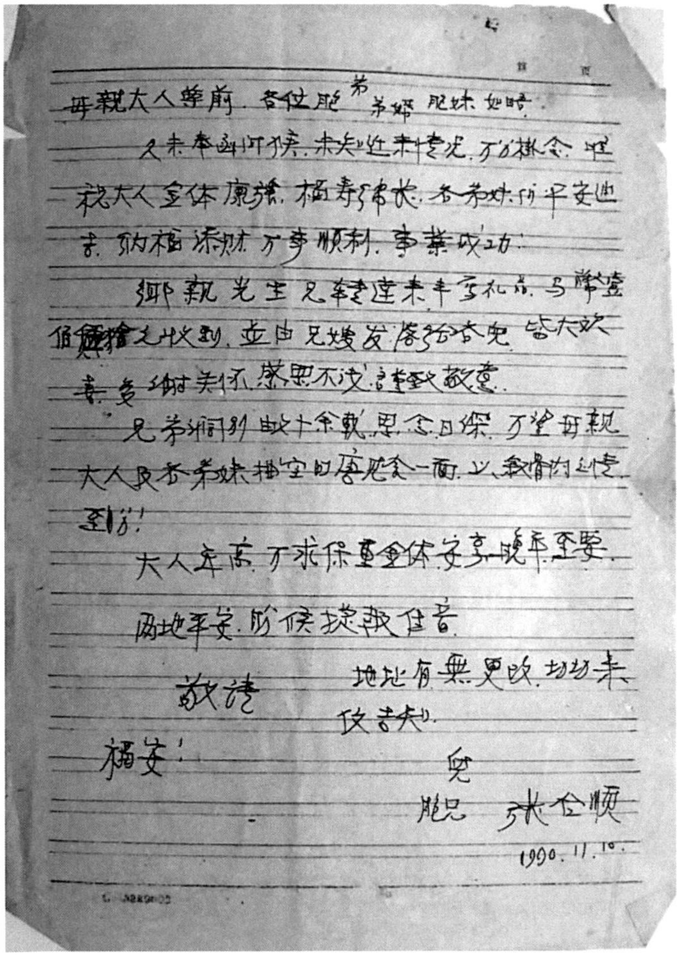

母親大人尊前．各位胞弟弟婦胞妹如晤．

久未奉函问候，未知近来情况，万分挂念．唯祝大人全体康健，福寿绵长．各弟妹们平安迪吉，纳福添财，万事顺利，事业成功．

鄉親先生兄转达来手字礼品，马幣壹佰圆整之收到，並由兄嫂发落给各兄 皆大欢喜，多谢关怀，感恩不浅，謹致敬意．

兄弟们别离四十余載，思念日深，万望母親大人及各弟妹们抽空回唐见念一面，以叙骨肉之情至切！

大人年高，万求保重金体，安享晚年至要．

两地平安，盼候捷报佳音．

敬请

福安！

地址有無更改，切切来信告知．

兄

胞兄 张合顺

1990.11.10.

圖15：馬來西亞檳城張合葵所藏張合順批信封（一）

圖16：馬來西亞檳城張合葵所藏張合順批信（二）

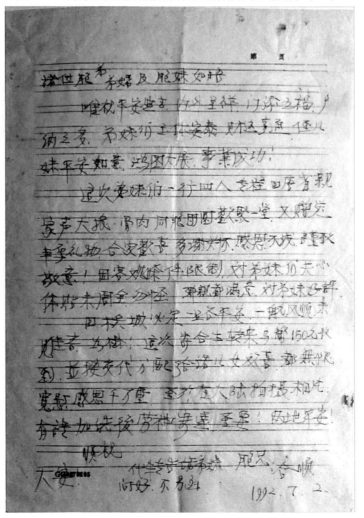

圖 17：馬來西亞檳城張合葵所藏張合順批信（三）

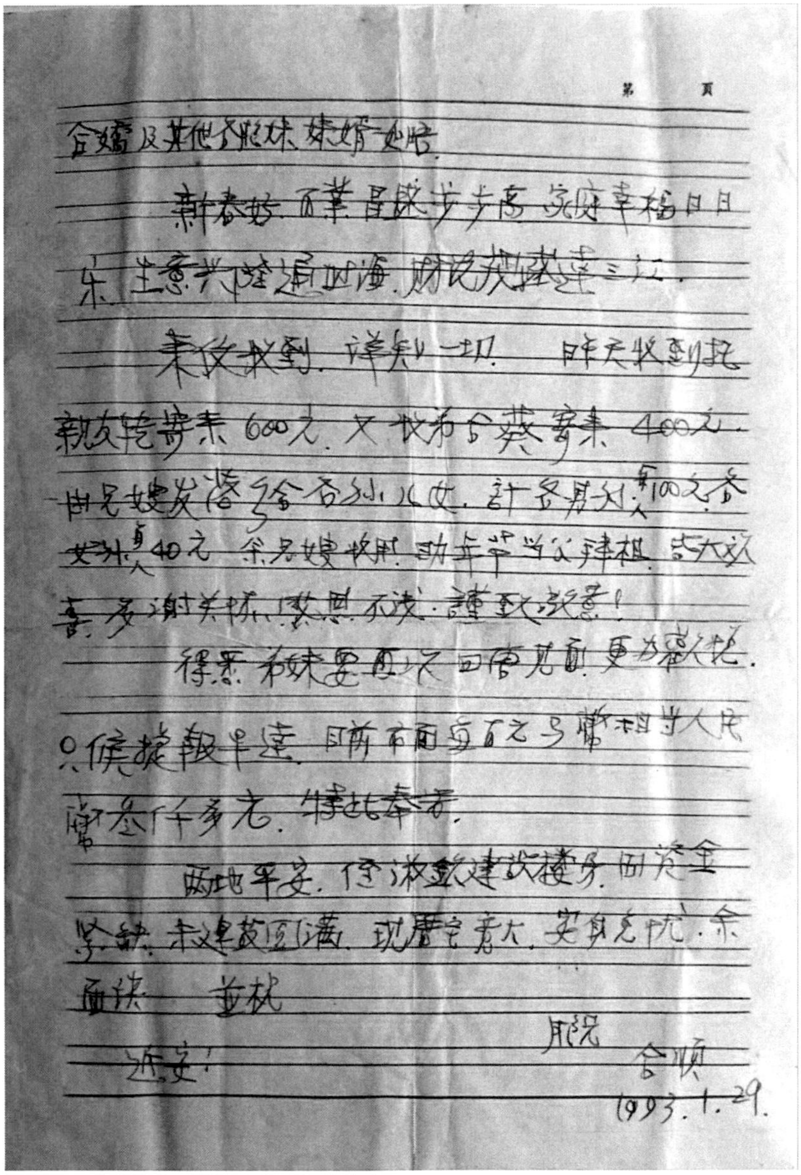

第　頁

合嬌及其他各姐妹、妹婿一起啓。

新春好。百業昌盛步步高，家庭幸福日日樂。生意興隆通四海，財源茂盛達三江。

來信收到，詳知一切。昨天收到批款友乾哥寄來600元，又收弟合葵寄來400元。由兄嫂發落分給合各小兒女，計各男兒每人100元，各女兒每人40元，余兄嫂收用。助弟幫父母拜祖，合大家喜，多謝关怀，恩思不淺，謹致謝意！

得悉弟妹要回來回唐見面，更為歡樂。只候捷報早達。目前市面每百元可幣相當人民幣叁仟多元，特此奉告。

兩地平安，侄兒欲建設樓房，因資金緊缺，未建成圓滿，現層已高大，安身免忧。余面談，並祝

近安！

胞兄　合順

1993.1.29.

圖 18：馬來西亞檳城張合葵所藏張合順批信（四）

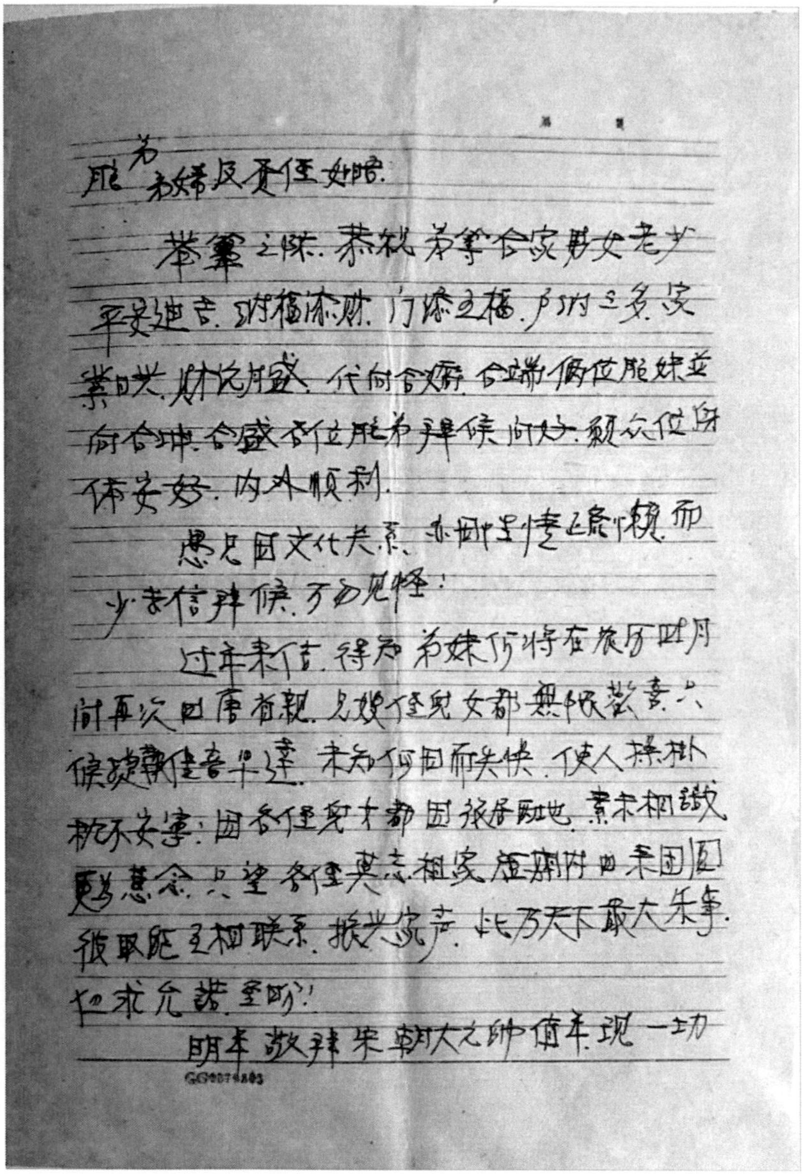

第　頁

胞弟、弟妇及贤侄如晤：

茶毕之际，恭祝弟等合家男女老少平安迪吉，财福添财，门添五福，户纳三多，家业日兴，财源广盛。代向合婵、合端两位胞妹并向合坤、合盛各位胞弟拜候问好，愿众位身体安好，内外顺利。

愚兄因文化关系，亦因书写情况惭愧，而少来信拜候，万勿见怪！

过年来信，得知弟妹你将在旅居四月间再次回唐省亲，兄嫂侄儿女都无限欢喜，六候號歡佳音早達，未知何因而失侠，使人操挂，挂不安宁。因各侄儿女都因旅居异地，素未相识，更为甚念。只望各侄儿志相爱，应期附回来国团，彼此距互相联系，振兴家声，此乃天下最大乐事。切求允诺至盼！

明年敬拜朱朝大元帅值年现一功

GG0074A03

均復到。十分隆重熱鬧。當時清明佳節。

均功日盛兴数樂社公同庚快乐。至盼。

近来传龙如何？久候福音未夫。龙性
航处凡人。

两地平安！翹首盼候佳音。

順祝

安康：

附：各運兒女婿媳等向　　龙兄

敬×母大人　兹养母大人　合順

请安祝　我孝無疆　寄时　1993. 9. 2.

各兄弟姐妹向好！现住宅宽大多余多少人

都能满足住家。兄横上。

—239—

圖 19：馬來西亞檳城張合葵所藏張合順批信（五）

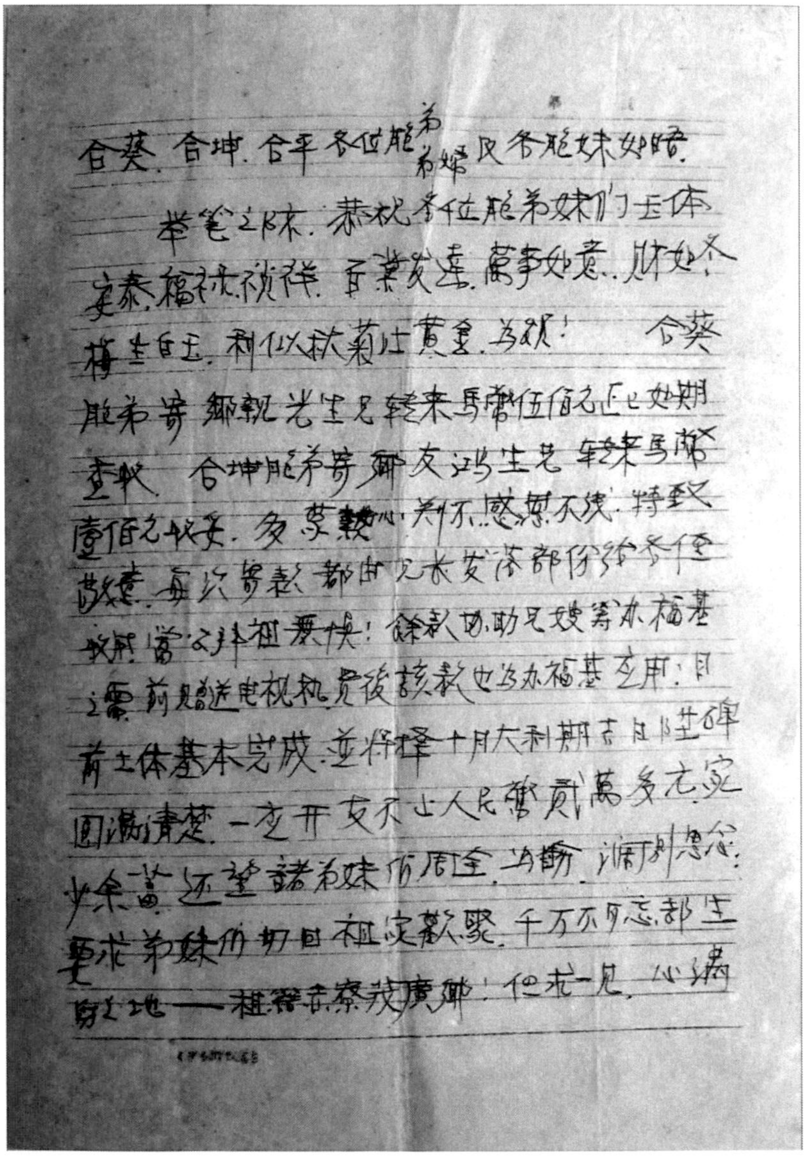

合葵、合坤、合平各位胞弟、弟婦及各胞妹如晤：

举笔之际，恭祝各位胞弟妹们玉体安泰，福禄祯祥，百業发達，萬事如意，財如冬梅生白玉，利似秋菊吐黃金，為祝！合葵胞弟寄鄉親光生兄轉来馬幣伍佰元正已如期查收，合坤胞弟寄鄉友鴻生兄轉来馬幣壹佰元收妥。多蒙關心，对你感想不淺。特致敬意。每次寄款，都由兄长安落部份給各位收用，當作拜祖要快！餘款助助兄嫂籌办福基之需。前贈送电视机賣後該款也為办福基之用。目前土体基本完成，並将擇十月大利期吉日竪碑圓滿清楚。一定开支不止人民幣貳萬多元。完此余，尚还望諸弟妹们居全，为盼。清明節念更求弟妹们切回祖家歡聚，千万不可忘卻生身之地——祖籍古察栽廣鄉！但求一見，心满

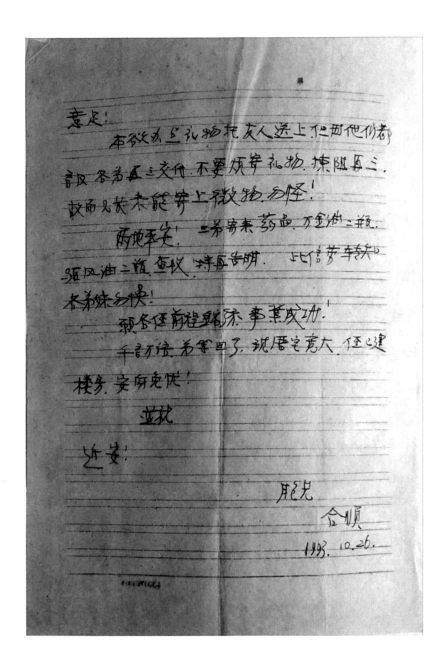

意足！

本欲为上礼物托友人送上位西他们都
说及各为寒三交付．不要烦寄礼物．按照寒三．
故而见长未能寄上微物为怪！

两地平安！二弟寄来药血．万金油二瓶．
强风油二瓶．查收．并厚告明．比们劳车寄关
各弟妹为快！

预各位前程起路除事业成功！
千言万语．弟军回了．说唐宅宽大．住他建
楼多．安府免忧！

並祝

近安！

肥兄

合顺

1993．10．26．

圖 20：馬來西亞檳城張合葵所藏張合順批信（五）

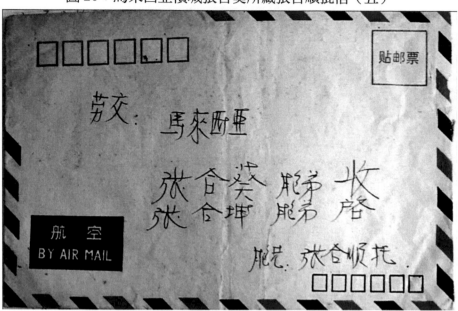

圖 21：馬來西亞檳城張合葵所藏張合順批信（六）

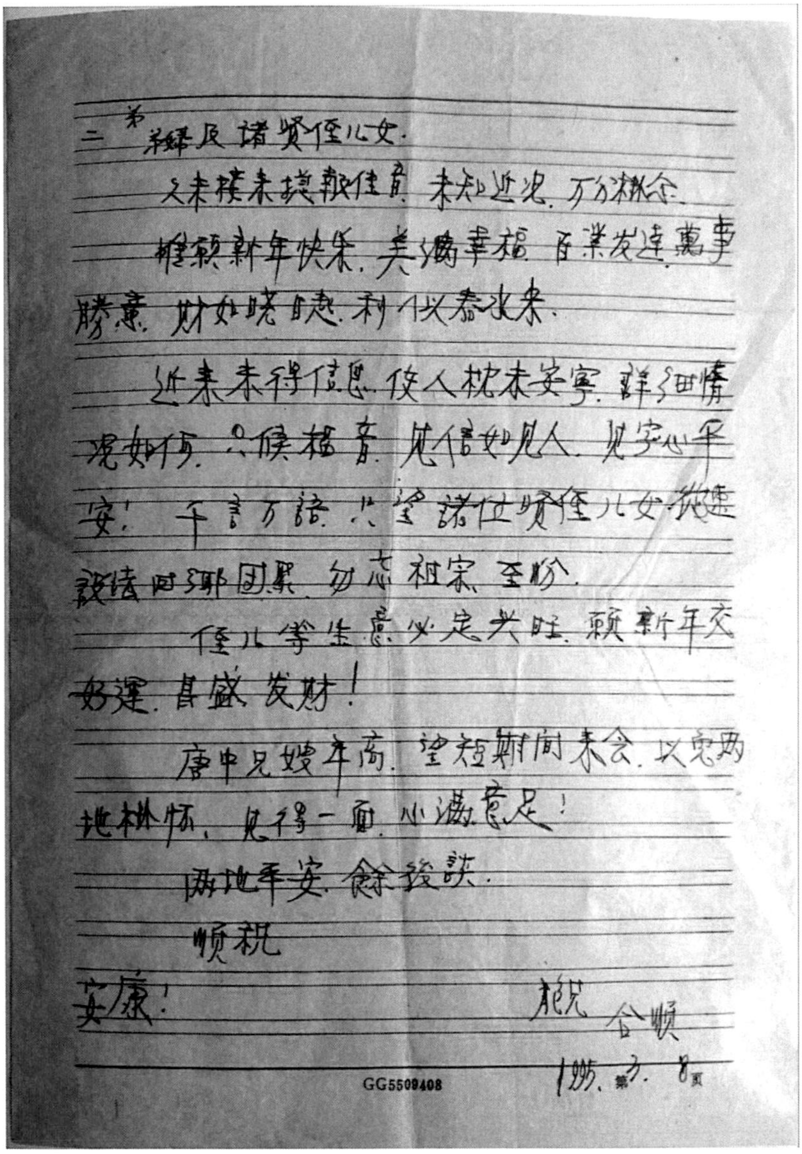

二弟媳及諸賢侄儿女．

久未接来信報佳音．未知近况．万分挂念．

惟願新年快乐．美满幸福．百業发達萬事勝意．財如曉曉．利似春水来．

近来未得信息．使人枕未安寧．詳细情况如何．只候福音．見信如見人．見字心平安！千言万語．只望諸位賢侄儿女．從速設法回鄉团聚．勿忘祖宗．至盼．

侄儿等生意必定兴旺．願新年交好運．昌盛发財！

唐中兄嫂年高．望短期間来会．以免两地掛怀．見得一面．心满意足！

两地平安．餘後談．

順祝

安康！

胞兄 合順

1995．3．8

GG5509408 第 頁